Anja Salewsky

»Der olle Hitler soll sterben!«

Anja Salewsky

»Der olle Hitler soll sterben!«

Erinnerungen an den
jüdischen Kindertransport nach England

Claassen

Der Claassen Verlag ist ein Unternehmen der
Econ Ullstein List Verlag GmbH & Co. KG

ISBN 3-546-00271-7

Gesetzt aus der Sabon bei
Franzis print & media GmbH, München
Druck und Bindung: Bercker, Kevelaer

Für Gabriele Noack
und Dieter Busl

Vorwort

Schon als Kind habe ich gefühlt, geahnt: mit meiner Familie musste etwas Schreckliches geschehen sein. Warum hatten meine Mitschüler Onkel, Cousinen und Vettern und ich nicht? Da waren nur meine geliebten Eltern und eine Großmutter, sonst niemand. Später wurde mir erklärt, dass achtundvierzig Mitglieder meiner Familie im Holocaust ermordet worden waren. Meine Eltern, polnische Juden aus Krakau, überlebten durch die Hilfe eines beherzten Mannes: Oskar Schindler. Sie standen auf seiner berühmten Liste und wurden so vor dem Tod bewahrt. Später saß Schindler oft in unserem Frankfurter Wohnzimmer auf dem Sofa; tatsächlich war er eine der bedeutendsten Gestalten meiner Kindheit.

Dass das Leben ein kostbares Geschenk ist, haben mir meine Eltern vermittelt – trotz des Leids, das die Nationalsozialisten ihrem engsten Familien- und Freundeskreis zugefügt hatten. Vielleicht lag es auch an Oskar Schindler, dass sie die Kraft hatten, mir den Glauben an Toleranz und Liebe zu vermitteln. Er war ein Mann, der moralisch gehandelt hatte in einer Zeit, die ohne Moral zu sein schien. *Sein* Name hat in der Welt einen Klang.

Andere Retter jedoch wurden bis heute kaum gewürdigt. Die Namen der unzähligen Menschen, die den jüdischen Kindertransport ermöglichten, sind nahezu unbekannt. Sogar der Kindertransport selbst ist nur wenigen Deutschen ein Begriff und wird in den Geschichtsbüchern kaum erwähnt. Dabei war es eine einzigartige Rettungsaktion, durch die rund zehntausend Kinder vor den Nationalsozialisten bewahrt werden konnten. Es waren zahllose Helfer, die die Kindertransporte organisierten und begleiteten, und unzählige Menschen, die sich im fernen England bereit erklärten, jüdische Kinder aus Deutschland in ihrem Zuhause aufzunehmen.

Und nicht zuletzt waren es die Eltern selbst, die in einem Akt der Selbstlosigkeit ihre Kinder in die Fremde geschickt haben –

damit wenigstens sie vor den Schrecken der Naziherrschaft gerettet würden. Der Liebe dieser Eltern gilt mein tiefster Respekt. Während die Jungen und Mädchen mit den Zügen des Kindertransports in die Freiheit fuhren, wartete auf die Eltern zumeist ein grauenhaftes Ende im Holocaust – nur die wenigsten haben ihre Kinder je wieder gesehen.

Wie das vorliegende Buch eindrucksvoll dokumentiert, tragen viele der so Geretteten auch heute noch eine schwere Bürde. Psychologen sprechen vom Schuldgefühl der Überlebenden, und wer diesen Menschen in die Augen sieht, weiß, dass der Holocaust in ihnen nach wie vor gegenwärtig ist und wie sehr eine Forderung nach einem »Schlussstrich« an ihrer Lebensrealität vorbeiläuft. Nicht wenige der durch den Kindertransport Geretteten haben ihr Schicksal in ihrem Innern verschlossen; es gibt Fälle, in denen nicht einmal die eigenen Kinder oder der Ehepartner von der Geschichte dieser Menschen wussten. Wer so überlebt hatte, wollte einen Neuanfang und verschwieg oft aus Selbstschutz seine Vergangenheit.

Umso kostbarer sind die vorliegenden elf Biographien: Es sind Erinnerungen von Menschen, die den Schritt in die Öffentlichkeit gewagt haben und in großer Offenheit ihre Gefühle und Gedanken mit dem Leser teilen. Es sind elf Stimmen aus dem Chor der Zehntausend; sie stehen stellvertretend für all jene, die durch diese Rettungsaktion vor dem Holocaust bewahrt wurden.

In einer Zeit, in der sich in der Anonymität des Internets Auschwitz-Leugner und Antisemiten ausbreiten und den zumeist jugendlichen Nutzern dieses Mediums ein zunehmend verzerrtes Geschichtsbild vermitteln, sind die Aussagen der noch verbleibenden Zeitzeugen der Naziherrschaft von unschätzbarem Wert.

»Der Schoß ist fruchtbar noch« – das Brecht-Wort hat auch heute noch traurige Aktualität. Im vorliegenden Buch berichten Menschen, die erlebt haben, wohin es führt, wenn der Andersartigkeit mit Verachtung begegnet wird: Diese Menschen haben uns etwas zu sagen.

Dr. Michel Friedman,
Vizepräsident des Zentralrats der Juden in Deutschland,
Frankfurt am Main im Februar 2001

Wer ein einziges Leben rettet, rettet die ganze Welt.
(Talmud)

Der olle Hitler soll sterben!« – das schrie die vierzehn Jahre alte Eva Heymann aus dem Fenster, nachdem ihr Zug die deutsche Grenze passiert hatte und die schikanösen Kontrollen durch SA-Männer endlich vorbei waren. Sie war eines von rund zehntausend Kindern, die 1938/39 durch eine einzigartige Rettungsaktion dem Nazi-Regime entkommen sind. Nach der Reichspogromnacht im November 1938 hatte sich England dazu durchgerungen, einer unbegrenzten Anzahl jüdischer Kinder die Einreise zu gewähren – nur den Kindern, nicht den Eltern. Dennoch entschlossen sich zahllose Väter und Mütter zu diesem schweren Schritt, um ihren Kindern die immer unerträglicher werdenden Lebensumstände in Deutschland zu ersparen.

Die Entscheidung des englischen Kabinetts für die Kindertransporte fiel in eine Zeit, in der viele Staaten eine restriktive Einwanderungspolitik betrieben und sich gegen jüdische Flüchtlinge abschotteten – die Eltern hatten damals, anders als ihre Kinder, nur eine geringe Chance, Deutschland noch zu verlassen.

Die Reichspogromnacht, die letzten Endes den Ausschlag für die Kindertransporte gegeben hatte, markierte den erschreckenden Tiefpunkt einer langen Serie menschenverachtender Aktionen, die dazu gedient hatten, jüdische Bürger aus der

Gesellschaft auszugrenzen. Dabei war es für wache Beobachter bereits bei der Machtergreifung Hitlers im Januar 1933 absehbar gewesen, dass die Juden in Deutschland keine Zukunft mehr haben würden; der herrschende Antisemitismus war zu offensichtlich.

Schon am 1. April 1933, wenige Wochen nach dem Sieg der NSDAP, hatten die Nazis zum ersten reichsweiten Boykott jüdischer Geschäfte aufgerufen: SA- und SS-Männer beschmierten die Schaufenster und hinderten die Kunden bei ihren Einkäufen; sie verteilten Flugblätter mit antisemitischen Parolen: »Deutsche, wehrt Euch! Kauft nicht beim Juden!«

Es folgten zahlreiche Maßnahmen, mit denen die Juden aus dem wirtschaftlichen, gesellschaftlichen und kulturellen Leben gedrängt wurden. Das am 7. April 1933 erlassene »Gesetz zur Wiederherstellung des Berufsbeamtentums« forderte mit dem »Arierparagraphen« alle Staatsbediensteten dazu auf, ihre arische Abstammung nachzuweisen: Alle Beamten, die mindestens einen jüdischen Großelternteil hatten, wurden entlassen; ehemalige Frontkämpfer waren nur anfänglich von dieser Regelung ausgenommen. Auf Druck der Regierung bemühten sich Verwaltungen und Kommunen, »judenrein« zu werden. Es folgten zahlreiche Berufsverbote; auch die Anzahl jüdischer Studenten an den Hochschulen und Universitäten wurde begrenzt, und ab dem 6. Dezember 1938 durfte schließlich kein Jude mehr studieren.

Auch zahlreiche Vereine und Burschenschaften schlossen bereits 1933 ihre jüdischen Mitglieder aus.

Am 15. September 1935 wurden die »Nürnberger Gesetze« verabschiedet – unter ihnen das »Gesetz zum Schutz des deutschen Blutes«, nach dem »Eheschließungen und außereheliche Beziehungen zwischen Juden und Staatsangehörigen deutschen oder artverwandten Blutes« verboten waren. Das Reichsbürgergesetz bestimmte zudem, dass nur derjenige deutscher Reichsbürger sein konnte, der »deutschen oder artverwandten Blutes« war.

In beinahe allen deutschen Städten und Dörfern standen die berüchtigten »Stürmerkästen«, die sich als äußerst effektives Propagandamittel erwiesen. Der »Stürmer«, das Hetzblatt von

Der Stürmer

Nürnberger Wochenblatt zum Kampfe um die Wahrheit

HERAUSGEBER: JULIUS STREICHER

Nummer 28 | Nürnberg, im Juli 1927 | 1927

Erichsen Moyseowicz

Hypnotisiert und schändet deutsche Mädchen

Die geheimnisvolle Villa. — Frauenbesuche. Der Weltpsychologe. — Im Kurhotel. — Die Vergewaltigung. — Verhaftet. — Die Rettungsaktion. — Ins Zuchthaus. — Alljudas Fetzung.

In Schreiberhau im Riesengebirge steht eine geheimnisvolle Villa. Mädchen und Frauen mit zerstörten Gesichtern gingen dort aus und ein. Manchmal war es recht lebhaft und lustig darin. Bis in die Morgenfrühe dauerten die lärmenden Sektgelage. Nun ist es still geworden. Der Villenbesitzer ist nicht mehr zu sehen. Die sonderbaren Frauen- und Mädchenbesuche sind eingestellt. Die Villa liegt da wie ein verfluchtes Haus, wie ein Haus voll Grauen. Der Besitzer ist verhaftet und sitzt im Gefängnis. Er kommt ins Zuchthaus.

Vor etwas über einem Jahre war er noch ein gefeierter Mann. Er war bekannt in ganz Deutschland. Zeitungsschmierer schrieben sich seinetwillen die Finger wund. In Berlin wurde er zum Dozenten der „Gesellschaft für Volksbildung“ ernannt. In allen großen Städten, in allen Badeorten hielt er Vorträge. Ueber „Experimentalpsychologie“! „Leo Erichsen, der Psychologe von Weltruf, spricht über: „An der Grenze des Uebersinnlichen“. (Das Zoghatum des Abendlandes.) Eintritt 2.50 RM.“ So stand in den Ankündigungen. Sie waren zu lesen in den Kurlisten der Bäder. Noch am 12. Juni vorigen Jahres erschien sein Bild auf der Titelseite des amtlichen Organs der „Reichsgräflich Schaffgotschen Badeverwaltung“ des Bades Warmbrunn.

Kein Wunder, daß viele verzweifelte Menschen, deren Körper krank, deren Nervensystem zerrüttet war, glaubten, bei diesem berühmten Mann Heilung zu finden.

Er nennt sich Leo Erichsen. Doch das ist nicht sein richtiger Name. In Wirklichkeit heißt er Leo Moyseowicz (auf deutsch: Mosessohn!). — Ein Moses! Er stammt aus Galizien. Der Rasse nach ist er Jude. Zugewanderter Ostjude.

Doch das wußten die Kurgäste, die Kranken nicht. Sie glaubten einen gewaltigen Wissenschaftler vor sich zu haben. Einen berühmten Mann, der Wunderheilungen vornehmen könne. Und gingen, wie gesagt, zur „Seelenbehandlung“ in seine Villa.

Sie kamen anders heraus, als sie hineingegangen waren. Ein Prozeß, der dem Juden gemacht wurde, hat hierüber Schauerliches enthüllt. Ein halbes Hundert Mädchen und Frauen allein aus Schreiberhau und Warmbrunn könnte von der „Seelenbehandlung“ Moyseowicz' berichten. Und auch jene Frau, die in hypnotischem Zustande auf die Straße geschickt wurde, könnte von dem Juden manches erzählen. Und jenes geschändete Dienstmädchen auch — —

Das Dienstmädchen „Elfriede“ war brav und unbescholten. Es war in Bad Warmbrunn in einem Hotel angestellt. War fleißig und seine Herrschaft war mit ihm zufrieden. Demnächst wollte es heiraten.

Der Jude Erichsen Moyseowicz wohnte in dem Hotel. Wohnte in einem der Zimmer, die das Mädchen zu betreuen hatte. Am Abend des 16. Juni 1926 sollte Erichsen Moyseowicz einen Vortrag halten. Am selben Tag, vormittags gegen 11 Uhr, betrat das Mädchen, um Ordnung zu machen, sein Zimmer. Nach zwei Stunden, um 1 Uhr, verließ sie es. Völlig geistesabwesend, mit stierem Blick, körperlich und seelisch total zerbrochen, erschien sie in der Hotelküche. Das Beinkleid hatte sie über dem Arm. —

Der Hotelbesitzer schickte sofort die Irregewordene zum Arzt. Dort wurde sie untersucht. Es wurde festgestellt, daß das Dienstmädchen bisher unschuldig, unberührt gewesen war, im Zimmer des Juden Moyseowicz hypnotisiert, geschändet und in fürchterlichster Weise mißbraucht wurde.

Moyseowicz hielt seinen Vortrag an dem betreffenden Abend nicht. Noch am Nachmittag wurde er verhaftet. —

Der Prozeß wurde unter Ausschluß der Oeffentlichkeit geführt. Etwa 40 Zeugen wurden vernommen. Darunter eine ganze Anzahl von Mädchen aus

„Und jenes geschändete Dienstmädchen auch …“

Die Juden sind unser Verderben!

Der Stürmer, 1927

Julius Streicher, erreichte 1935 mit rund 500 000 Ausgaben seine höchste Auflage; weitaus mehr Leser wurden der Zeitung jedoch durch die Schaukästen beschert. Auf der ersten Seite jeder Ausgabe prangte in großen Lettern der Satz: »Die Juden sind unser Verderben!« Die Mischung aus Rassenhass und Pornografie sollte an die niedrigsten Instinkte appellieren – auch viele Kinder gingen auf ihrem Schulweg an einem Stürmerkasten vorbei und sogen Tag für Tag die Hetzparolen ein. Das Blatt bevorzugte eine brutale und deutliche Sprache; die Juden wurden als »Schmarotzer«, »Volksverderber«, Bazillen« oder »Wanzen« bezeichnet. Im Laufe der Jahre entwickelte sich die Zeitung zu einem Forum der Denunzianten: Die Redaktion erhielt bis zu siebenhundert Briefe täglich, in denen eifrige Volksgenossen akribisch auflisteten, wer in jüdischen Geschäften kaufte und den Kontakt zu den Juden nicht vollständig abgebrochen hatte. Viele Leser machten sich sogar die Mühe, Fotografien einzuschicken, die entsprechende »Vergehen« in der nächsten Umgebung zeigten. Um derlei Briefe und Fotos entsprechend zu würdigen, schuf der »Stürmer« daraufhin sogar eine Rubrik, die sich »Pranger« nannte. Wenn jemand auch nur mit seinem jüdischen Nachbarn spazieren ging, wurde er im »Stürmer« als »Judenknecht« tituliert.

In den Schulen benutzten nicht wenige Lehrer den »Stürmer« als griffiges Anschauungsmaterial. Das Fach »Rassenkunde« kam auf den Lehrplan, um schon den ABC-Schützen Judenhass auf pseudowissenschaftlicher Basis einzuflößen, und viele Lehrer hielten sich nicht zurück, wenn es darum ging, die jüdischen Schüler zu malträtieren. Für die jüdischen Kinder, deren Eltern zu einem Großteil assimiliert waren und sich oft in erster Linie als Deutsche betrachteten, war es deprimierend mitzuerleben, wie Freunde sich zurückzogen und aus ehemaligen Spielkameraden fanatische Hitlerjungen wurden.

Der »Stürmer«-Verlag hatte sich zum Ziel gesetzt, mit farbenfroh illustrierten Bilderbüchern schon die kleinsten Deutschen zu überzeugten Antisemiten zu erziehen: Die Bücherregale in manch deutschem Kinderzimmer wurden zu wahren Giftarsenalen.

1936 brachte der »Stürmer«-Verlag ein Buch der einund-

Illustration aus dem Kinderbuch *Trau keinem Fuchs auf grüner Heid', und keinem Jud' bei seinem Eid* von Elvira Bauer, 1936

zwanzigjährigen Elvira Bauer heraus: »Trau keinem Fuchs auf grüner Heid', und keinem Jud' bei seinem Eid« – im Titel zitierte die Autorin den Judenhasser Martin Luther. Von der eifrigen jungen Frau stammen nicht nur die Verse, sondern auch die Bilder. Eine Tafel zeigt, wie eine Gruppe abstoßend hässlicher Kinder aus der Schule gejagt werden; dazu reimt die Autorin: »*Nun wird es in der Schule schön, denn alle Juden müssen gehen, die Großen und die Kleinen. Da hilft kein Schrein und Weinen, und auch kein Zorn und Wut. Fort mit der Judenbrut!*« – Offiziellen Angaben zufolge verkaufte sich das Buch über hunderttausend Mal.

In dem Buch »Der Pudelmopsdackelpinscher« von Ernst Hiemer wurde das Judentum als eine »Köterrasse« verunglimpft: »*Typische Kennzeichen der Juden sind ihre krummen Beine und Plattfüße. Viele Juden haben eine an ihrer Spitze verbogene Nase und henkelartig abstehende Ohren. Auch ihr ekelhafter Körpergeruch kennzeichnet sie als Fremdrassige.*«

Aufgrund seiner ungünstigen seelischen Veranlagung, so Hiemer, sei jeder Jude zum Ausbeuter, Kriegstreiber und Verbrecher geboren; ihn zu vernichten, sei damit Notwehr: »*Will die Welt einmal wieder glücklich sein und einer hoffnungsfrohen Zukunft entgegensehen, dann muss der jüdische Störenfried beseitigt werden. Dann wird sich endlich das Schicksal der jüdischen Köterrasse erfüllen.*«

Zu einem schändlichen Klassiker entwickelte sich auch »Der Giftpilz« von Ernst Hiemer. Das antisemitische Machwerk umfasst eine Sammlung kleiner Geschichten, die – in simpelster Weise gestrickt – alle auf dasselbe hinauslaufen: Dass jeder Jude ein Teufel in Menschengestalt sei und jedes Kind lernen müsse, ihn zu entlarven, falls er sich arglistig hinter einem freundlichen Gesicht verberge. Da schärft eine blondgelockte Mutter ihrem herzigen Bübchen beim Pilzesammeln ein: »*Schau, Franz, vor den schlechten Menschen muss man sich in Acht nehmen wie vor Giftpilzen. Und weißt du, wer diese schlechten Menschen, diese Giftpilze der Menschheit sind?*«, *fragt die Mutter. Franz wirft sich stolz in die Brust.* »*Jawohl, Mutter! Das weiß ich. Es sind die Juden. Unser Lehrer hat das schon oft in der Schule gesagt.*« *Lachend klopft die Mutter ihrem Franz auf die Schulter.* »*Donnerwetter, du bist ja ein ganz gescheiter Junge!*« *– und dann wird sie ernst:* »*Wie ein einziger Giftpilz eine ganze Familie töten kann, so kann ein einziger Jude ein ganzes Dorf, eine ganze Stadt, ja sogar ein ganzes Volk vernichten.*« *– Franz hat die Mutter verstanden.*

Als besonderer Verkaufsschlager erwies sich das von der Firma Günther & Co entwickelte Gesellschaftsspiel »*Juden raus*«. Der Vertreiber Rudolf Fabricius versichert in einem Werbebrief enthusiastisch: »*Dieses Spiel findet in allen Kreisen bei Jung und Alt begeisterte Aufnahme.*« Tatsächlich wurde es allein im Jahr 1938 über eine Million Mal verkauft. Bei dem Würfelspiel ging es darum, Juden aus ihren Häusern und Geschäften zu vertreiben. »*Gelingt es Dir 6 Juden rauszujagen, so bist Du Sieger ohne zu fragen!*«, so lautet der aufmunternde Reim auf dem Spielbrett. Unterhalb der Karikatur einer jüdischen Familie – der Familienvater wird mit Ganovenvisage und geschul-

Der Giftpilz, 1938

tertem Seesack gezeigt – ist ein barsches *»Auf nach Palästina!«* gedruckt.

Tatsächlich unternahmen viele Juden im Laufe der Jahre erhebliche Anstrengungen, um Deutschland zu verlassen – doch dafür bedurfte es auch eines Landes, das bereit war, sie aufzunehmen; die benötigten Visa waren oft nicht zu bekommen. So war eine Auswanderung nach Palästina, das damals unter britischem Protektorat stand, für die meisten Juden kaum noch möglich. Die englische Regierung hatte bereits 1936 nach Protesten der Araber die Zahl der Einreisegenehmigungen erheblich beschränkt, und 1939 begrenzte das von ihr verabschiedete »White Paper« die Anzahl der Einwanderer für die kommenden fünf Jahre auf 75 000.

In den anderen Staaten sah die Situation nicht besser aus; sie fürchteten ebenfalls den zu erwartenden Strom jüdischer Flüchtlinge. Die im Sommer 1938 von Präsident Roosevelt einberufene Konferenz im französischen Evian, die sich dem Flüchtlingsproblem widmete, hatte zu keiner Lösung geführt: Nicht einer der zweiunddreißig Teilnehmerstaaten war bereit, eine größere Anzahl von Flüchtlingen aufzunehmen; auch die USA machten keinerlei Anstalten, von ihrem Quotensystem Abstand zu nehmen. Der Zionistenführer Chaim Weizmann brachte die Situation damals auf den Punkt: »Die Welt scheint nur zwei Arten von Ländern zu haben: die, in denen die Juden nicht leben können und die, in die sie nicht einreisen dürfen.«

In der Nacht vom 9. auf den 10. November 1938 war die Gewalt gegen die Juden schließlich eskaliert: In ganz Deutschland hatten Nazis die Synagogen angezündet; zahllose jüdische Geschäfte waren demoliert und geplündert worden. Etwa dreißigtausend jüdische Männer wurden von der Polizei verhaftet und in Konzentrationslager gebracht – »in Schutzhaft«, wie es von offizieller Seite heuchlerisch genannt wurde. SA-Männer drangen in die Wohnungen jüdischer Familien ein und verwüsteten sie; rund hundert Juden wurden allein in dieser Nacht ermordet. Im Ausland löste das Pogrom Entsetzen aus; die Zeitungen rund um den Globus schilderten diese Nacht des Terrors auf den Titelseiten.

Nur wenige Tage später ergriff in England ein kleines Grüppchen die Initiative. Am 15. November sprachen einige Juden – unter ihnen Chaim Weizmann und der Oberrabbiner Josef Hertz – bei dem damaligen Premierminister Neville Chamberlain vor, der über die Vorgänge in Deutschland entrüstet war. Sie forderten, jungen Juden aus Deutschland wenigstens vor-

RUDOLF FABRICIUS

NEUHEITEN-VERTRIEB

NEUSALZA-SPREMBERG
IN SACHSEN / HERMANN-OTTO-STRASSE 233

FERNRUF 345 / POSTFACH 5
POSTSCHECK-KONTO: DRESDEN 30427
BANK-KONTEN:
SÄCHSISCHE BANK, ZWEIGSTELLE LÖBAU
STADTGIROKASSE NEUSALZA-SPREMBERG

Herstellung u. Generalvertrieb für Großdeutschland des Gesellschaftsspiels „Juden raus"

Ihr Zeichen: Ihre Nachricht v.: Mein Zeichen: W/D. Tag: 5.12.1938.

Sehr geehrte Firma!

Die Firma Günther & Co., Dresden-A. 16, hat ein neues und zeitgemäßes Gesellschaftsspiel herausgebracht, daß unter dem heute aktuellen Namen

„Juden raus"
D. R. G. M. Nr. 1446399

in den Verkehr gebracht wird und von dem ich eine Abbildung in ¼ Größe des Originals beilege. / Dieses Spiel findet in allen Kreisen bei Jung und Alt begeisterte Aufnahme und ist sicher für jedes Spielwarengeschäft ein wirklicher Schlager, wie er nur selten geboten wird.

Ich nehme an, daß auch Sie für den Verkauf dieser Neuheit Interesse haben und bitte Sie, mir eine Probebestellung unter Benutzung beiliegender Karte zu übermitteln. Sie werden das Spiel sicher in großen Mengen leicht absetzen.

Das Spiel wird in einer Größe von 50 X 60 cm geliefert.

Der Laden-Verkaufspreis beträgt RM. 4.50. Auf diesen Preis erhalten Sie 33⅓ % Rabatt. Bei Abnahme von 10 Stück erfolgt die Lieferung portofrei.

Bestellen Sie gefl. umgehend, damit ich Sie prompt beliefern kann.

Heil Hitler!

Rudolf Fabricius.

Anlagen.

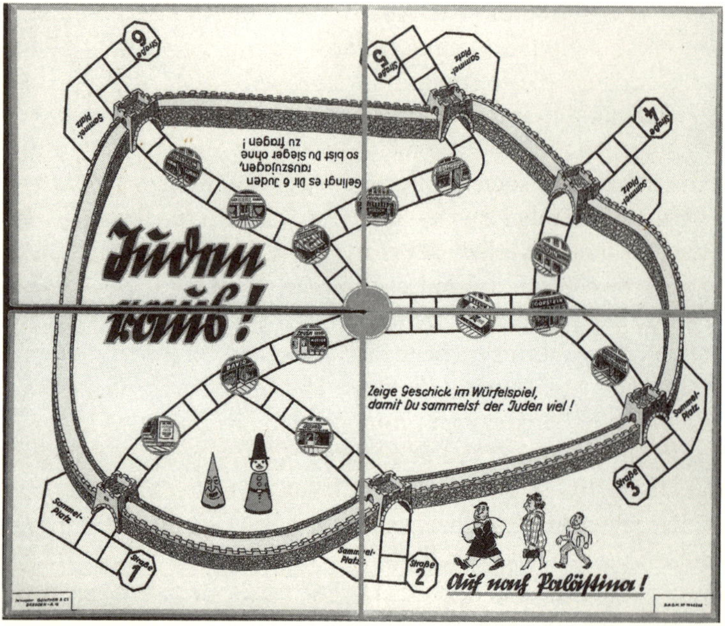

»Juden raus! – Das zeitgemäße und überaus lustige Gesellschaftsspiel für Erwachsene und Kinder« – so die Schlagzeile der Spielanleitung von 1938.

übergehend eine Einreise nach Palästina zu gewähren. Tags drauf wurde dieser Vorschlag vom englischen Kabinett abgelehnt. Stattdessen entschieden die Politiker, dass England selbst bereit sein würde, eine unbegrenzte Anzahl jüdischer Flüchtlinge aufzunehmen. Vorausgesetzt, sie waren unter siebzehn Jahren – Eltern würden also ihre Kinder allein in die Fremde ziehen lassen müssen. England litt auch noch in den späten dreißiger Jahren unter den Folgen der Weltwirtschaftskrise, und man nahm an, ein Heer erwachsener Flüchtlinge unter den zahlreichen Arbeitslosen in England würde die Fremdenfeindlichkeit schüren. Hingegen war es politisch leichter durchsetzbar, verfolgte Kinder und Jugendliche aufzunehmen, die auf dem angespannten Arbeitsmarkt noch keine Konkurrenz darstellten.

Eine zweite Voraussetzung war die Hinterlegung einer Garantiesumme von fünfzig Pfund für jedes einreisende Kind

– entweder durch die Familie des Flüchtlings oder aber durch eine der beteiligten Organisationen. Es musste schnell gehandelt werden – die Rettungsaktion war ein Wettlauf gegen die Zeit. An der Organisation der Kindertransporte beteiligten sich verschiedene jüdische wie nichtjüdische Gruppierungen, unter ihnen auch die »society of friends«, die englischen Quäker.

Am 1. Dezember 1938 – nur zwei Wochen nach dem Kabinettsbeschluss – verließ der erste Transport Berlin und brachte über zweihundert Kinder in Sicherheit. Um eine Ausreisegenehmigung für alle weiteren Transporte zu bekommen, mussten die deutschen Behörden informiert werden. Gertrud Wejsmuller-Meijer, eine in Flüchtlingsfragen sehr engagierte holländische Bankiersfrau, fuhr Anfang Dezember nach Wien und verhandelte mit Adolf Eichmann, dem Leiter des Judenreferats der Gestapo – so sollte verhindert werden, dass die Genehmigung jedes einzelnen Transports einen langwierigen bürokratischen Akt nach sich zog. Die Hartnäckigkeit der Dame zeigte Erfolg; kurz darauf wurden alle weiteren Kindertransporte genehmigt.

Die Möglichkeit, Kinder ohne Begleitung der Eltern nach England zu schicken, verbreitete sich in Deutschland vor allem durch Mund-zu-Mund-Propaganda. Viele Eltern rangen sich dazu durch, ihre Söhne und Töchter in die Ungewissheit eines fremden Landes zu schicken und ließen sie bei den jüdischen Kultusgemeinden registrieren.

Währenddessen wurden in England fieberhaft Vorbereitungen getroffen: Freiwillige Helfer gründeten das »Movement for the Care of Children from Germany«, das spätere »Refugee Children's Movement«, und kooperierten mit dem Jewish Refugee's Comittee. Ursprünglich war geplant gewesen, jedes Kind in einer Pflegefamilie unterzubringen. Doch die Anzahl der Flüchtlinge überstieg bei weitem die Anzahl derer, die bereit und in der Lage waren, ein fremdes Kind zu ernähren; in der wirtschaftlich angespannten Situation wurde händeringend nach Gastfamilien gesucht. Die BBC sendete eine halbstündige Reportage über die ersten Flüchtlingskinder, die England erreicht hatten und rief zur Hilfe auf. Auch die Zeitungen schilderten die Notsituation der Kinder und Jugendlichen. Die

Berichte blieben nicht ohne Wirkung; hunderte von Engländern wandten sich voller Hilfsbereitschaft an die Flüchtlingsorganisationen. Allerdings war der Prozentsatz jüdischer Familien, die ihre Hilfe anboten, so gering, dass etliche streng religiöse Kinder in christlichen Familien untergebracht wurden – eine schnelle Rettung der Kinder hatte absolute Priorität.

Um das Projekt finanziell zu unterstützen, rief der ehemalige Premierminister Lord Baldwin die Bevölkerung in der »Times« zu Spenden auf. Auch hier war die Resonanz überwältigend: Innerhalb kurzer Zeit wurden rund zweihunderttausend englische Pfund gesammelt. Die Handelskette Marks & Spencer stellte zudem für die Flüchtlingskinder Kleider und Nahrungsmittel bereit, und das Auktionshaus Christie's veranstaltete eine Wohltätigkeitsauktion.

Die deutschen Behörden gaben den Eltern meist sehr kurzfristig Bescheid, wenn ihr Kind einen Platz auf einem Transport bekommen hatte – nicht selten lagen gerade einmal vierundzwanzig Stunden zwischen der Benachrichtigung und dem letzten Lebewohl. Jedes Kind durfte nur so viel Gepäck mitnehmen, wie es selber tragen konnte: genehmigt waren ein Koffer und ein Stück Handgepäck; zusätzlich durften zehn Reichsmark ausgeführt werden. Natürlich hatten Kleidung und Schuhe absoluten Vorrang – Platz für Spielzeug und Bücher blieb kaum. Die meisten Eltern legten ihren Kindern noch Familienfotos mit in den Koffer – oft genug blieben diese Aufnahmen die letzten Erinnerungen an eine verlorene Heimat.

Am Bahnhof spielten sich zum Teil dramatische Szenen ab: Es gab Eltern, die nicht in der Lage waren, ihre Kinder in letzter Konsequenz loszulassen. Mütter brachen auf dem Bahnsteig zusammen. Später wurde es dann den Eltern von den Behörden untersagt, ihre Kinder zum Zug zu bringen – jedes Aufsehen sollte vermieden werden. Aus diesem Grund fuhren viele der Transporte erst am späten Abend oder um Mitternacht ab.

Während einige Eltern ahnten, dass es ein Abschied für immer sein würde, waren viele der Kinder einfach zu klein, um die politische Situation zu erfassen. Manche fühlten sich aus der Familie ausgestoßen, wenn sie in den Zug gesetzt wurden und verweigerten ihren Eltern einen letzten Gruß – nicht selten hatte das ein Schuldgefühl zur Folge, das sie ein Leben lang begleiten sollte. Andere empfanden die bevorstehende Reise als ein großes Abenteuer und verabschiedeten sich nicht allzu traurig. Sie verstanden nicht, warum ihre Eltern in den Tagen vor der Abfahrt so bedrückt waren.

Die Kindertransporte fuhren von Wien, München, Frankfurt, Berlin und später auch von Prag ab; an verschiedenen kleineren Bahnhöfen stiegen weitere Kinder ein. Die häufigste Route ging über die Niederlande bis nach Hoek van Holland – von dort aus brachte ein Schiff die Kinder nach Harwich. Weitaus weniger Flüchtlinge fuhren von Hamburg mit einem Überseedampfer nach Southhampton.

Begleitet wurden die Transporte, die bis zu fünfhundert Kinder pro Zug aufnahmen, meist nur von wenigen Erwachsenen, die umgehend wieder nach Deutschland zurückkehren mussten, um nicht den Fortbestand der Kindertransporte zu gefährden. Daraus ergab sich, dass die Kinder überwiegend sich selbst überlassen blieben: Ältere Jungen und Mädchen wurden angewiesen, ein Auge auf die kleinsten Kinder des Transports zu haben.

Von Harwich, dem Ankunftshafen in England, kamen viele der Kinder dann nach London: Am Bahnhof Liverpool Street saßen sie auf langen Holzbänken und warteten darauf, ihren Pflegeeltern vorgestellt zu werden. Einige Kinder waren in der glücklichen Lage, bereits zu wissen, zu wem sie kommen sollten: Dann etwa, wenn die Eltern Freunde und Bekannte in England hatten, viele allerdings blieben bis zuletzt im Ungewissen, wem sie zugeteilt werden würden. Die Begrüßung ging oft genug ohne Worte vonstatten, da nur selten ein Mitglied der Gastfamilie Deutsch sprach. Die Flüchtlingsorganisationen mussten in größter Eile handeln, und meist blieb kaum Zeit für eine sorgfältige Überprüfung der Familien. Nicht selten kam es vor, dass Engländer die Notlage der Flüchtlinge nutzen wollten, um an billiges Dienstpersonal zu kommen. Tatsächlich war es oft der pure Zufall, der über Glück und Unglück der Kinder entschied. Diejenigen, für die sich niemand gefunden hatte, mussten eine mehr oder weniger lange Zeit in einem Heim der Flüchtlingsorganisationen verbringen, bis sich eine Lösung ergab.

Durch die Kindertransporte konnten in der Zeit vom Dezember 1938 bis zum August 1939 rund zehntausend Kinder aus Deutschland, Österreich und der Tschechoslowakei gerettet werden. Als im September 1939 der Zweite Weltkrieg ausbrach, fand die Rettungsaktion ein abruptes Ende: Deutschland war ab sofort Feindesland, und selbst die Kinder, die bereits einen Platz auf dem Transport zugeteilt bekommen hatten, mussten in Deutschland bleiben. Auch für die Flüchtlingskinder in England hatte der Krieg weit reichende Konsequenzen. Einerseits wurden viele Kinder aus den großen Städten auf das Land evakuiert; sie mussten dadurch von einer Umgebung Abschied nehmen, in der sie sich gerade eingelebt hatten. Zum anderen wurden die Kinder des Kindertransports, die das 16. Lebensjahr vollendet hattet, als sogenannte »enemy alien« – also »feindliche Ausländer« – auf der Isle of Man zwischen England und Irland interniert. Hintergrund der Internierungen war die Tatsache, dass die Engländer während des Krieges eine Unterwanderung durch deutsche Spione im eigenen Land fürchteten – eine Angst, die bei nicht wenigen Briten skurrile Blüten trieb.

Am schwersten lastete jedoch die ständige Ungewissheit über das Schicksal der Eltern auf den Kindern. Der Postverkehr war durch den Krieg weitgehend zum Erliegen gekommen; nur das Rote Kreuz vermittelte noch Nachrichten, die eine Länge von fünfundzwanzig Worten allerdings nicht überschreiten durften. Nicht selten blieben selbst diese Postkarten im Laufe der Jahre aus.

Dennoch hofften die meisten der Kinder nach dem Krieg auf ein Wiedersehen mit ihren Eltern. Auch wer über Jahre hinweg kein Lebenszeichen mehr erhalten hatte, konnte es sich noch mit den Kriegswirren erklären. Nur allmählich erschloss sich ihnen – und der Welt – das ganze Ausmaß des Holocaust: Sechs Millionen Juden waren ermordet worden, unter ihnen 1,5 Millionen Kinder. Die wenigsten Geretteten des Kindertransports haben ihre Eltern und Geschwister je wiedergesehen.

Für viele Mütter und Väter war es jedoch bis zuletzt ein unschätzbarer Trost gewesen, dass sie wenigstens ihre geliebten Kinder in Sicherheit wussten. So schrieb Max Heymann, der Vater von Eva Heymann, 1943 in einem seiner letzten Briefe an seine Frau:

Wie grausam uns das Geschick auch angepackt hat, die Gewissheit, für unser Evchen richtig gehandelt zu haben, gibt uns seelische Ruhe und lässt uns unser Schicksal leichter ertragen.

Seine Tochter Eva war durch den Kindertransport gerettet worden, doch er selbst sollte sie nie wieder in die Arme schließen. Max Heymann starb am 22. Februar 1944 im Konzentrationslager Theresienstadt.

»Once I was a Münchner Kindl.«

Beate Siegel,
geboren 1925 in München

»Meiner Meinung nach waren meine Eltern nicht nur assimiliert, sondern sogar integriert in das Münchner Leben, und zuhaus hamma halt so g'redet, wie ich jetzt red, also bayerisch. Wir ham a Häusl g'habt am Walchensee, und der Vati hat immer Lederhos'n getragen, mein Bruder Peter auch, und ich a Dirndl. Wir waren halt Bayern. Und ich bin immer noch a bissel a Bayer, obwohl ich jetzt schon über sechzig Jahre in England leb …«

Beate Siegel, Tochter aus gutem jüdischen Hause, erinnert sich an eine weitgehend friedliche und sorglose Kindheit in München. Dass sie ausgerechnet in der Stadt aufwuchs, die stolz darauf war, »Hauptstadt der Bewegung« zu sein, spürt sie kaum. Ihr Vater, der Rechtsanwalt Dr. Michael Siegel führt direkt neben dem Rathaus eine gut gehende Kanzlei und ist in München ein angesehener Mann. Er ist der Sohn eines orthodoxen Viehhändlers aus Arnstein, ein bodenständiger und selbstbewusster Mann, der sich seiner Umwelt in deutlichen Worten mitzuteilen pflegt. *»Ich weiß noch, wie er den eleganten Freundinnen meiner Mutter das Skifahren beibringen wollte und sie anschrie: ›Strecken Sie halt den Arsch raus!!!‹* Obwohl ihm als Rechtshänder der rechte Daumen fehlte – den hatte er als kleiner Junge in eine Viehfüttermaschine gesteckt –, war er ein passionierter Skifahrer; er hatte im Ersten Weltkrieg als Skilehrer in der Armee gedient und unternahm in den Alpen waghalsige Touren. Seiner Tochter Beate war der burschikose Herr ein zärtlicher Vater. Mit Leichtigkeit wickelte sie ihn um den Finger: *»Er hat sich so lange nicht für mich interessiert, bis ich vertikal war und zu schwatzen anfing. Ich weiß noch, wie ich auf seinem Schoß gesessen bin und aus seinen Augenbrauen Zöpfchen geflochten habe – die waren nämlich ganz buschig. Ich glaub, das hat ihm imponiert. Das machte* *sonst wohl niemand mit ihm. Und da ham mir angefangen, uns zu versteh'n.«*

Michael Siegel gehörte zu denen, die schon früh den wachsenden Antisemitismus in Deutschland zu spüren bekamen. Dann etwa, als im Jahr 1924 im deutschen Alpenverein der Antrag gestellt wurde, den Juden die Mitgliedschaft zu verwehren. Als ein Mann unterwürfig vorschlug, doch wenigstens die Juden, die bereits Mitglieder waren, nicht rauszuwerfen – ihn selbst eingeschlossen –, platzte Michael Siegel der Kragen. Fassungslos und zornig über so viel Rückgratlosigkeit stürmte er, ein langjähriges Mitglied, zum Rednerpult: *»Ich lass mir von euch nicht auf den Kopf scheißen!«*, schrie er den Männern entgegen – ein Zitat, das tags darauf in allen Münchner Zeitungen zu lesen war.

Doch Beate weiß in ihrer frühen Kindheit nichts vom gärenden Münchner Antisemitismus. Sie wächst unter der Obhut humorvoller und zärtlicher Eltern auf und ist voller Vertrauen in die Menschheit, so dass ihr lange jeglicher Sinn für die Bosheiten ihrer Umwelt fehlt. Als sie etwa ihre Lehrerin um einen Bleistift bittet, weil ihr eigener abgebrochen war, fährt die Frau das Mädchen an: »Könnt ihr Judenkinder nicht eure eigenen Stifte kaufen?« – *»Doch, ich glaub schon, hab ich geantwortet und bin zurück an meinen Platz gegangen. Ich habe mir nicht das Geringste dabei gedacht. Als ich zu Hause meiner Mutti sagte, dass alle jüdischen Kinder jetzt ihre eigenen Stifte mitbringen müssen, explodierte sie fast. Aber ich verstand immer noch nicht, was daran so schlimm war.«*

Die Siegels bemühen sich darum, ihre Kinder vor der sich verändernden Atmosphäre zu schützen. Sie gehören der liberalen jüdischen Gemeinde an, und obwohl die Familie keinen koscheren Haushalt hat, verleiht die Religion ihrem Alltag einen Rhythmus. Dann etwa, wenn Michael Siegel seine kleine Tochter zur Schule begleitet: *»Es war ein festes Ritual, und ich hatte es gern. Sobald die Wohnungstür hinter uns ins Schloss fiel und wir in den Aufzug stiegen, begann mein Vater mit dem Morgengebet. Er hielt mich den ganzen Weg über an der Hand und betete dabei das ›Adon olam‹, ein leiser hebräischer Singsang mit unverkennbar bayerischem Akzent. Manch-*

Michael und Mathilde Siegel

mal ist er mittendrin stehen geblieben, hat sich zu mir heruntergebeugt und gesagt: ›Küssen!‹ Ich hab ihm brav einen Kuss auf die Wange gedrückt, und dann sind wir quietschvergnügt weitergegangen – das war mein Herr Papa!«

Jeden Freitag Abend versammelt sich die Familie, um zusammen den Schabbat zu begehen. »*Wir saßen an einem schön gedeckten Tisch mit weißer Tischdecke und glänzendem Tafelsilber. Meine Mutter segnete die Lichter, und mein Vater den Wein und das Brot. Dann schlug Mutti eine goldbestickte Samtdecke auf, unter der ein Brot lag, das zu einem Zopf geflochten war. Zuletzt segnete der Vater uns Kinder.* ›Mögest *du sein wie Ephraim und Menasche!*‹, *sagte er zu meinem Bruder Peter und legte ihm die Hände auf den Kopf. Und bei mir sagte er:* ›Mögest *du sein wie Sarah und Leah und Rachel und Rebecca!*‹«

Mathilde Siegel legt großen Wert darauf, dass die Familie

die jüdischen Feiertage festlich begeht. Für das Mädchen Beate hat der Sederabend, der am Vorabend von Pessach gefeiert wird, eine besondere Bedeutung. Zuerst liest ihr Vater eine Geschichte vor, die an die Befreiung des israelischen Volkes von der ägyptischen Knechtschaft erinnert. *»Und dann kam der Moment, an dem die Tür geöffnet werden muss, um den Propheten Eliah hereinzulassen; das war Teil des Rituals. Diesen Part haben meine Eltern mir überlassen, aber es endete für mich jedes Mal mit einer kleinen Enttäuschung: da stand ja gar niemand! – Als wir einmal den Sederabend nicht wie üblich in München, sondern draußen in den Bergen feierten, versprach ich mir einiges davon. Ich dachte mir, vielleicht mag der Eliah den Walchensee lieber? Und nachdem er in München nie gekommen ist, vielleicht kommt er ja in unser Häusl? Aber – wieder nichts!«*

Weil die Siegels die unschuldige Welt ihrer Tochter so lange wie möglich bewahren wollen und es sorgfältig vermeiden, in ihrer Gegenwart über Politik zu sprechen, ahnt sie nichts von

Mathilde Siegel mit den Kindern Beate und Peter am Walchensee, 1934

10. März 1933: Der Rechtsanwalt Dr. Michael Siegel wird von den Nazis durch die Münchner Innenstadt getrieben

dem, was für viele Anlass genug ist, Deutschland endgültig zu verlassen. Dass Adolf Hitler Reichskanzler geworden ist, hat sie gehört; aber sie weiß nicht, dass vor den Toren Münchens das Konzentrationslager Dachau entsteht. Am 10. März 1933 wird ein Freund der Familie, der jüdische Kaufhausbesitzer Max Uhlfelder, verhaftet – ohne erkennbaren Anlass. Der Rechtsanwalt Michael Siegel vermutet einen Irrtum und geht zur Polizei. Als er auf dem Präsidium für seinen Freund eintritt, wird er dort von einer Gruppe höhnischer SA-Männer zusammengeschlagen. »*Die ham ihn so verhauen, dass seine Ohrtrommeln zerrissen sind, und ein paar Zähne ham s' auch ausgeschlagen. Dann ham s' ihm die Hosen abgeschnitten und die Schuhe weggenommen. Zum Schluss musste er auf ein Plakat schreiben: ›Ich bin Jude, aber ich will mich nicht über die Nazis beschweren.‹ Das Plakat ham s' ihm um den Hals gehängt, und so hat man ihn barfuß durch die Straßen geführt. Und wie sie zum Hauptbahnhof gekommen sind, da ist ihnen wohl a bissel langweilig geworden, da ham s' gesagt: ›Geh weg! Tu was du willst!‹ – und da kam ein Mann auf ihn zu, und sagte mit einem amerikanischen Akzent, er hätte das Ganze fotografiert, ob es ihm was ausmachen tät, wenn er das veröffentlicht? Und mein Vati hat gesagt: ›Machen s' was Sie wollen!‹ – Das war ihm ganz wurscht.«*

Das Foto geht wenig später um die ganze Welt. Für die damals acht Jahre alte Beate bringt dieser Tag die erste ernsthafte Erschütterung ihres Lebens. Während ihr Vater noch durch die Straßen gehetzt wird, liegt sie nichts ahnend mit einer Erkältung im Bett. Ihre Mutter besorgt mit dem Hausmädchen Traudl die Einkäufe. Als Beate schließlich von einem Geräusch an der Haustür geweckt wird, freut sie sich auf etwas Abwechslung und wartet darauf, dass jemand nach ihr sieht. Doch irgendetwas ist anders als sonst. Sie hört Schritte im Gang und ein Rascheln, eine Tür wird behutsam zugezogen. Dann ist es ganz still in der Wohnung. *»Als niemand reinkam, bin ich aufgestanden und rausgegangen. Der Vati hat immer seine Kleider aufgehängt an einem Haken vor dem Badezimmer, und da hingen seine Kleider plötzlich – alle voller Blut, zerrissen und voller Blut. Und wenn ich sag, ich war erschrocken, das erklärt eigentlich nicht, wie dem achtjährigen Mäderl, das ich war damals, zumute war. Schockiert vielleicht? Verblüfft? Verdattert? Ich hab's net verstanden. Und dann bin ich auf Zehenspitzen den Gang entlang gegangen bis zum Schlafzimmer meiner Eltern und hab was getan, was ich sonst nie getan hab: ich hab geklopft! – Keine Antwort. Dann hab ich ganz sanft die Tür aufgemacht, und ich hab noch gesehen, wie der Vati die Bettdecke bis zu seinen Augen heraufgezogen hat und er sagte: ›Wart bis deine Mutter nach Hause kommt!‹ – Sonst hat er immer Mutti gesagt und nicht Mutter, das war alles furchtbar ernst. Ich bin also wieder in mein Zimmer zurückgegangen und weiß noch genau: ich bin auf dem Rücken gelegen und hab die Decke angestarrt. Gedacht hab ich eigentlich nicht viel, nur gefühlt hab ich: dass was wirklich, wirklich nicht in Ordnung war. Da war was los.«*

Nach dem Vorfall drängt Mathilde Siegel ihren Mann dazu, Deutschland zu verlassen. Ohne dass Beate und Peter es erfah-

Die Familie Siegel mit Freunden am Walchensee und im Garten ihres Häusl

ren, überlegen die Eltern nächtelang, ob sie zusammen mit den Kindern auswandern sollen – und entscheiden sich dagegen. Wie viele seiner jüdischen und christlichen Freunde hält Michael Siegel es für unwahrscheinlich, dass die Herrschaft der Nationalsozialisten von Dauer sein wird. Es scheint ausgeschlossen, dass ein flegelhafter Schreihals wie Hitler sich lange halten kann. Und, so gibt er seiner Frau zu bedenken, wäre es nicht unvernünftig, eine gut gehende Kanzlei, einen lang gepflegten Freundes- und Bekanntenkreis und nicht zuletzt die Stadt, die man liebt, gegen ein völlig ungewisses Schicksal einzutauschen? Michael Siegel hängt an München und an seinen geliebten Bergen. Und schließlich drängt der Alltag das Geschehene in den Hintergrund.

Beate merkt wohl, dass ihr Vater sich nur langsam von seinen Verletzungen erholt und nicht mehr so gut hört – doch sie stellt keine einzige Frage. *»Als Kind hat man oft ein sehr genaues Gespür dafür, worüber die Eltern sprechen möchten und worüber nicht. Und was diesen Tag im März betraf, da wusste ich ganz genau – das ist tabu. Mein Vater hat es mir erst viele Jahre später erklärt, und ich habe nicht gefragt.«* Das Mädchen verarbeitet das unheimliche Geschehen für sich allein. Sie will ihren Vater rächen – wenigstens in ihrer Fantasie. *»Ich wünschte mir ganz heftig, dass die Leute, die meinem Vati das angetan hatten, leiden sollten. Sie sollten Angst haben, große Angst. Ich stellte mir vor, wie ihnen jedes Haar einzeln ausgerissen wird, wie sie dann aus dem Fenster unserer Wohnung im vierten Stock gehängt werden – und erst in allerletzter Sekunde vor dem Fallen gerettet werden. Töten wollte ich nicht. Aber große Angst einjagen.«*

Die immer aggressivere Propaganda gegen die deutschen Juden bringt Beate Siegel lange nicht mit dem Ereignis in Verbindung. Auf ihrem Schulweg kommt sie jeden Tag an Schaukästen mit dem »Stürmer« vorbei. Das Hetzblatt von Julius Streicher, das sich als »Wochenblatt zum Kampfe um die Wahrheit« ausgibt, schürt den Judenhass. Eine »jüdische Weltverschwörung gegen das deutsche Volk« wird da »enthüllt«, über »schändlichen Ritualmord von Juden an einem Christenbuben« wird blutrünstig geschrieben. Auf viele Passanten übt das Blatt eine große Anziehungskraft aus. Die derbe Mischung aus brutalem Rassenhass und Pornografie kommt an, dann etwa, wenn detailfreudig über jüdische Ärzte berichtet wird, die blühende BDM-Mädchen durch Hypnose gefügig machen und schänden. In abstoßenden Karikaturen werden die Juden als raffgierig, blutrünstig und grundverdorben dargestellt: der Jude als Teufel in Menschengestalt. Beate läuft Tag für Tag mit ihren Schulfreundinnen daran vorbei – und wundert sich nur. *»Man hat die Bilder gesehen von den Männern mit den großen Nasen, alle irgendwie hässlich, aber ich hab immer gedacht, das hat nichts mit mir zu tun; solche Juden kenn ich gar net. Wo ham die die her? – Und ich weiß noch, als ich einmal allein zur Schule gegangen bin, da war ich vielleicht zwölf Jahre. Auf einmal fuhr so ein schwarzes Auto an mir vorbei, und das war der Hitler! Der hat zum Fenster rausgeschaut und hat mich gesehen mit meinem Dirndl und meinen braven Zöpfen – und hat mich angelächelt! Wir waren eben nicht so wie die Stürmerbilder.«*

Beate Siegel auf dem Balkon der Münchner Wohnung, 1935

Erst mit der Reichspogromnacht überstürzen sich die grausamen Ereignisse derart, dass sie auch vor Beate nicht mehr zu verbergen sind. Im Morgengrauen klingelt bei den Siegels das Telefon: Freunde warnen davor, dass zur Zeit viele jüdische Männer verhaftet werden; auch der Rechtsanwalt soll in das Konzentrationslager nach Dachau gebracht werden. Wenige Stunden später flieht Michael Siegel nach Luxemburg, um dort das Ende der Verhaftungswelle abzuwarten. Beate bekommt große Angst um ihren Vater. Mit ihren dreizehn Jahren ist sie alt genug, um sich aus dem, was nicht für ihre Ohren bestimmt ist, ein Bild zu machen. Der Rabbiner der Gemeinde, ein guter Freund der Familie, wurde bereits verhaftet und ist inzwischen im Konzentrationslager, ebenso Max Uhlfelder und dessen Sohn. Beide hatten sich vergeblich im Badezimmer ihrer Wohnung eingeschlossen. Eine Gruppe SA-Männer hatte die Tür eingetreten.

In der Münchner Innenstadt sind die Gehsteige mit Scherben übersät; fast alle Schaufenster der jüdischen Geschäfte wurden eingeschlagen. In der Nacht hatten sich viele Menschen an den Auslagen reichlich bedient. Beates Bruder Peter traut sich noch, in die Schule zu gehen. »*Und wie der dann in die Klasse kam, ham die anderen Buben alle gesagt: ›Was hast du denn gestern Nacht geholt? Gefunden? Geraubt?‹ Die ham alle Juwelen dabei gehabt, die sie von den Geschäften gestohlen hatten. Und der Peter war noch schlau genug zu sagen: ›Ach, ich hab alles zu Haus gelassen!‹*«

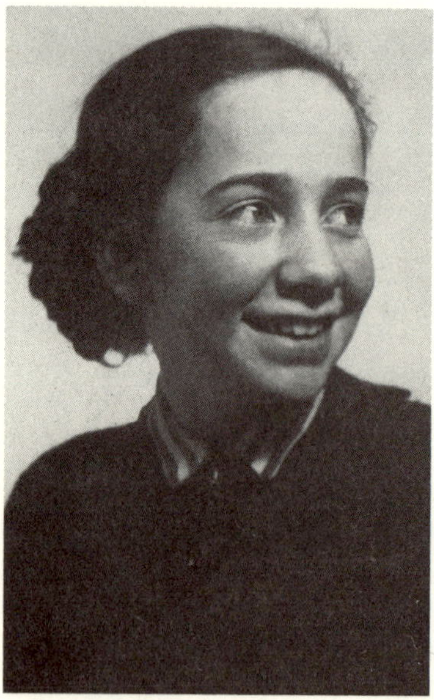

Beate Siegel

Wenig später erhält Beate Schulverbot. »Als Jüdin ausgewiesen« steht in sauberer Handschrift auf ihrem letzten Zeugnis des Münchner Sankt-Anna-Lyzeums. Dem Vater wurde inzwischen die Kammerzulassung als Rechtsanwalt entzogen. Als er einige Wochen nach der Verhaftungswelle wieder nach München zurückkehrt, muss er sich als juristischer Berater der jüdischen Gemeinde über Wasser halten; dort hört er von den Kindertransporten. Getrieben von dem Wunsch, seine Tochter in Sicherheit zu wissen, meldet er Beate an. Ihr Bruder Peter ist inzwischen allein nach England gefahren und schlägt sich mehr schlecht als recht durch. »*Peter wurde fürs Erste von dem jüdischen Flüchtlingskomitee in London aufgenommen, und weil sie eigentlich keine richtige Arbeit für ihn hatten, war er einfach Mädchen für alles. Er verbrachte seine Tage damit, Sandwichs zu kaufen, Tee zu kochen und Staub zu wischen. Nach ein paar Wochen fand er dann einen Job als Filmvorführer in einem winzigen Kino in Liverpool, das war so eine richtige Flohkiste.*«

Die Siegels gehören zu den Glücklichen, die im fernen London Freunde haben – gebürtige Münchner, die schon früh die Zeichen der Zeit erkannt hatten und 1933 emigriert waren. Durch deren Vermittlung gelingt es, jemanden aufzutreiben, der bereit ist, ein völlig unbekanntes deutsches Mädchen aufzunehmen. Beate bekommt einen Platz auf dem Kindertransport vom 26. Juni 1939. Die Siegels versuchen, ihre Tochter auf die bevorstehende Trennung so behutsam wie möglich vorzubereiten, doch die reagiert nicht allzu traurig: »*Für mich war das Ganze einfach sehr aufregend! Außerdem war ich schon sieben Monate lang nicht mehr zur Schule gegangen, was mir überhaupt nicht passte. Ich wurde von Kopf bis Fuß neu eingekleidet und fand mich sehr schick. Außer dem, was ich am Leibe trug, durfte ich nicht viel mitnehmen. Als man mir am Bahnhof dann noch ein kleines Mädchen aus dem jüdischen Waisenhaus anvertraute, um das ich mich auf der Fahrt kümmern sollte, fühlte ich mich sehr erwachsen.*«

Laut Ankündigung der jüdischen Gemeinde soll der Zug Punkt Mitternacht abfahren. Der Zeiger der Bahnhofsuhr nähert sich der Zwölf, Beates Onkel Ernst macht noch ein Foto, dann segnen die Eltern ihr Mädchen ein letztes Mal. Beate steigt durchaus abenteuerlustig in den Wagon. »*Ich stand am Fenster und schaute raus, und dann war da noch so ein Dampf-Pschshhh-Geräusch. In dem Moment nimmt die Mutti ein Taschentuch raus und stellt sich hinter den Vati, damit ich nicht sehe, wie sie weint. Und mit einem Mal merk ich, dass das Ganze vielleicht doch nicht nur ein Abenteuer ist.*« Ein letztes Winken, dann verlässt der Zug den Bahnhof. Noch vor Sonnenaufgang erreicht der Zug Frankfurt. Auch dort ste-

Beate Siegel (re.) kurz vor ihrer Abfahrt am 27. Juni 1939

hen im blassen Neonlicht Eltern und unzählige Kinder mit Schildern um den Hals. Die Abschiedsszenen wiederholen sich, und der Zug setzt seine Reise fort. Als die holländische Grenze näher kommt, müssen alle ihren Pass vorzeigen. Jedes Dokument trägt auf der ersten Seite ein großes rotes J – für Jude. Beate heißt laut Pass Maria Beate Sarah Siegel. »*Alle anderen Mädchen hießen auch Sarah. Ich fand das sehr hübsch.*« Erst vor der Grenze wird Beate unruhig – aus Angst, dass die Zollbeamten den gefalteten Geldschein entdecken, den ihre Mutter in einer Semmel versteckt hatte. Männer mit schweren Stiefeln gehen durch den Zug. Aus dem benachbarten Abteil dringen dumpfe Stimmen. Die wenigen Erwachsenen, die den Zug begleiten dürfen, hatten den Kindern eingeschärft, ruhig zu sein; angespannt warten alle auf ein Ende der Zollkontrolle. Endlich wird auch die letzte Tür zugeschlagen, der Zug fährt an, und kurz darauf ruft einer der Begleiter: »Wir ham's geschafft! Wir sind in Holland!«

An einem grenznahen Bahnhof geschieht etwas, womit keiner gerechnet hatte. »*Plötzlich tauchten Holländerinnen vor dem Zugfenster auf, wunderbare dicke Frauen, alle mindestens halb so breit wie lang. Sie stiegen zu uns in den Zug und hatten Butterbrote und Becher mit Orangensaft dabei. Natürlich sprach niemand von uns Kindern Holländisch – aber ihre freundlichen Gesten verstanden wir alle. Sie nahmen die kleineren Kinder fest in die Arme und sprachen beruhigend auf sie ein.*«

Die flache Landschaft, die an den Fenstern vorbeizieht, fasziniert Beate. Besonders schön sind die lang gestreckten Felder, auf denen kein Getreide wächst, sondern Tulpen in allen Farben blühen. »*Und auf einmal seh ich eine Windmühle! Ich hatte eigentlich gedacht, die gibt's nur in Märchenbüchern, aber die gab's ja wirklich! Mein erster Gedanke war: das muss ich der Mutti sagen! – Und da hab ich gemerkt: Ja, die seh ich ja gar net! Das war wie ein Stoß im Magen.*«

Es vergeht noch eine ganze Weile, bis Beate begreift, dass sie am Anfang eines neuen Lebensabschnitts steht – ohne Eltern. Zu viele Eindrücke stürzen auf sie ein. Als der Zug am nächsten Morgen in London ankommt und sie das erste Mal englischen Boden betritt, entziffert sie Buchstabe für Buchstabe das Schild »Liverpool Street Station« über dem Bahnsteig. Sie wundert sich: »*Leberteich – was für ein seltsamer Name!*« Die völlig erschöpften Kinder werden in eine große Halle neben dem Bahnhof geführt, wo sie auf langen Holzbänken Platz nehmen und warten – auf was auch immer. Beate gehört zu denen, die wenigstens eine vage Vorstellung haben, wohin sie kommen werden. »*Eine Frau löste sich aus der Menge und kam auf mich zu. Sie war die Tochter der Dame, bei der ich wohnen würde. Es klang seltsam, wie sie meinen Namen aussprach; offenbar war es schwierig für sie. Ich versuchte, meine paar Brocken Englisch anzuwenden, und sie führte mich zu einem schwarzen Wagen. Da saß ein Chauffeur, der mich keines Blickes würdigte. Wir verließen London; gesprochen wurde wenig.*«

Die Fahrt endet vor einem hochherrschaftlichen Anwesen in Brasted Hall im südenglischen Kent. Der Wagen hält vor einem stattlichen, schmiedeeisernen Tor, hinter dem sich ein schneeweißer Kiesweg durch einen parkähnlichen Garten schlängelt. Vor dem efeubewachsenen Anwesen plätschert ein alter Steinbrunnen. Todmüde steigt Beate die Treppen zu ihrem neuen Zuhause hoch. Die Frau führt sie durch die kühle Empfangshalle und weist ihr ein Zimmer zu. Erschöpft von der langen Reise schläft Beate fast den ganzen Tag, bevor sie ihr neues Zuhause erkundet. »*Man hat mich dann aufgeweckt, also ein Dienstmädchen kam und sagte: ›Dinner is served!‹ Sie führte mich in einen Salon, und es gab Irish stew! Ich fand das furchtbar unappetitlich – Stückchen von fettem Schaf in einer ganz dünnen Sauce. Da lag einfach etwas nasses Fleisch auf meinem Teller, horrible … Aber gegessen hab ich, weil ich Hunger hatte.*«

Doch das viel größere Problem ist für das Mädchen die deutlich kühlere Art des Umgangs. Von zu Hause ist sie viel Zärtlichkeit gewöhnt; nun lebt sie bei einer betagten Dame und deren schottischer Gesellschafterin, die beide noch eine strenge viktorianische Erziehung genossen haben: »*Nach dem Essen wurde ich dann endlich der Dame des Hauses, Mrs. Williams vorgestellt: einer winzigen alten Engländerin mit weißem Haar, die auf mich zukam und mit brüchiger Stimme sagte: ›Good afternoon, dear!‹ Sie gab mir einen Kuss auf die Wange, und das war's. Das war das einzige Mal, dass mich jemand berührt hat. Es hat mir an nichts gefehlt, aber kein Mensch hat mich umarmt, und das ist mir abgegangen! Der Hund wurde gestreichelt, aber ich nicht. Die Menschen in diesem Haus schienen auch einander nie näher zu kommen. Man hat sich halt etwas distanziert – als ob man das aus Respekt gemacht hat, nicht aus Indifferenz. Jeder hat dem anderen Platz gelassen; das war sehr britisch.*«

Monatelang ist das Mädchen irritiert von den fremden Sitten: sie, die im Umgang mit den Menschen in Bayern unkompliziert und offen gewesen war, scheint jetzt überall anzuecken und alles Erdenkliche falsch zu machen. »*Erstens hab ich gemerkt, dass alle Menschen viel leiser reden als in Deutschland. Na ja, jedenfalls leiser als in Bayern … Und dann war es so, dass kein Mensch mir etwas erklärt hat – abgesehen von einem Fall, wo Mrs. Williams mit meinen Tischmanieren unzufrieden war. Sie sagte mir, erstens amal dreht man die Gabel anders rum, und dann schiebt man die Erbsen auf die gewölbte Fläche der Gabel! Heute kann ich es einigermaßen, aber damals fand ich das ... bizarr!«*

Für Beate wird alles leichter, als sie in eine englische Schule kommt und Mädchen in ihrem Alter kennen lernt. Dass sie mit ihren vierzehn Jahren noch in die Schule gehen darf, ist keineswegs selbstverständlich. Die offizielle Schulpflicht in England endete damals mit dem 14. Lebensjahr; war das Flüchtlingskind älter, blieb es den Pflegeeltern überlassen, ob sie ihrem Schützling eine weitere Schulausbildung finanzierten. Viele der weniger begüterten Pflegeeltern sahen sich kaum in der Lage, einen weiteren Schulbesuch zu bezahlen. Beate ist voller Lernhunger – seit der Reichspogromnacht hatte sie keine Schule mehr besuchen dürfen, und jetzt fiebert sie ihrem ersten Schultag entgegen. »*Aber als ich dann in die Klasse kam, wäre ich am liebsten im Erdboden versunken: ich stand da mit einem echt bayerischen Dirndl – rote Blümchen auf weißem Grund, ein weißes Schürzchen mit Spitzen dran, dazu Kniestrümpfe und Haferlschuhe. Und der Rest der Klasse sah mehr oder weniger gleich aus – denn natürlich trugen alle eine Schuluniform. Ich kam mir vor wie ein verirrter Papagei.«*

Doch der Empfang fällt freundlich aus, und wenig später trägt auch sie die obligatorische Schuluniform. »*Ich bekam ein grünes, sackartiges Kleid mit weißer Bluse und grauer Krawatte; dazu einen Strohhut mit grünen und grauen Bändern. Ich sah darin unförmig und plump aus, aber ich war unglaublich stolz. Ich wünschte mir so sehnlich, genau wie die anderen Kinder auszusehen und einfach dazuzugehören. Dieser Wunsch liegt wohl ganz tief in der menschlichen Natur. Und bei old Mrs. Williams konnte ich nicht dazugehören, da konnte ich mich nur anpassen.«*

Mit Feuereifer stürzt sie sich in die Arbeit. Neben einer Flut an Wissen muss sie jetzt – möglichst rasch – eine neue Sprache bewältigen. Weil ein privater Sprachunterricht für sie nicht vorgesehen ist, liest sie sich auf eigene Faust durch die englische Kinderliteratur. »*Als die Sommerferien kamen, verzog ich mich mit Stapeln von Büchern auf einen alten Apfelbaum und las und las ... Aus dem vierzehnjährigen bayerischen Mädel wurde so ein achtjähriges englisches Kind. Ich las wie verrückt Tiergeschichten; nicht besonders spannend, aber alles andere verstand ich einfach noch nicht. Gegen Ende der Sommerferien steigerte ich mich zu ›Alice in Wonderland‹ und ›Doctor Dolittle‹. Das war dann schon interessanter.«* Es ist tröstlich für sie, sich den ganzen Tag mit Büchern abzulenken. Denn die Sorge um ihre Eltern, die in Deutschland geblieben sind, belastet sie immer mehr. Am 3. September 1939 erklärt England Deutschland den Krieg. Hitler war in Polen einmarschiert und hatte ein Ultimatum der Briten verstreichen lassen. Ab sofort dürfen aus Deutschland nur noch Rotkreuzpostkarten verschickt werden, deren Umfang streng limitiert ist: erlaubt sind pro Karte höchstens fünfundzwanzig Worte. *»Ich versuchte, meinen Eltern die Sorge um mich zu nehmen und schrieb heiter und unbesorgt. Sie machten es natürlich genau so. Auf diese Weise waren wir alle darüber im Unklaren, was wirklich vor sich geht.«*

Tatsächlich versuchen ihre Eltern inzwischen verzweifelt, Deutschland zu verlassen – doch ohne Erfolg. Michael Siegel hatte zahlreiche Botschaften angeschrieben, die Notsituation in unzähligen Briefen wieder und wieder geschildert – doch die Post brachte nur Absagen.

Von all dem weiß Beate nichts. Inzwischen verändert der Krieg ihren Schulalltag. Fast jede Nacht fliegen deutsche Bomber in Richtung London; ihre Route geht über Kent. Sobald es dämmert, liegt ein Dröhnen über den Dächern und verbreitet eine bedrückende Atmosphäre. In der Klasse werden Gasmasken verteilt, denn die Regierung rechnet mit einem Giftgasangriff aus Deutschland. Die Lehrer schärfen den Kindern ein, die übel riechenden Gummimasken immer bei sich zu tragen; gleichzeitig bemühen sie sich, nicht zu beunruhigend zu wirken. Im Handarbeitsunterricht stricken die Mädchen jetzt Schals und Decken für englische Flugpiloten. Und obwohl Kent lange Zeit nicht als unmittelbar gefährdetes Gebiet gilt, schlägt eines Morgens eine Bombe nur wenige Meter neben der Schule ein. Mit einem Schlag gehen alle

Lichter aus, das Gewächshaus im Schulgarten zersplittert, und die Direktorin treibt die Mädchen aus Angst vor einem weiteren Angriff in den Keller. Es bleibt zwar ruhig, doch in der Nacht nach dem Einschlag stürzt das Dach des Schulhauses zusammen. Um kein weiteres Risiko einzugehen, wird die gesamte Schule evakuiert. Zwölf Mädchen, unter ihnen auch Beate, werden in Begleitung der Direktorin mit dem Zug nach Shropshire gebracht. Sie kommen in einem alten Bauernhaus unter. An einen normalen Unterricht ist kaum noch zu denken. Es gibt kein geeignetes Klassenzimmer, Tafel und Schulbücher fehlen. Da als Lehrerin nur noch die Direktorin selbst zur Verfügung steht, werden in den kommenden Monaten nur zwei Fächer unterrichtet: Französisch und Geometrie. Die Kinder bleiben die meiste Zeit sich selbst überlassen, und die älteren Mädchen betreuen die Jüngeren. Beate spricht inzwischen so gut Englisch, dass auch sie jeden Tag bei den Hausaufgaben hilft. Verbissen konzentriert sie sich auf ihre Arbeit – von ihren Eltern hat sie seit Monaten kein Lebenszeichen mehr bekommen. »*Gefühlsmäßig war ich damals wie in einem Vakuum. Ich versuchte, so wenig wie möglich an Deutschland zu denken. Ich arbeitete von morgens bis abends, so viel ich nur konnte, um nicht über meine Eltern nachdenken zu müssen.*«

An einem trüben Novembertag nimmt die Direktorin sie zur Seite. In ihrem Zimmer überreicht sie dem Mädchen ein hauchfeines Stück Papier – ein Telegramm! »*Ich habe meinen Augen kaum getraut. Das Telegramm kam von meinen Eltern! Da stand: ›travelling to Peru‹, und das war in Irkutsk in Sibirien aufgegeben. Meine Eltern waren auf der Transsibirischen Eisenbahn; und da hat der Zug lang genug gehalten in Irkutsk, dass mein Vater auf ein Telegrafenamt gehen konnte. Ich war den ganzen Tag zwischen Lachen und Weinen, und bin's immer noch, wenn ich heute daran denk! Es war so ein Riesenglück! Also hab ich gewusst, dass meine Eltern sicher sind, dass sie gerettet waren.*«

Ein unglaublicher Zufall hatte ihnen den Weg in die Freiheit geebnet. Als Vorbereitung auf die Emigration hatte Michael Siegel bei einem Studenten Spanisch-Unterricht genommen und ihm in seiner Verzweiflung anvertraut, wie aussichtslos sich der Kampf um die nötigen Visa gestaltete. Da versprach der junge Mann Hilfe. Keine leeren Worte, wie sich zeigt, denn der Student erweist sich – ausgerechnet! – als Neffe des peruanischen Innenministers. Michael und Mathilde Siegel erhalten im Spätherbst 1940 die lang ersehnten Visa. Kurz darauf nehmen sie für immer Abschied von ihrer Heimatstadt München. Über Russland, die Mandschurei, China und Japan gelangen sie schließlich sicher nach Lima. Nun gilt es, aus dem Nichts eine neue Existenz aufzubauen. Das langjährige Studium des Rechtsanwalts ist in Südamerika wertlos. Zweifellos ein Problem der meisten Emigranten: in Lima bildet sich während des Zweiten Weltkriegs eine rund zweihundert Mitglieder umfassende deutsch-jüdische Gemeinde. Die Mehrheit hält sich nur mühsam über Wasser. Hinzu kommt die quälende Ungewissheit über das Schicksal von Verwandten und Freunden, die in Deutschland geblieben sind.

Die betagte Mutter von Mathilde Siegel etwa lehnt eine Emigration ab, obwohl auch für sie ein Visum bereitliegt. Wie viele der älteren Juden in Deutschland hat sie nicht mehr die Kraft, alles Vertraute hinter sich zu lassen; sie verschließt sich dem Drängen ihrer Tochter. In einem letzten Brief erwähnt sie noch, dass die Münchner Juden bald umgesiedelt werden – sie wisse noch nicht genau wohin, werde aber demnächst die neue Adresse mitteilen. Sie hoffe, so schreibt sie, dass in dem neuen Zuhause mehr Platz sein werde als in der Sammelwohnung für enteignete Juden, in die sie inzwischen eingewiesen wurde. Der Brief bleibt das letzte Lebenszeichen. Erst nach Ende des Krieges kommt die grausame Wahrheit ans Licht: Beates Großmutter Hilde war zusammen mit ihrem Sohn Josef nach Theresienstadt deportiert worden; beide kehrten von dort nicht mehr zurück.

Beate Siegel sieht ihre Mutter erst 1948 wieder – neun Jahre nach ihrem Abschied in München. Michael Siegel hat inzwischen ein spärliches Einkommen; er arbeitet als Rabbiner der liberalen jüdischen Gemeinde in Lima – dennoch blieb eine Schiffspassage nach England lange unerschwinglich. So kommt es, dass erst drei Jahre nach Kriegsende wenigstens Mathilde

Siegel ein Ticket kaufen kann. An einem frostigen Januarmorgen treffen sich Mutter und Tochter am Hafen von Liverpool – ein schwieriges Wiedersehen: *»Wir wussten nicht, lachen wir jetzt? Weinen wir? Umarmen wir uns sofort? Wir ham natürlich alles gemacht, gelacht und geweint, und die Mutti spricht bayerisch, und ich sprech Englisch, und wir versteh'n uns. Doch die Mutti hat mich als Kind weggeschickt, aber das Kind ist nimmer da! Und das kann man eben nicht nachholen. Das ist ein Verlust – ein ewiger Verlust.«* Beate Siegel ist bei dem Wiedersehen dreiundzwanzig Jahre alt. Sie hat inzwischen an der Londoner Universität Sprachen studiert und ist eine verheiratete Frau. *»Für mich war's leichter. Die Mutti hatte ein paar graue Haare bekommen, aber sonst war sie wie die Mutti, die ich verlassen hatte. Aber ich war doch fast eine Fremde für sie! Wir hatten wohl beide die Idee im Hinterkopf, da weitermachen zu können, wo wir aufgehört hatten. Und das ging eben nicht. Das hat wehgetan.«*

Michael Siegel als Rabbiner der deutsch-jüdischen Gemeinde in Lima, 1953

In den frühen fünfziger Jahren geht Beate für zwei Jahre nach Lima, arbeitet dort als Lehrerin und sieht endlich auch ihren Vater wieder. *»Mit dem Vati war es leichter. Er war so, wie er immer gewesen war, selbstbewusst, bodenständig und trotz allem, was inzwischen geschehen war, ungebrochen. Wir verstanden uns blind, immer noch. Wie damals, als er mich an der Hand zur Schule geführt hatte; wir waren wieder auf derselben Ebene. Und obwohl ich ja schon eine junge Frau war, hab ich dann a bissel das Kindsein nachgeholt. Da bin ich wieder ganz geworden ...«*

Heute lebt Beate Siegel wie auch ihr Bruder Peter seit über sechzig Jahren in London. Sie ist eine Engländerin, die sich ihre bayerische Sprache auf der Zunge zergehen lässt. Ihr kleines Häuschen in der Nähe des Flughafens Heathrow ist bis unter das Dach gefüllt mit englischen und deutschen Büchern – eine Mischung, die sie immer wieder genießt. Im Arbeitszimmer hängt noch ein verblasstes Aquarell vom Häusl am Walchensee, das es inzwischen gar nicht mehr gibt, daneben zahllose Fotos der drei Söhne und drei Enkelkinder. Von dem großen Fenster über ihrem Schreibtisch blickt Beate Siegel auf ein Kricketfeld. An jedem Wochenende laufen weiß gekleidete Männer über das satte Grün – eine englische Idylle. Es ist ein Haus voller Leben, in dem ständig das Telefon klingelt, Besucher inmitten einer fröhlichen Unordnung auf dem Sofa sitzen und aus der Küche köstliche Gerüche strömen. *»Wenn ein Haus einen Gesichtsausdruck hätte, dann würde mein Haus lächeln, glaub ich!«*

In London fühlt sich Beate pudelwohl und zu Hause. Doch mit München verbindet sie immer noch ein tiefes Gefühl: *»Vielleicht kann man zwei Männer gleichzeitig lieben, ich weiß es nicht. Ich jedenfalls kann zwei Heimaten lieben. Das Wort gibt's ja eigentlich nur im Singular, aber das passt für mich nicht. Ich liebe München; den Geruch von Bier und Weißwürstl, die dicken Kastanien in den Biergärten, die vertrauten Geräusche auf dem Viktualienmarkt – das spür ich immer noch im Bauch, wenn ich mal da bin. Und wenn ich heute in London jemanden bayerisch sprechen hör, also dem kann ich bis ans andere Ende von London nachlaufen! Das berührt mich irgendwie innerlich, die Sprache. – You know, I was a Münchner Kindl!«*

Beates Eltern sind bis an ihr Lebensende in Lima geblieben. Nach Deutschland zurückzukehren, kam auch für sie nicht in Frage – obwohl Michael Siegel bis zuletzt Sehnsucht nach den verschneiten Bergen hatte. Der Rechtsanwalt arbeitete nach dem Krieg als Rechtsberater der deutschen Gesandtschaft in Lima. Beate Siegel besuchte ihre Eltern noch oft in Südamerika – später zusammen mit ihren drei Kindern. Ihr mittlerer Sohn Paul wollte von seinem Großvater Michael Siegel wissen, was ihm denn damals durch den Kopf gegangen sei, als die Nazis ihn am helllichten Tag durch die Stadt getrieben hatten? Der Junge hatte eines Tages in seinem Geschichtsbuch das Schandfoto entdeckt, dass seinen Großvater als Opfer der Nazis zeigte. *»Mein Herr Papa antwortete ihm das, was er auch mir als junger Frau gesagt hatte: Von dem Moment an, als sie auf mich einschlugen, hatte ich nur einen Gedanken: Ich werd euch alle überleben!«* Michael Siegel ist 1979 in Lima gestorben, im Alter von sechsundneunzig Jahren.

Michael Siegel in Lima

»Ich lebte wie eine Prinzessin. Dann kam Hitler und machte alles kaputt.«

Hannelore Gumpel,
geboren 1923 in Berlin

»Als ich in Prag in den Zug stieg, sah ich etwas, was mir das Herz zusammenzog: ein kleines Mädchen, vielleicht zwei oder drei Jahre alt, wurde sanft in den Wagen geschoben. Es schrie wie am Spieß, Tränen rannen über sein hübsches Gesicht. ›Mutti! Papi! Mutti! Papi!‹, kreischte es mit hoher Stimme und versuchte, sich aus dem fester werdenden Griff einer Begleiterin loszustrampeln. Auf dem Bahnsteig standen die Eltern, beide noch ganz jung. Sie kämpften so tapfer gegen ihre Tränen an, um es ihrem Kind nicht noch schwerer zu machen; sie lächelten und winkten. Später habe ich mich oft gefragt, ob sie ihr Kind jemals wieder gesehen haben.«

Hannelore Gumpel, von den Eltern Lore genannt, gehörte zu den begünstigten Kindern in Berlin; sie wurde in ein Leben voll Luxus und angenehmer Kurzweil hineingeboren. Ihr Vater Karl, ein ehrgeiziger und erfolgreicher Mann, war Werbedirektor der Handelsgruppe EDEKA. Die Familie wohnte in einer herrschaftlichen Wohnung am Olivaerplatz unweit des Kurfürstendamms. *»Es war eine herrliche Wohnung! Sie hatte zehn Zimmer und drei große Terrassen. Allein die Diele war gewaltig. Als kleines Mädchen raste ich dort mit meinem Dreirad hin und her – nicht zum Entzücken meiner Mutter, die um das honigfarbene Parkett fürchtete. In der Küche stand ein wuchtiger Kühlschrank – damals noch etwas, was mein Vater den staunenden Besuchern vorführte. Immerhin hatte man den Kühlschrank erst 1925, zwei Jahre nach meiner Geburt, erfunden. Er muss ein kleines Vermögen gekostet haben. Neben der Küche lag das Esszimmer mit einer lang gestreckten Tafel, an der zwanzig Gäste bequem Platz fanden. Meine Eltern hatten einen großen Freundeskreis und luden gerne zu Gesellschaften ein. Im Herrenzimmer mit den schwe-*

Besuch im Berliner Zoologischen Garten: (v. l. n. r.) Lilo, Lore und Romie

ren Bücherregalen, die bis zur Decke reichten, rauchte mein Vater abends seine Zigarren, nachdem er mit einem feinen goldenen Messerchen akkurat die Spitze abgekappt hatte. Seinen sonntäglichen Mittagsschlaf hielt er bevorzugt im Antikenzimmer ab. Zwischen kostbaren Gemälden und griechischen Skulpturen stand eine schmale Chaiselongue, auf der er es sich bequem machte. Wir Kinder, Romie, Lieselotte und ich, hatten zusammen ein großzügiges Zimmer. Jede von uns besaß eine ganze Kompanie an Porzellanpuppen – und auch denen mangelte es an nichts. Käthe, das Kindermädchen, und unsere Köchin Ida verwöhnten uns maßlos. In ihren wenigen freien Stunden nähten sie für die Puppen winzige Kostüme – für jede

Jahreszeit die passende Garderobe. Schön war auch der Musiksalon mit den schweren blauen Samtvorhängen, wo eine Freundin meiner Mutter mit etwas dünner Stimme ›Leise flehen meine Lieder‹ sang. Die Opernkarriere, die sie ins Auge gefasst hatte, zerschlug sich zwar mangels Talent. Aber als Kind fand ich es wunderbar romantisch, wenn mein Vater sie am Flügel begleitete.«

Dass die Familie in einem solchen Wohlstand leben konnte, war keineswegs selbstverständlich. Karls Vater, Salomon Gumpel, war zwar Oberkantor in Dortmund gewesen und hatte innerhalb der jüdischen Gemeinde großes Ansehen genossen. Doch seine zwölf Kinder konnte der strenggläubige Mann kaum durchbringen. Karl hingegen war der Aufsteiger der Fa-

Berlin im Sommer 1928: (v. r. n. l.) Lore, Lilo und Romie

Mit dem Kindermädchen auf Norderney:
(v. l. n. r.) Lore, Käthe, Romie und Lilo. August 1931

milie. Im Ersten Weltkrieg hatte er vier Jahre als Soldat gekämpft, danach machte er in Berlin schnell sein Glück und saß nun fest im Sattel. Auch privat stand alles zum Besten: seine Frau Grete, fast zwanzig Jahre jünger als er, war seine große Liebe. Als ein Kamerad im Schützengraben ein Foto von seiner hübschen Cousine herumgereicht hatte – das Bild zeigte die junge Grete –, wollte Karl Gumpel sie unbedingt kennen lernen. Er drängte seinen Freund dazu, ein Treffen zu arrangieren – mit Erfolg. Der Freund wurde zum Trauzeugen. Kurz darauf zog das Paar nach Berlin. *»Für mich war Mutti wunderschön, und das fand mein Vater wohl auch … Sie hatte ganz dichtes, schwarzes Haar, und ihre Augen leuchteten in einem intensiven Blau. Ihr Vater war ein frommer jüdischer Viehhändler in Oberhausen, und sie lebte dort in recht engen Verhältnissen – bis mein Vater kam. Ich glaube, sie war unendlich froh, dieses Nest verlassen zu können, als er um ihre Hand anhielt.«*

Das Paar genießt das rauschende Großstadtleben, besucht Oper und Theater und erfreut sich zahlreicher Einladungen in den Kreisen der besseren Gesellschaft. Grete Gumpel, der neben dem Kindermädchen und der Köchin noch eine weitere Gehilfin für die Bewältigung des Alltäglichen zur Seite steht, widmet sich bevorzugt dem Bridge-Spiel. »*Ich erinnere mich noch, dass das Kartenspielen oft einen erbitterten Streit nach sich zog. Bis ins Kinderzimmer hörten wir, wie meine Mutter und ihre Freundin sich lautstark in die Haare gerieten. Viel gearbeitet hat meine Mutter nicht. Zweifellos genoss sie es, dass alles von Bediensteten erledigt wurde. Sie selbst konnte sich den schönen Seiten des Lebens widmen. Zweimal in der Woche hatte sie Besuch von einer Masseuse, mit der sie ausführlich plauderte. Einmal im Monat kam eine Schneiderin, mit der sie bis ins Kleinste unsere aktuelle Garderobe besprach. Wir Mädchen wurden immer gleich angezogen, und alles war nach den speziellen Wünschen meiner Mutter angefertigt.*«

Karl Gumpel legt großen Wert auf Sportlichkeit: mit eiserner Disziplin lernt er Jiu-Jitsu, eine Selbstverteidigungstechnik aus Japan. Auch seine drei Mädchen hält er dazu an, ihren

Die stolzen Eltern: Grete und Karl Gumpel mit der kleinen Lore

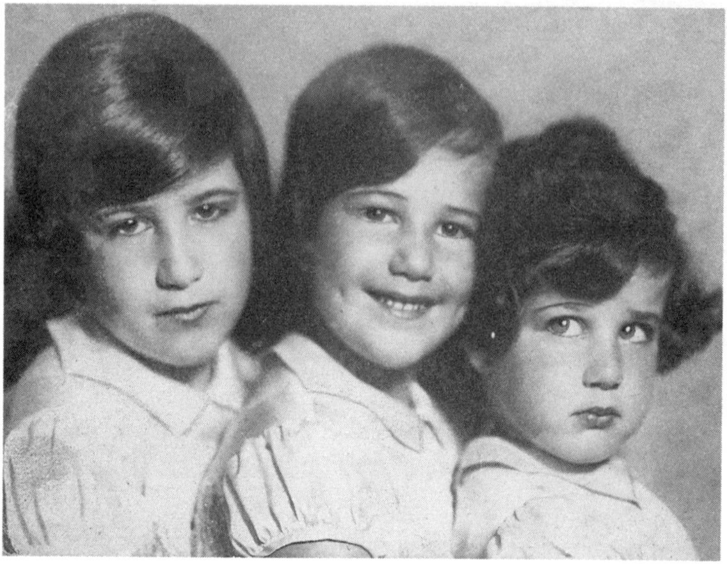

Beim Fotografen: Lore, Lilo und Romie Gumpel

Körper zu trainieren. »*Jeden Sonntag kam der persönliche Trainer meines Vaters – um sechs Uhr in der Früh!! Dann übten beide stöhnend und schwitzend ihre Kampftechniken, während meine Mutter sich noch im Bett räkelte. Vater bestand darauf, dass wir mitmachten. Wir mussten von einem Ende der Wohnung zur anderen laufen und Kniebeugen machen, alles nach der Stopp-Uhr. Ich mochte das nicht besonders, aber mein Vater war in dieser Hinsicht resolut.*« Die drei Mädchen werden nicht sonderlich religiös erzogen. Sie lernen zwar fleißig Hebräisch, besuchen aber keine jüdische Schule. »*Im Winter feierten wir beides: Chanukka und Weihnachten. An acht aufeinander folgenden Tagen wurde der Chanukka-Leuchter entzündet, Kerze für Kerze, und in der Diele stand ein geschmückter Weihnachtsbaum. Meine Eltern machten dem Dienstpersonal, das ja nicht jüdisch war, großzügige Geschenke, und wir sangen zusammen Weihnachtslieder. Wir hatten das Schönste aus beiden Welten! Erst als Hitler an die Macht kam, wurde bei uns nur noch Chanukka gefeiert.*«

Als Hitler Reichskanzler wird, ist Lore zehn Jahre alt. An ihrer Schule verändert sich die Stimmung. Frühere Freundinnen tragen jetzt Jungmädel-Tracht und meiden Lores Gesellschaft, und viele Schüler in ihrer Klasse sind stolz auf die Insignien des Jungvolks. »*Ich kannte einige Jungen, die ihr eigenes Jüdisch-Sein verfluchten wie die Pest. Sie waren von all dem ausgeschlossen, was die anderen machten: die Jugendabende, die Sportveranstaltungen und vor allem die Fahrten und Zeltlager. All der Spaß, der ihnen da entging! Das Jungvolk und die HJ boten damals so viele Vergnügungen, die vorher unerreichbar schienen – vor allem für Kinder aus ärmeren Familien. Auf einmal war da etwas, auf das jedes Kind stolz sein konnte: eine starke Gemeinschaft. Es war nicht leicht, außen vor zu stehen. Adolf Hitler wurde von vielen Kindern in meiner Klasse als starker Mann verehrt, der den Vätern endlich wieder Arbeit beschaffte.*«

Auch die Eltern von Käthe, dem Kindermädchen der Gumpels, sehen in Adolf Hitler den lang ersehnten Heilsbringer. »*Als ich eines Tages zu Besuch bei Käthes Eltern war, stand die ganze Familie im Wohnzimmer, in ihrer Mitte der Volksempfänger. ›Der Führer spricht!‹ – wurde mir ehrfurchtsvoll zugeflüstert. Schließlich riss die ganze Gesellschaft den Arm zum Hitlergruß hoch – vor einem Radioapparat! Als Käthes Vater mich dazu aufforderte, es ihnen gleichzutun, wandte ich ein, dass ich jüdisch sei. Er lachte nur auf. ›Ach, Lore, der Führer hat doch nichts gegen so anständige Leute wie euch! Glaub doch so was nicht!‹ Mein Einwand amüsierte ihn sichtlich. Er war überzeugt, dass Hitler nur ein kleines Grüppchen grundböser und machthungriger Juden verfolgen wollte, skrupellose Ganoven, die den kleinen Mann auf der Straße um Lohn und Brot brachten. So wie er dachten viele.*«

Doch schon bald häufen sich die Schikanen, die auch »anständige Juden« betreffen. Ohne weitere Begründung wird Lore zusammen mit den anderen jüdischen Kindern von Schulausflügen und Feierlichkeiten ausgeschlossen. Die Lehrer übersehen es geflissentlich, wenn sich das aufgeweckte Mädchen im Unterricht meldet. Dann wird allen Juden der Aufenthalt in Ferienorten wie Norderney und Travemünde verboten;

Lores Eltern hatten mit ihren Kindern dort viele Sommerferien verbracht. Schlimmer als alles andere aber ist es, dass der Familie über Nacht die Grundlage ihrer bislang so sorglosen Existenz entzogen wird: im Sommer 1933 verliert Lores Vater seinen einträglichen Posten als Werbedirektor. Der Ernährer einer fünfköpfigen Familie steht auf der Straße.

Karl Gumpel, der bis zur Machtergreifung Hitlers ein überzeugter Sozialdemokrat und begeisterter Patriot gewesen war, erkennt die Zeichen der Zeit. Er geht davon aus, dass sich die Lage für die Juden in Deutschland schon bald dramatisch verschlechtern wird. Zusammen mit seiner Frau fasst er den Entschluss, nach Südamerika auszuwandern. Um den großen Haushalt aufzulösen und die Emigration der ganzen Familie in Ruhe vorbereiten zu können, werden die drei Mädchen in einer Klosterschule in Tetschen-Bodenbach, einem kleinen Städtchen im Sudetenland, untergebracht. *»Das Kloster hatte ein befreundeter Rabbiner empfohlen; dort nahmen die Nonnen Juden gegen Geld auf. Für uns Mädchen war es ein Schock; völlig unvermittelt lebten wir in einer vollkommen fremden Welt. Die Nonnen, die uns unterrichteten, waren zweifellos sehr liebenswürdig zu uns. Ob sie versuchten, uns zum Christentum zu bekehren, weiß ich nicht mehr. Ich erinnere mich nur, dass mich nach einer Weile ein Gedanke quälte: dass ich nach dem Tod nicht in den Himmel gelassen werde – als Jüdin. Das machte mir wirklich zu schaffen, aber ich sprach mit niemandem darüber. Und irgendwann gab es dann wichtigere Probleme in meinem Leben.«*

Währenddessen erweist sich die geplante Emigration nach Südamerika als unerwartet schwierig. Die Reichsfluchtsteuer, die Karl Gumpel zahlen muss, bevor er Deutschland verlässt, schluckt einen beträchtlichen Teil des Vermögens. Eine ebenfalls stattliche Summe gibt er allzu vertrauensselig einem zwielichtigen Herrn, der verspricht, die benötigten Visa für Südamerika zu besorgen. Woche um Woche verstreicht; zunehmend nervös warten die Gumpels auf ihre Papiere. Doch schließlich dämmert ihnen, dass sie betrogen wurden. Während Grete Gumpel sich auf den Weg macht, um ihren Kindern zu folgen, bleibt ihr Mann noch in Berlin. Der Sportbegeisterte will die

Olympischen Spiele besuchen. *»Als Papa einige Wochen später kam, war er hellauf begeistert. ›Hitler versteht es, ein Spektakel zu veranstalten!‹, sagte er immer wieder anerkennend. Nicht einmal er konnte sich dem Rausch dieser Massenveranstaltung entziehen! Allerdings freute er sich auch diebisch darüber, dass Jesse Owens, der amerikanische Leichtathlet, vier Goldmedaillen gewonnen hatte – obwohl der doch als Schwarzer so gar nichts ›Nordisches‹ an sich hatte. Da guckten die Athleten der Herrenrasse in die Röhre. Sollte Hitler sich doch grün ärgern! Wir feixten jedenfalls mächtig darüber!«*

Ansonsten bietet die Situation der Familie nur wenig Anlass zur Heiterkeit. Das Geld wird knapp und muss gut eingeteilt werden. Die »Perle« der Familie, die treue Köchin Ida, hatte die Gumpels zwar noch nach Tetschen-Bodenbach begleitet. Bald aber wird klar, dass ihr Lohn den engen Etat der Familie sprengt, und sie wird tränenreich entlassen. *»Ida gehörte nach all den Jahren doch zur Familie! Es tat weh, ihr auf immer Lebwohl zu sagen. Kurz darauf erfuhren wir, dass unsere Berliner Wohnung beschlagnahmt worden war – mitsamt Mobiliar und allem. Mir war nicht klar, welche Werte damit verloren gingen; ich dachte nur an meine Puppen. Als Kind hatte ich oft einen Traum: unser Haus brannte lichterloh, aber ich rannte todesmutig in unsere Wohnung und rettete sie alle – so sehr hing ich an ihnen. Wie oft hatte ich meiner Lieblingspuppe geschworen, sie nie zu verlassen. – Wer würde jetzt mit ihr spielen?«*

Kurz darauf geht Karl Gumpel mit seiner Familie nach Prag. Die Stadt ist für viele Juden zu einem Zufluchtsort geworden. Damit die ohnehin knappen Ersparnisse nicht allzu schnell zusammenschrumpfen, nehmen sie zusammen ein Zimmer in einer bescheidenen Pension. *»Mein Vater war entschlossen, sich nicht unterkriegen zu lassen – obwohl unser Leben so eine drastische Wendung genommen hatte. Ich sehe es noch vor mir, wie er jeden Morgen in der Frühe aufstand und in der drangvollen Enge des Zimmers seine Turnübungen absolvierte. Es hatte etwas Rührendes, wie er da turnte und sich um Disziplin bemühte, zwischen den fünf Betten, dem windschiefen Kleiderschrank und all unseren Koffern. Er hatte kein* *bisschen Selbstmitleid; das gab uns allen Kraft.«* Immerhin hatte Karl Gumpel noch vor dem Aufbruch nach Prag einige kostbare Teppiche und Ölgemälde zu Freunden gebracht. Auch wenn dann alles in Eile und weit unter Wert verkauft werden musste, kann sich die Familie von dem Erlös noch eine Weile über Wasser halten. Doch die Hoffnung, dass Prag für sie ein sicherer Zufluchtsort vor den Nationalsozialisten ist, wird enttäuscht – im März 1939 marschiert die deutsche Wehrmacht in die Stadt ein. *»Die Luft zitterte fast, als die Panzerkolonnen über das mittelalterliche Kopfsteinpflaster fuhren. Ich versuchte krampfhaft, die Nerven zu behalten; als die Älteste von uns Dreien fühlte ich mich verantwortlich. Aber inzwischen hatte ich so viel Grauenhaftes gehört, von der Brutalität in den Konzentrationslagern, der Kristallnacht und all dem, dass ich entsetzliche Angst hatte. Vor allem um meinen Vater.«*

Jüdische Freunde warnen Karl Gumpel vor der Gestapo. Ohne lange zu zögern, verlässt er noch am selben Tag Prag und flieht in Richtung Polen. Sein Instinkt hatte ihn gut geleitet: Schon am nächsten Morgen erscheint ein SA-Mann in der Pension und horcht den Wirt aus: wo denn ein gewisser Karl Gumpel stecke? Der Wirt gibt leutselig Auskunft, erzählt, dass der Mann überraschend abgereist sei, dass aber die Frau und drei Kinder noch greifbar seien. Als Grete Gumpel von dem Gespräch erfährt, gerät sie in Panik. *»Wir hatten inzwischen gehört, dass die Gestapo Geiseln nahm. Das war wohl die wirksamste Methode, um von ihnen gesuchte Männer aus ihrem Versteck zu locken. Mutti hatte furchtbare Angst um uns Drei. Wir verließen nur noch für das Nötigste unser enges Zimmer; jedes Klopfen an der Türe jagte uns einen Schrecken ein. Die Ungewissheit darüber, wie es unserem Vater erging, quälte uns. Eines Tages bekamen wir Besuch von einem jungen Mann. Er wirkte sympathisch, vor allem aber brachte er Nachricht von Papa! – Leider konnte er nichts Gutes berichten. Mit bekümmerter Miene erzählte er, dass es unserem Vater sehr schlecht gehe und dass er dringend Geld brauche. Der Unbekannte bot sich an, den Betrag unserem Vater zu bringen, da der Postweg unsicher sei. Er nannte eine Summe, die* *so hoch war, dass meine Mutter für einen Moment zögerte. Doch dann vereinbarte sie mit ihm einen Treffpunkt für die Übergabe. Sie konnte ihren Mann doch nicht in Stich lassen!«* Grete Gumpel wartet am nächsten Tag vergeblich auf den Unbekannten. Als sie sich verzweifelt und hilflos an die Jüdische Gemeinde wendet, erfährt sie dort, dass der Mann ein einschlägig bekannter Betrüger ist. »*Als ich diese Episode sehr viel später meinem Vater erzählte, erinnerte er sich nur vage an den jungen Mann. Dann fiel ihm ein, dass er einem verbindlich wirkenden Herrn aufgetragen hatte, uns Grüße auszurichten – mehr nicht. Es war ernüchternd zu erfahren, dass dieser Kerl, der so schamlos die Angst meiner armen Mutter ausgenutzt hatte, selber Jude war.«*

Auf der Jüdischen Gemeinde hört Grete Gumpel allerdings noch etwas ganz anderes. Sie erfährt von den Kindertransporten, die auch von Prag aus nach England gehen. Der »Czech Trust Fund« bemüht sie darum, jüdische Kinder an geeignete Pflegefamilien zu vermitteln. Grete Gumpel fasst einen Entschluss: wenigstens die Kinder will sie in Sicherheit wissen! Ihr größter Wunsch ist es, dass die Mädchen, die bislang keinen einzigen Tag getrennt waren, zusammenbleiben. Doch die Suche nach einer Familie, die drei Kindern Unterkunft und Verpflegung bieten kann, scheint aussichtslos. Die finanzielle Belastung und die Verantwortung, die damit auf vorerst unbestimmte Zeit verbunden wäre, ist abschreckend – erst recht angesichts eines nahenden Krieges.

Wider Erwarten findet sich eine Möglichkeit: eine allein stehende Dame hat sich bereit erklärt, sie alle zusammen aufzunehmen. Näheres ist über die Frau nicht bekannt. Erst jetzt fasst sich die Mutter ein Herz und bereitet die Kinder auf ihre lange Reise vor. »*Ich sehe es noch vor mir, wie Mutti ganz ernst auf dem schäbigen Bett saß. Sie schaute uns so liebevoll an, dass es fast wehtat. Dann eröffnete sie uns: wir würden nach England fahren – ohne sie. Es blieb nicht mehr viel Zeit. Ich war damals fünfzehn Jahre alt, Lilo war dreizehn und das Nesthäkchen Romie zwölf. Mutti gab sich solche Mühe, ihre Jüngste zu trösten, dabei war ihr doch selbst zum Weinen zumute. Sie malte uns London – das sie nie gesehen hatte – in herrlichen Farben aus. Vor meinem inneren Auge tauchten vage Gestalten auf, vornehm gekleidete Männer mit Schirm und Melone. Aber eigentlich fuhren wir doch ins Ungewisse.«*

Die drei Mädchen bekommen Plätze auf einem Kindertransport, der im Juni 1939 Prag verlässt. Grete Gumpel, die immer noch kein Lebenszeichen von ihrem Mann erhalten hat, läuft mit den drei Mädchen durch die Prager Gassen. Der Himmel ist strahlend blau, es ist frühsommerlich warm in der Stadt. Am Bahnhof haben sich viele Eltern mit ihren Kindern eingefunden. Viele der Kleineren stehen unsicher mit einem dicken Teddy oder einer Puppe im Arm auf dem Bahnsteig. *»Als ich in den Zug stieg, sah ich etwas, was mir das Herz zusammenzog: ein kleines Mädchen, vielleicht zwei oder drei Jahre alt, wurde sanft in den Wagen geschoben. Es schrie wie am Spieß, Tränen rannen über sein hübsches Gesicht. ›Mutti! Papi! Mutti! Papi!‹, kreischte es mit hoher Stimme und versuchte, sich aus dem fester werdenden Griff einer Begleiterin loszustrampeln. Auf dem Bahnsteig standen die Eltern, beide noch ganz jung. Sie kämpften so tapfer gegen die Tränen an, um es ihrem Kind nicht noch schwerer zu machen; sie lächelten und winkten. – Später habe ich mich oft gefragt, ob sie ihr Kind jemals wieder gesehen haben.«* Auch Grete Gumpel versucht, ihren Kindern den Abschied zu erleichtern. Sie verspricht, nachzukommen – so bald wie möglich. Romie, ihre Jüngste, ist nicht allzu traurig. Nach den wunderbaren Erzählungen ihrer Mutter glaubt sie sich auf dem Weg in ein herrliches Land. *»Romie sah offenbar alles, was meine Mutter ihr zum Trost erzählt hatte, schon vor ihrem inneren Auge und saß ganz ruhig mit ihrem Köfferchen auf den Knien da. Als sich der Zug in Bewegung setzte, wirkte Mutti auf einmal ganz klein und verloren, wie sie dastand und mit dem Taschentuch winkte. Und plötzlich spürte ich instinktiv: ich werde sie nie mehr wieder sehen. Zu meinen Geschwistern sagte ich nichts, das hätte ich nicht übers Herz gebracht. Romie saß so ruhig und ahnungslos neben mir; das wollte ich nicht zerstören. Nicht sofort.«*

Als die Mädchen endlich in London ankommen, wartet dort eine Überraschung auf sie: auf dem Bahnsteig kommt ihnen ihr Vater entgegen! Er hatte Krakau schon vor Wochen verlassen und durch Freunde erfahren, dass seine drei Töchter auf dem Weg in das sichere Ausland waren. Auf verschlungenen Wegen gelangte auch er nach England – unbeschadet, jedoch völlig mittellos. Er ist in einem Heim für tschechische Emigranten untergekommen und bewohnt dort zusammen mit einem Bekannten ein winziges Zimmerchen. Bei seiner Einreise hatte er sich verpflichten müssen, keine Arbeit anzunehmen, um so den einheimischen Arbeitern keine Konkurrenz zu machen. Er ist nicht in der Lage, seine drei Mädchen aufzunehmen und muss sich damit begnügen, sie kurz zu Gesicht zu bekommen. »*Während Lilo und Romie ganz aufgeregt meinen Vater ausfragten, entdeckte ich in der Menge das kleine Mädchen, das in Prag so verzweifelt geweint hatte. Es war wirklich auffallend hübsch, mit drolligen Grübchen und Korkenzieherlocken. Jetzt wurde es seinen Pflegeeltern vorgestellt. Die Frau machte ein sehr zufriedenes Gesicht – als hätte sie den Hauptgewinn gezogen. Dann erinnerte ich mich an die Blicke der leiblichen Eltern – wie ging es ihnen jetzt?*«

Zusammen mit seinen Töchtern wartet Karl Gumpel auf die Pflegemutter. Er weiß ebenfalls nur wenig über die Dame: dass sie Miss Harder heißt, dass sie eine nichtjüdische Engländerin ist, ledig und kinderlos. »*Auf einmal kam eine hagere Frau auf uns zu. Sie sah ziemlich abgerissen aus, war schäbig gekleidet und hielt uns eine Postkarte entgegen. Darauf stand in rosenumrankten Lettern das Wort ›mother love‹: Mutterliebe. Das also war Miss Harder.*« Es gelingt den Mädchen kaum, ihre Enttäuschung zu verbergen. Während ihr Vater allein zurückbleibt, folgen sie der Frau in die U-Bahn. Es stellt sich schnell heraus, dass sie kein einziges Wort Deutsch spricht. Nach einer verwirrenden Fahrt unter der Erde steigen die Vier an der Londoner Station »Archway« in Highgate aus. »*Mein erster Eindruck von London war ernüchternd. Die Gegend, in der Miss Harder wohnte, war ziemlich heruntergekommen. Weit und breit sah man keinen Baum; die Häuser waren düster und schmucklos. Miss Harder hatte eine enge Zwei-Zimmer-Wohnung mit grauen Schimmelflecken an den Wänden. Die Fenster gingen auf einen trostlosen Hinterhof hinaus, und auch tagsüber war es recht schummrig in der Wohnung. Als wir uns nach der langen Fahrt die Hände waschen wollten, bemerkten wir, dass es nicht einmal ein Badezimmer gab. In der primitiv eingerichteten Küche war ein Wasserhahn, aus dem eiskaltes Wasser plätscherte. Wir nahmen an einem Küchentisch Platz, und Miss Harder brachte uns etwas zu essen. Auf den Tellern lag etwas, was aussah wie winzige Heuballen: Shredded Wheat. Romie, der wohl inzwischen dämmerte, dass unsere Reise nicht ins Paradies führte, brach in Tränen aus. Lilo und mir erging es nicht viel besser.«*

Eigentlich hätte Miss Harder nach dem Willen des Flüchtlingskomitees keine Kinder aufnehmen sollen, da ihre finanziellen Verhältnisse allzu schlecht erschienen. Lange hatte man begüterte Familien vorgezogen, doch der Fall der Gumpels war eine Ausnahme: niemand wollte drei Kinder aufnehmen – außer eben Miss Harder. »*Sie war eine ungewöhnliche Frau. Im Radio hatte sie davon gehört, wie händeringend Pflegeeltern für jüdische Kinder aus Deutschland gesucht wurden. Auch die englische Zeitung ›Picture Post‹ hatte einen Aufruf veröffentlicht. Das alles hatte sie nicht mehr losgelassen. Immer wieder hatte sie dem Komitee ihre Hilfe angeboten. Nachdem wir angekommen waren, weigerte sie sich sogar, eine finanzielle Zuwendung des Komitees anzunehmen. Ihr Argument war, dass mit dem Geld ein anderes Kind aus Deutschland gerettet werden konnte. Um uns alle über die Runden zu bringen,*

Miss Harder

arbeitete sie sehr hart.« Miss Harder, die schon die Fünfzig überschritten hat, arbeitet in einem winzigen »Sweets & Tobacco-Shop«. Sieben Tage in der Woche steht sie von halb sieben in der Früh bis halb zehn Uhr abends in dem winzigen Laden zwischen den vollgestopften Regalen. Kurz nach der Ankunft der Mädchen verbringt sie mit ihnen zwei Wochen Urlaub auf der Isle of Wight – ein kostbares Geschenk, für das die Frau ihre letzten Ersparnisse aufbraucht. *»Sie bemühte sich so sehr, unser Heimweh zu lindern. Es muss schwer für sie gewesen sein, drei unglückliche Mädchen um sich zu haben, mit denen sie sich kaum verständigen konnte. Aber ihre Geduld schien unermüdlich. Mit liebevoller Zeichensprache brachte sie uns viele englische Wörter bei und zeigte in einem kleinen Wörterbuch, dass fast alles anders geschrieben wird, als man es ausspricht.«*

Während Romie und Lilo auf eine Schule geschickt werden – sie fallen noch unter die englische Schulpflicht – ist für einen Schulbesuch von Lore das Geld zu knapp. So hilft sie in dem Laden von Miss Harder aus. Der winzige Sweets & Tobacco-Shop ist ein lebhafter Treffpunkt, und Miss Harder, die selbst keine Kinder hat, wendet alle Liebe ihrer Umgebung zu. *»Sie war immer hilfsbereit und sehr beliebt. Besonders junge Frauen kamen oft zu ihr, um ihr Herz auszuschütten. Sie hatte für jeden ein offenes Ohr. Zwischen Bergen von Schokoladentäfelchen und Bonbons saß sie da, tröstete gebrochene Herzen und linderte Liebeskummer. Sie hörte einfach so lange zu, bis die Leute erleichtert und in besserer Laune ihren Laden verließen.«*

Grete Gumpel, die durch einen Brief inzwischen weiß, dass ihr Mann unversehrt in England angekommen ist, setzt nun alles daran, ihrer Familie zu folgen. Sie bemüht sich um ein Permit, eine Ausreisegenehmigung, doch die zuständigen Ämter sind völlig überlaufen. Denn die Zeit drängt: der Kriegsausbruch wird immer wahrscheinlicher. Die Briefe, die sie von Prag aus an Karl Gumpel schickt, haben etwas Gehetztes. Am 20. Juli 1939 schildert sie ihrem Mann: *Ich schreibe gerade hier auf der Post und habe im Augenblick nicht länger Zeit, anschließend den Dreien noch zu schreiben, da ich noch eini-*

ge wichtige Erledigungen zu machen habe. Du schreib aber bitte rasch den Dreien. Manchmal bin ich wirklich so nervös dadurch, dass ich gar nicht weiß, wo mir der Kopf steht. Der zweite Brief, den sie nach London schickt, ist wieder voller Hoffnung, auch wenn ihre Bemühungen um das benötigte Ausreisepapier bislang ins Leere gelaufen sind. In dem Brief vom 19. August 1939 heißt es: *Mit großer Sehnsucht erwarte ich mein Permit. Trotzdem würde es sowieso noch Wochen dauern, bis ich hier alles dafür Notwendige erledige. Trotz des neuen Amtes hat es so allerlei Schwierigkeiten, und es ist natürlich sowieso alles riesig belagert. Na, Zeit aufzuwenden habe ich ja jetzt, aber damit alleine ist es nicht getan.* Viele ihrer jüdischen Freunde verlassen jetzt eilig Prag, während ihr weiterhin alle nötigen Papiere fehlen. Sie wünscht den scheidenden Freunden Glück und hofft verzweifelt, dass auch ihr bald die Ausreise gelingt. *Tysons Tage hier sind jetzt wohl allmählich gezählt. Spätestens Montag müssen sie von hier abgereist sein, um rechtzeitig ihr Schiff zu erreichen. Hoffentlich erledigen sie das alles rechtzeitig. Nothmanns, Dorffs Freunde, die schon seit Ostern alles ordnungsgemäß fertig hatten, konnten vor zwei Tagen endlich nach New York abreisen.*

Miss Harder, die inzwischen von den Problemen erfahren hat, will helfen. In ihrem Laden hängt sie einen Zettel auf, mit dem sie für Grete Gumpel eine Stelle als Dienstmädchen sucht. Lore hofft, dass ihre Mutter schon bald nachkommen kann und schickt einen optimistischen Brief nach Prag. Doch die Hoffnung wird enttäuscht. Am 22. August schreibt Grete Gumpel an ihren Mann: *Trotzdem bin ich jetzt allmählich doch ziemlich unglücklich, da ich bezüglich meines Permits so gar nichts höre. Ich hatte den Dreien zuletzt vor einer Woche geschrieben und hoffe, nachdem Lore mir damals schrieb, dass sie bald Positives hören würden meinetwegen. (…) Ich weiß wohl, dass Du da nichts machen kannst, aber irgendwem muss ich doch mein Herz ausschütten. Na, ich muss halt weiter Geduld haben, denn wie gesagt, es werden sowieso noch Wochen vergehen, bis ich alles Notwendige mir erledigen kann.* Und dann heißt es schon etwas bitter: *So »automatisch«, wie*

Du Dir das so denkst, klappt es eben nicht. Damit kommentiert sie offenbar die wenig tröstenden Beschwichtigungen, die ihr Mann aus dem sicheren England geschickt hatte.

Knapp zwei Wochen später, am 1. September 1939, beginnt der Zweite Weltkrieg. Gleichzeitig bricht der Kontakt nach Prag ab – keine einzige Zeile erreicht die Gumpels mehr im fernen England. *»Natürlich wussten wir, dass durch den Krieg kaum noch Briefe ankamen. Die Ungewissheit war bedrückend, aber wir versuchten, uns gegenseitig Mut zu machen. Vielleicht hatte Mutti doch noch in letzter Sekunde ihr Permit bekommen? Vielleicht stand sie schon bald lachend in dem kleinen Laden von Miss Harder und nahm uns in die Arme? Ich hoffte so sehr, dass alles gut gehen würde.«*

Doch anstelle der Mutter kommt ein Telegramm. Frau Mandel, eine nahe Freundin der Familie, schreibt, dass Grete Gumpel wie vom Erdboden verschluckt sei. Wahrscheinlich, heißt es weiter, habe man sie als Geisel für ihren entflohenen Mann verhaftet – eine Vermutung, die sich als wahr erweisen wird. *»Mein Vater war verzweifelt. Er machte sich solche Vorwürfe, dass er seine Frau zurückgelassen hatte. Die Ohnmacht und Hilflosigkeit trieb ihn fast zum Wahnsinn. Wir alle waren in Sicherheit, nur unsere liebe Mutti steckte in der Falle. Sie, die alles darangesetzt hatte, dass ihre drei Mädchen rauskommen, war das Opferlamm.«*

Als die Älteste der drei Mädchen bemüht sich Lore, ihren Schwestern jene Hoffnung einzuflössen, die sie selbst langsam verliert. Sie stürzt sich verzweifelt in die Arbeit. Über dreizehn Stunden am Tag steht sie in dem Laden und versucht, sich auf die Wünsche der Kunden zu konzentrieren, während sie inner-

Lore Gumpel, 16 Jahre alt

lich um ihre Mutter zittert. Das Geschäft läuft seit Anfang des Krieges deutlich schlechter. »*Natürlich hielten die Leute ihr Geld mehr zusammen als vor dem Krieg. Dazu kam der Blackout, durch den es nach Einbruch der Dämmerung auf der Straße sehr gefährlich wurde. Da blieben die Leute lieber zu Hause, statt noch schnell etwas Schokolade zu kaufen! Die Straßenlaternen wurden nicht mehr eingeschaltet, und jedes noch so kleine Fenster wurde sorgfältig abgedichtet, so dass kein Licht nach draußen dringen konnte. Wer sich nicht daran hielt, musste hohe Geldstrafen bezahlen. Selbst die Scheinwerfer der Busse waren bis auf einen schmalen Schlitz zugeklebt. Und weil es im Herbst schon so früh dunkel wurde, sah man kaum noch die Hand vor Augen. Ich habe nie mehr eine solche Schwärze erlebt! Wenn dann noch Nebel aufkam, war das Chaos vollkommen: alle Busse und Autos hielten auf dem Fleck, an dem sie gerade waren, an. Sämtliche Fahrgäste mussten zu Fuß weiterlaufen. Oft standen die Busse dann die halbe Nacht an ein und derselben Stelle. Es war schwer, selbst in vertrauter Umgebung den Weg nach Hause zu finden, weil man kaum einen Meter weit sehen konnte! Ich selbst habe mich auf dem Heimweg vom Geschäft einmal verlaufen, so dass ich plötzlich mitten in einem fremden Vorgarten stand. Die Menschen bewegten sich nur noch tastend vorwärts; es hat damals viele Unfälle gegeben. Leute stolperten von Bordsteinen und rannten sich die Köpfe an Mauern und Laternen ein. Mir wurde klar, warum der Londoner Nebel so berüchtigt war.*«

Im kalten November wird Miss Harder krank. Sie hat Fieber und einen rasselnden Husten, schleppt sich aber trotzdem noch jeden Tag ins Geschäft. Ein Arztbesuch kostet Zeit und Geld, also hofft sie, dass es von alleine besser wird. »*Aber es wurde nicht besser. Es wurde schlimmer. Gegen ihren Protest brachten wir sie in das nahe Whittington-Hospital. Die Ärzte diagnostizierten Schwindsucht: eine lang verschleppte Tuberkulose.*« Ab sofort übernimmt Lore den gesamten Laden. Mit ihren fünfzehn Jahren und in immer noch dürftigem Englisch verhandelt sie mit den Lieferanten, ordert neue Ware und steht sieben Tage in der Woche um halb sechs Uhr auf, um ab halb sieben arbeiten zu können. Im Januar 1940, am Neujahrsmorgen, besucht sie Miss Harder im Krankenhaus. »*Es schien wirklich aufwärts mit ihr zu gehen. Unter der Obhut der Ärzte war sie wieder zu Kräften gekommen. Mit rosigen Wangen saß sie im Bett und schmiedete Pläne: sie überlegte, den Blumenladen neben ihrem Sweets-Shop zu kaufen, um dort einen Eissalon zu eröffnen. Sie wirkte direkt euphorisch und strahlte mich mit ihren glühenden Wangen an. – Am nächsten Tag kam eine Frau in den Laden und brachte schlechte Nachrichten: Miss Harder war in der letzten Nacht gestorben – mit nur vierundfünfzig Jahren.*«

Und plötzlich geht alles sehr schnell. Schon am nächsten Morgen geschieht das, was Grete Gumpel immer verhindern wollte: die Geschwister werden auseinandergerissen. Romie wird von einer Pflegefamilie in Surrey aufgenommen. Ein älteres Ehepaar, ebenfalls in Surrey, stellt Lilo als Dienstmädchen ein. Und Lore wird in das Londoner Ladbroke Grove Hostel gebracht, ein Übergangsheim für die Kinder des Kindertransports. »*Nun brach unsere Welt also endgültig in Stücke. Das Schicksal unserer Mutter war ungewiss, unser Vater war zur Untätigkeit verdammt und wurde immer verzweifelter, und ich kam in das Hostel, das ein trostloser Ort war, und machte mir Sorgen um meine armen Schwestern. Das Leben im Heim war deprimierend. Kurz nach meiner Ankunft erfuhr ich, dass ein Mädchen versucht hatte, sich umzubringen. Sie war auch ohne ihre Eltern aus Deutschland gekommen. Zum Glück überlebte sie den Selbstmordversuch; aber ich weiß nicht, was dann aus ihr wurde. In dem großen Schlafsaal bekam ich oft Albträume. Ich wollte so schnell wie möglich weg von dort.*«

Nach einigen Wochen findet Lore eine Stelle als Dienstmädchen in Epsom, einer kleinen Stadt südlich von London. Dort arbeitet noch eine andere Emigrantin, eine attraktive Blondine namens Frieda, die mit ihrem jüdischen Ehemann Wien verlassen hatte. Wie Lore stammte auch sie ursprünglich aus besseren Verhältnissen. Zusammen müssen sie die Launen des senilen Hausherren ertragen, der schwerer Alkoholiker ist. »*Schon am frühen Morgen brüllte er durchs Haus: ›Where is my Whiskey?‹ Dann hämmerte er wie wild an die Tür unseres Dienstmädchenzimmers, bis wir aufstanden. Bei den Luftan-*

griffen, die immer stärker wurden, geriet er völlig außer Fassung und … machte sich in die Hose. Es war dann meine Aufgabe, alles wieder sauber zu machen. Überhaupt war ich von morgens bis abends nur am Putzen. Es gab keinen Staubsauger und keine Waschmaschine, alles wurde noch von Hand gemacht, und am Abend tat mir jeder Knochen weh. Weil es im Haus keinen Kühlschrank gab, wurden alle Lebensmittel im Keller aufbewahrt, wo es kühler war. Aber als der Sommer kam, hatten wir alle eine schwere Lebensmittelvergiftung, nachdem wir ein Huhn gegessen hatten, das dort zu lang gelagert wurde.«

Der cholerische Hausherr, der durch seine Alkoholexzesse zunehmend verwirrt wird, beschuldigt Frieda eines Tages, den deutschen Nazis zuzuarbeiten – als Spionin. Auf der Polizei berichtet er langatmig und mit belegter Stimme, er habe sie dabei erwischt, wie sie dem Feind verschlüsselte Nachrichten gemorst habe. *»Lange wussten wir nicht einmal, wie er auf die Idee gekommen war. Und dann stellte sich heraus: er hatte gehört, wie Frieda in dem Wellblechbunker, der im Garten stand, einen Nagel einschlug. Dass Friedas Mann als Jude nur mit knapper Not den Nazis entkommen war, hatte er wohl inzwischen vergessen.«*

Einen halben Tag in der Woche hat Lore frei. Diese wenigen Stunden verbringt sie dort, wo Tausende von kriegserschütterten Engländern Ablenkung finden – im Kino. *»Wir alle klammerten uns an die Illusionen, die jetzt massenhaft aus Hollywood geliefert wurden. Es war ein unglaublicher Trost. Für ein paar Schillinge konnte man in einem weichen Sessel versinken und eine Welt voller Schönheit und Glamour auf sich wirken lassen. Ich bewunderte Jean Harlow, Katharine Hepburn und Ginger Rogers; der smarte Clark Gable war Mittelpunkt meiner Liebesschwärmereien. Um einen Hauch dieses Glanzes in meinen tristen Alltag zu bringen, schnitt ich jedes winzige Schnipselchen meiner geliebten Stars aus Zeitungen aus und sammelte sie in einem Schuhkarton.«*

Weil die Bomber bevorzugt nach Einbruch der Dämmerung über die Stadt ziehen, wird Lore im Kino oft von Luftangriffen überrascht. Das dumpfe Jaulen der Sirenen übertönt dann das Liebesgeflüster der Stars. *»Es war ein Jammer! Da hatte ich fast den gesamten Wochenlohn an der Kinokasse gelassen, und schon riss mich der Luftalarm aus meinen Träumen. Jedes Mal ging ein Aufstöhnen durch das Publikum. ›Don't panic! Remember you are British!‹, flimmerte dann in großen Lettern auf der Leinwand. So wurden wir dazu aufgefordert, ordentlich anzustehen, um in den Luftschutzkeller zu kommen, statt alle auf einmal in Richtung Ausgang zu stürmen.«*

Völlig unvermittelt erreicht Lore eine wunderbare Nachricht von ihrer Mutter. Im Sommer 1940 war Grete Gumpel aus der Gefangenschaft entlassen worden und hatte sofort ihrem Mann geschrieben. Die Hoffnung auf ein Wiedersehen blüht wieder auf. *»Wir konnten unser Glück kaum fassen!! Ich sehe es noch, wie ich an einem Sonntag Nachmittag mit meinem Vater im ›Old Vienna‹ saß, einem Restaurant in der Londoner Tottenham Court Road, in dem bevorzugt jüdische Emigranten verkehrten. Wir malten uns aus, was wir Mutti alles zeigen würden, wenn sie endlich nach London käme. Die Stadt würde ihr gefallen, da waren wir uns sicher. Ich war so froh, dass Papa endlich wieder lachte!«*

Die Korrespondenz zwischen London und Prag verläuft stockend. Nur wenige Briefe erreichen in den nächsten Monaten ihr Ziel. Am 22. August 1941 schreibt Grete Gumpel: *Solche Sehnsucht habe ich nach Euch, unbeschreiblich!* Sie hat am Stadtrand von Prag eine winzige Wohnung gefunden, die sie sich mit einer anderen Jüdin teilt, einer Zahnärztin, die wegen des Berufsverbotes nicht mehr arbeiten darf. Wie es scheint, hat Grete Gumpel die Hoffnung auf eine Ausreise aufgegeben; umso ungeduldiger wartet sie auf ein Endes des Krieges. Über zwei Jahre ist es jetzt her, dass sie ihren Mann und ihre Töchter gesehen hat. In einem Brief vom 4. September 1941 macht sie sich selber Mut: *Wie Du schreibst, haben sich unsere Drei so prächtig entwickelt. Aus Lores Brief, der wirklich ganz besonders lieb und vernünftig gehalten war, habe ich das selbst schon gelesen, er war mir eine solch unbeschreiblich große Freude, ein Lichtblick nach langer, schwerer Zeit. Zu gerne hätte ich mal Bilder von Dir und unseren geliebten Dreien. Sie scheinen sich ja sehr verändert zu haben. Ach, wenn ich sie doch einmal wiedersehen könnte! Na, ich will und werde nicht verzagen, sondern weiter den Kopf und die Nerven oben behalten. In Gedanken mal ich mir so oft ein Wiedersehen aus!* Und abschließend fordert sie ihren Mann auf: *Bleibe mir weiter gesund und laß den Mut nicht sinken! Auf Regen folgt Sonnenschein!*

Die Tatsache, dass ihre Tochter Romie nun auch als Dienstmädchen in einem Londoner Haushalt arbeiten muss, betrübt sie allerdings sehr. Am 15. September schreibt sie: *Ach, unsere kleine Romie tut mir doch leid, dass sie schon so zeitig von der Schule herunter ist. Von hiesigen Bekannten sind auch Kinder drüben, die noch weiter zur Schule gehen können und weiter lernen. Aber die Hauptsache ist und bleibt ja die Gesundheit. Also zunächst schreibe ich Dir heute mal wieder, mach Dir meinetwegen keine Sorgen. Ich bin Gott sei Dank auch recht gesund, fühle mich wohl und denke auch nur immer an eine Wiedervereinigung mit Dir und unseren geliebten Dreien! Ich will und werde weiter den Kopf und die Nerven oben behalten.* Und auch am 5. Oktober des Jahres schreibt sie flehentlich: *Immer, immer wieder kann ich Dir nur das eine sagen, dass ich gesund bin und auch nur den einen Gedanken habe, dass ich Dich und unsere geliebten Drei gesund wiedersehe!*

Karl Gumpel, der so lange über das ungewisse Schicksal seiner Frau verzweifelt war, fasst wieder Mut. Und auch bei seinen Töchtern scheint sich einiges zum Besseren zu entwickeln. Lore kommt endlich zu erträglicheren Menschen. Zwar arbeitet sie nach wie vor als Dienstmädchen, nun jedoch bei einer jüdischen Familie, die zum alten Berliner Freundeskreis der Gumpels gehört. Auch Lilo wechselt zu einer freundlicheren Familie. Im Spätherbst des Jahres 1941 kommt ein weiterer Brief aus Prag. Grete Gumpel ringt offenbar mit sich, um nicht an ihrem Schicksal zu verzweifeln. Am 18. Oktober 1941 schreibt sie ihrem Mann, den sie immer zärtlich »Pappi« nennt: *Ich bin wirklich so froh, dass wir nun endlich miteinander wieder in direkter Korrespondenz nach so langer Zeit stehen, das ist mein einziger Trost jetzt. Bleibe Du mir nur weiter gesund und ebenso hoffentlich unsere geliebten Drei, dann will ich geduldig auf ein Wiedersehen warten und nicht verzagen. Wenn es möglich ist, werde ich Dir mal ein Bildchen senden, ich muss mich dann neu knipsen lassen. Zu gerne hätte ich auch welche von Dir und unseren Dreien. Ist das möglich?*

Karl Gumpel erfüllt den bescheidenen Wunsch seiner Frau nach einem Foto. Er schickt einen weiteren Brief nach Prag. Doch dann – bleibt jedes weitere Lebenszeichen aus. Mühsam unterdrückt er seine Sorge; er tröstet sich mit dem Gedanken, dass durch die Kriegswirren viele Nachrichten erst Monate später ans Ziel gelangen.

Aber aus den Monaten werden Jahre. »*Es war zum Verzweifeln. Mich quälte die Angst um meine Mutter so sehr, dass ich anfing zu rauchen. Mein Vater war todunglücklich. Er ging buchstäblich ein; von Monat zu Monat wurde er schwächer. Es war furchtbar für mich zu sehen, wie seine Sehnsucht nach Grete über Jahre hinweg ins Leere lief, sinnlos und ängstigend. Dieser Mann, der früher so zupackend und erfolgreich gewesen war, litt unter der Ohnmacht und Untätigkeit, zu der er jetzt verdammt war. Es gab nichts, was er für seine Frau noch tun konnte. Er konnte nur warten. Das zerfraß ihn vollkommen. Er wünschte sich so sehr, dass dieser verdammte Krieg endlich aufhörte.*«

Als im Mai 1945 der Zweite Weltkrieg zu Ende ist, sind aus den drei Mädchen junge Frauen geworden. Lore arbeitet in einem Militärhospital als Sekretärin, Lilo lernt den Beruf der Röntgenassistentin und Romie macht eine Ausbildung zur Kinderschwester. Karl Gumpel stirbt 1946 in London, nachdem er in rascher Folge mehrere Schlaganfälle erlitten hatte. Von seiner Frau Grete fehlt jede Spur.

»*Erst nach dem Krieg erfuhren wir die bittere Wahrheit. Meine Mutter war bereits im Oktober 1941 in das Getto nach Lodz deportiert worden und von dort nie mehr zurückgekehrt. Ich weiß nicht, wann sie gestorben ist, ich weiß nicht, wie sie gestorben ist. Nichts. Vor einigen Jahren wurde im englischen Fernsehen eine Dokumentation über dieses Getto gezeigt. Im Mittelpunkt des Films stand eine Frau, die das Grauen im Getto überlebt hatte. Ich schrieb ihr und fragte, ob sie meine Mutter gekannt hatte. Ihre Antwort kam umgehend. Nein, sie hat-*

te meine Mutter nicht gekannt. Aber sie beschwor mich, nie wieder zu fragen. Nie wieder! Ich solle meine Mutter so in Erinnerung behalten, wie ich sie als Kind erlebt hatte. Auch meine anderen Fragen über das Getto ließ sie unbeantwortet. Fragen Sie nicht!«

Lilo und Romie sind beide nach Kriegsende in die Vereinigten Staaten emigriert. Lilo wurde Professorin für deutsche Literatur und Romie Lehrerin. Beide haben keine Kinder. Lore Gumpel hat einen deutschen Juden geheiratet, dessen Eltern in Auschwitz umgebracht worden sind. Sie ist Mutter von zwei Söhnen. Viele Jahrzehnte lang hat sie sich im National Health

Endlich Frieden:
Die drei Schwestern auf dem Trafalgar Square in London

System für eine bessere Brustkrebs-Prävention engagiert. Nach Deutschland ist sie nur zu kurzen Besuchen zurückgekehrt. »*Aber ich hasse die Deutschen nicht. Ich war auch niemals nationalistisch, weder in Deutschland noch hier. Ich habe England viel zu verdanken. Allerdings ist mir klar, dass ich nirgends mehr richtig hingehöre. Ich bin keine Engländerin, ich bin … continental. Doch wo auf dem Kontinent sollte meine Heimat sein?*«

»Ich war schon froh, als es hieß:
auswandern in ein Land,
in dem man nicht verfolgt wird.«

Walter Bloch,
geboren 1928 in München

»Alles war noch viel zu neu und aufregend, um Heimweh zu haben. Als wir auf dem Schiff standen und dieses fremde Land vor uns auftauchte, war es wie in einer Abenteuergeschichte. Was würde uns erwarten? In diesem Moment begann ein neuer Lebensabschnitt – das jedenfalls stand fest. Alles sah völlig anders aus, als ich es gewohnt war. Die Küste war ganz flach, und die Häuser waren nicht weiß verputzt, sondern aus roten Ziegelsteinen. Die Morgenluft roch nach Salz und Tang, und die Sprache konnte man nicht mehr verstehen. Ich kannte damals höchstens zwei Wörter: Hello and Goodbye!«

Walter Bloch kommt als Sohn von Paula und Erich Bloch in München zur Welt. Seine Mutter Paula, die Tochter eines Käsegroßhändlers, arbeitet als Gärtnerin am Bodensee, als sie den Schriftsteller Erich Bloch kennen lernt. Die beiden verbindet eine große Liebe zur Literatur: Werke von Rainer Maria Rilke, Franz Werfel und Stefan George sind ihre bevorzugte Lektüre. Schnell entwickelt sich eine romantische Liebesbeziehung, und bald darauf heiraten sie und kaufen ein hübsches Bauernhäuschen in Wangen am Bodensee. Doch das Glück währt nicht lange, und nach einem kurzen Jahr wird die Ehe der jungen Leute wieder geschieden. Walter wächst bei seiner Mutter Paula auf, die nie wieder heiratet. Voller Hingabe widmet sie sich ihrem einzigen Kind. Um sich und ihren Sohn zu ernähren, nimmt sie in dem kleinen Häuschen am See Feriengäste auf und beherbergt als Dauermieterin eine betagte jüdische Witwe, Karoline Sandmer. Paula und Erich Bloch stammen beide aus jüdischen Familien, sind aber nicht religiös. Nur an den hohen Feiertagen wie Pessach und Jom Kippur besuchen sie die Synagoge. *»Ich wusste, dass wir Juden sind, wurde aber nicht religiös erzogen. Für die wenigen jüdischen Kin-*

Erich Bloch, 1935

der in Wangen engagierte die Gemeinde einen Hebräischlehrer, aber der arme Kerl bemühte sich wohl vergeblich. Wir waren frei von jedem Ehrgeiz und alberten in seinem Unterricht herum. Wangen war damals überwiegend katholisch, aber es war ein tolerantes Zusammenleben zwischen Juden und Christen. Von vielen wurde die Religion auch nicht so schrecklich ernst genommen. Wenn der Priester durch den Ort spazierte, rannten wir Jungen hinter ihm her, schrieen ›Gelobt sei Jesus Christus!‹, und knieten auf der Straße nieder, um seinen Segen zu empfangen – wohl gemerkt, ich auch! Der Sohn unserer Nachbarn hieß Karl und war mein bester Freund; wir sahen uns täglich. Am Wochen-

Walter Bloch (li.) mit Freunden

ende kamen er und seine beiden Schwestern oft zu uns rüber und saßen mit einem kleinen Zettelchen an unserem Küchentisch. Da zerbrachen sie sich dann etwas lustlos den Kopf darüber, welche Sünden sie in jüngster Zeit begangen hatten, und stellten eine Liste zusammen – das war so ein Ritual, bevor sie zur Beichte gingen.«

Die allein erziehende Paula Bloch hat ein fröhliches Naturell und liebt es, am Klavier zu sitzen. Seit frühester Kindheit hatte sie davon geträumt, Pianistin zu werden, doch ihr Vater, der bodenständige Louis Friedmann, hatte nur seinem Sohn Fridolin ein Studium bezahlt. Paulas Freude an der Musik wird dadurch nicht gemindert. *»Meine Mutter war sehr beliebt und hatte viele Freunde, christliche und jüdische. An den Abenden trafen sie sich oft bei meiner Mutter, und dann musizierten sie zusammen. Meine Mutter spielte Klavier, ein guter Freund hatte seine Geige dabei, und wir anderen sangen dazu: viele klassische Lieder, aber auch den ›Zupfgeigenhansl‹. Im Winter war es besonders schön. In der Stube stand ein Kachelofen, an dem man sich aufwärmen konnte, während draußen alles tief verschneit war. Die ganze Stube roch nach Bratäpfeln, und unsere Untermieterin Frau Sandmer brachte selbst gebackenen Kuchen mit. Zusammen mit den Nachbarn sangen wir Weihnachtslieder: ›Oh Tannenbaum‹ und ›Stille Nacht, heilige Nacht‹ – einfach weil es schöne Melodien waren. Ich fand das wunderbar und sehr gemütlich.«*

In den Winterferien fährt Walter regelmäßig zu seinem Großvater Louis Friedmann, dem Käsegroßhändler, nach München. Der ältere Herr nimmt seinen Enkel Walter gerne mit auf seine Handelsreisen in das Allgäu. *»Wir verstanden uns prächtig; mein Großvater war ein sehr humorvoller und warmherziger Mensch. Er nahm mich mit in sein Käselager – ein lang gestreckter Keller tief unter der Erde, in dem unzählige Käselaibe gestapelt waren. Das beeindruckte mich sehr, und meinem Großvater machte es Spaß, mir alles zu zeigen. Er hatte ein ganz langes Messer, mit dem er tief in den Laib hineinschnitt, um die Reife zu prüfen. Er handelte vor allem mit Limburger Käse, und immer wenn wir aus dem Keller kamen, zogen wir einen verdächtigen Geruch hinter uns her, was seine Frau Rosa*

Walter Bloch (re.) mit dem geliebten Großvater Louis Friedmann in München, 1934

gar nicht gern hatte. Im Laufe ihrer Ehe hatte sie eine tiefe Abneigung gegen jede Art von Käse entwickelt. Interessanterweise war sie es, die das Geschäft in München führte – mit großem Erfolg.«

1934, als Walter sechs Jahre alt wird, kommt er in die kleine Dorfschule in Wangen. In zwei Räumen werden dort acht Klassen unterrichtet. Für Walter ist Fräulein Projahn zuständig, eine fromme Katholikin, die großen Wert auf Disziplin legt, mit der Naziideologie aber nichts am Hut hat. Walter findet schnell Freunde unter den Kindern. Doch eines Tages tritt ein junger Mann in Uniform vor die Klasse. *»Bevor der Neue mit dem Unterricht anfing, sagte er barsch, dass die Juden nicht mehr neben den ›arischen‹ Kindern sitzen dürfen. Begründet hat er das nicht weiter. Es gab nur vier jüdische Kinder auf der ganzen Schule, und ab sofort saßen wir in einer besonderen Bank, etwas abseits vom Rest der Klasse. Als nach einigen Wochen Fräulein Projahn zurückkam, erfasste sie die Situation mit einem Blick. Sie bestand darauf, dass wir wieder die alte Sitzordnung einnehmen. Ich setzte mich neben einen nichtjüdischen Jungen – woraufhin der in Tränen ausbrach und schrie: ›Ich will nicht neben dem Juden sitzen!‹ Fräulein Projahn überging ihn ohne jeden weiteren Kommentar. Kurz darauf verschwand sie endgültig von unserer Schule. Ich habe keine Ahnung, was aus ihr geworden ist. Der rassenbewusste junge Mann nahm ihre Stelle ein, und wir wurden wieder umgesetzt.«*

Walters Vater Erich Bloch verliert kurz nach der Machtergreifung der Nationalsozialisten seine Stelle als Verlagsleiter

Walter Bloch (re.), 1936

bei Stadler in Konstanz. Der erfolgreiche Schriftsteller, der in München und Freiburg Rechtswissenschaften, Kunstgeschichte, Philosophie und Literatur studiert hatte und danach durch zahlreiche Veröffentlichungen bekannt wurde, muss sich eine neue Existenz aufbauen. Deutschland zu verlassen kommt für ihn nicht in Frage – zu sehr hängt er an seiner Heimat. Stattdessen gründet der naturverbundene junge Mann einen Gartenbaubetrieb in Horn am Bodensee, in dem er nach biologisch-dynamischen Prinzipien arbeitet. Schon in den zwanziger Jahren hatte er sich für die Lehren Rudolf Steiners, des Begründers der Anthroposophie interessiert; mit seinem Betrieb gehört Erich Bloch zu den frühen Pionieren des naturgemäßen Gartenbaus. Sein Hof wird für viele Juden zu einem Anziehungspunkt, denn Erich Bloch vermittelt dort Grundkenntnisse in Landwirtschaft und Gartenbau. Die so genannten Umschichtler lernen bei ihm, also all jene Juden, die von den Berufsverboten der Nationalsozialisten betroffen sind und jetzt umschulen müssen, falls sie Deutschland verlassen wollen. Wer etwa nach Australien oder Palästina emigrieren will und keine praktische Ausbildung vorweisen kann, muss eine hohe Summe bezahlen. So kommt es, dass immer mehr Ärzte und Rechtsanwälte, Lehrer und sogar hohe Richter zu dem schön gelegenen Hof am Bodensee pilgern, um dort ihre Emigration vorzubereiten. Walter Bloch, der zu seinem Vater ein freundschaftliches Verhältnis hat, ist oft auf dem Hof zu Gast. *»Im Sommer war es ein richtiges Paradies. Es gab viele Kühe, Pferde und Hühner, einen riesigen Gemüsegarten und wunderbare Obstbäume. Mein Vater verstand sich sogar auf das Imkern. Ich sehe es noch, wie er ganz in Weiß gekleidet war, mit festen Handschuhen und einem seltsamen Helm auf dem Kopf. Er hantierte ganz gelassen mit den honigtriefenden Holzrahmen, während er von den Bienen umschwärmt wurde. Er hatte geschickte Hände, und ich bewunderte ihn dafür.«*

Eines Tages wird gegenüber dem Wangener Rathaus ein Kasten aufgebaut; hinter Glas wird dort der »Stürmer« ausgestellt. Jede Woche druckt das Blatt neue Verleumdungen gegen die Juden, und auch Walter läuft täglich daran vorbei. Die Lektüre bleibt nicht ohne Folgen. Die hässlichen Karikaturen und die Hetzartikel wecken in dem Jungen ein Gefühl der Minderwertigkeit. *»Ich habe es oft gelesen, oh ja! Diese Erzählungen vom Juden, der ein Teufel in Menschengestalt ist, und die ›Aufklärungsartikel‹ über blutrünstige Juden, die zum Pessachfest kleine Christenkinder abschlachten. Ich habe mich gefragt, warum alle Welt uns so hasst. Eigentlich konnte ich keinen wirklichen Grund finden – zumal ich eigentlich gedacht hatte, ich sei ein Kind wie jedes andere. Aber dann schlich sich langsam so ein schlechtes Gefühl ein, und diese Frage: Ist da nicht doch etwas falsch an mir? Ich fühlte mich isoliert vom vermeintlich besseren Teil der Menschheit. Gerade als Kind empfindet man so etwas sehr intensiv.«*

Das Gift der Propaganda beginnt langsam zu wirken und zerstört das Zusammenleben in dem kleinen Ort. Der Freundeskreis von Paula Bloch schwindet zusehends, und die heiteren Abende am Klavier werden seltener. Selbst Walters bester Freund, der Nachbarjunge Karl, wird vorsichtiger. Nur noch abends traut er sich, seinen Freund zu besuchen. *»Jeder bemühte sich, untertags nicht mit uns zu sprechen. Das war ein schreckliches Gefühl. Man fühlte sich, als sei man kein Mitmensch, sondern ein Untermensch. Die meisten Leute im Dorf haben mitgemacht. Aber ich muss sagen, es gab auch einige, die im Dunkeln zu uns gekommen sind und gesagt haben, wie Leid ihnen alles tut. Allerdings – wenn wir ihnen am nächsten Tag über den Weg gelaufen sind, haben sie schnell in eine andere Richtung gesehen. Da war sehr viel Angst.«*

Der Untersekundaner Erich Bloch, 17 Jahre, meldet sich 1914 als Freiwilliger.

Im Herbst 1935 werden auf dem Gedenkstein in Wangen, der den Soldaten des Ersten Weltkriegs gewidmet ist, die Namen aller jüdischen Männer entfernt. Für viele Juden ist das ein Schlag ins Gesicht. Allein zwölftausend jüdische Soldaten waren im Krieg gefallen. Auch Erich Bloch hatte sich bereits kurz nach Ausbruch des Krieges als Freiwilliger gemeldet – er war noch Schüler in der Untersekunda und gerade mal siebzehn Jahre alt. Damals hatte er angegeben, er wolle aus Liebe zur deutschen Heimat kämpfen. Sein Bruder Theo Bloch hingegen, Walters Onkel, war ein überzeugter Zionist. Er hatte Deutschland 1933 den Rücken gekehrt und war nach Palästina ausgewandert. »*Mein Onkel war ein sehr tüchtiger Mann und gehörte zu den Gründern des Kibbuz Givath Brenner. Leider erkrankte er eines Tages an Kinderlähmung, und um sich die Tage im Krankenhaus etwas zu verkürzen, begann er, uns in langen Briefen das Leben im Kibbuz zu beschreiben. Er konnte sehr gut zeichnen, und all seine Briefe – die leider verloren gingen – illustrierte er mit kleinen Zeichnungen. Er zeichnete die Männer, die mit ihren Schaufeln den harten Boden Palästinas aufbrachen, und er zeichnete die Frauen, die die erste Saat in die trockene Erde legten. Mich faszinierte dieses Land. Und ich wunderte mich, dass es irgendwo auf der Welt einen Ort gab, in dem Juden wie normale Menschen leben konnten. Mich verblüfften seine Schilderungen: wie war es möglich, dass ein Jude als Busfahrer arbeitet oder gar als Polizist?*«

Am 9. November 1938 geht Walter wie jeden Morgen in die Schule. Der zehnjährige Junge wundert sich, dass auf dem Dorfplatz in Wangen große Lastwägen vorgefahren sind. Davor stehen Gruppen uniformierter Männer; sie alle tragen das Hakenkreuz auf der Armbinde. »*Mitten im Unterricht kam ein SA-Mann in die Klasse. Mit barscher Stimme fragte er, ob es noch Juden auf dieser Schule gäbe, und der Lehrer deutete gehorsam auf unsere ›Judenbank‹. ›Raus mit euch!‹, schrie er uns Kinder an. Wir schnappten unsere Taschen und Mäntel und gingen hastig an ihm vorbei; unser Lehrer verzog keine Miene. Keiner sagte ein Wort. Das war mein letzter Schultag in Deutschland.*«

Als Walter nach Hause kommt, sitzt seine Mutter mit der alten Karoline Sandmer am Küchentisch. Beide wirken

(v. l. n. r.): Karoline Sandmer, Paula und Walter Bloch

bedrückt und sind nicht allzu überrascht über das, was der aufgeregte Junge erzählt. Und plötzlich fällt ihnen an dem trüben Novembertag ein merkwürdiges Flackern vor dem Fenster auf. SA-Männer zünden die Synagoge an, die in Sichtweite des Hauses steht. »*Wir standen hinter der Gardine und beobachteten alles. Die Feuerwehr war vorgefahren. Aber die Männer stiegen nur ganz gemütlich aus dem Wagen und machten keinerlei Anstalten, den Brand zu löschen. Frau Sandmer zitterte und weinte, und meine Mutter zog mich vom Fenster weg. Sie versuchte, nicht allzu aufgeregt zu wirken. Wir saßen zusammen, und jeder von uns fragte sich: was würde als nächstes passieren? Ich hatte schreckliche Angst.*«

In der frühen Dämmerung des Novembertages trauen sie

sich, das Haus zu verlassen. Die Lastwägen der SA sind vom Marktplatz verschwunden, und mit ihnen die meisten jüdischen Männer des Dorfes. Paula Bloch besucht mit ihrem Jungen eine ihrer verbliebenen Freundinnen, die Frau des jüdischen Dorfarztes Doktor Wolf. Dort haben sich bereits einige Frauen zusammengefunden, alle in großer Sorge um ihre Männer. »*Und auf einmal hörte man ein Geräusch an der Tür: Doktor Wolf kam nach Hause. Ich kannte ihn als eine angesehene Persönlichkeit in Wangen; als Arzt hatte er buchstäblich alle Kinder im Dorf auf die Welt gebracht. Zudem war er ein stolzer Patriot und dekorierter Kämpfer des Ersten Weltkriegs. Und nun stand er da: mit zerrissenen Kleidern und blutüberströmt, sein Gesicht war ganz blau geschlagen. Ohne uns zu beachten, ließ er sich auf das Sofa fallen und krümmte sich zusammen – ein gebrochener Mann. Er schrie und heulte. Das waren gar keine Worte mehr, nur verzweifelte Laute. Er musste Furchtbares erlebt haben, nie zuvor hatte ich einen Erwachsenen so gesehen. Seine armen Kinder Gerd und Hannelore standen hilflos daneben. Wir brachen sofort auf; es war klar, dass wir hier nur noch störten.*«

Die SA-Trupps hatten schon am Morgen alle jüdischen Männer des Dorfes zusammengetrieben und in das Kellergewölbe des Rathauses gebracht. Dort wurden sie mit Geißeln und Stahlruten brutal zusammengeschlagen. Walters Vater war schon in der Frühe nach Konstanz gefahren, um Gemüse zum Markt zu bringen. Als er jedoch gegen Mittag heimkehrte, erwartete ihn ein SA-Mann vor seinem Haus, dann wurde auch er in den Keller des Rathauses gebracht. Sein Martyrium dauerte Stunden. Als er gegen Abend die Rathaustreppe hoch wankte, brach er zusammen. Einer der Gärtner trug den schwer Misshandelten nach Hause. Gegen Abend wurden die meisten Juden dann auf Lastwägen geladen und in das Konzentrationslager Dachau gebracht. Erich Bloch entging diesem Schicksal, weil ein SA-Mann ihn nach einem kurzen Blick für halb tot erklärt hatte – er betrachtete es als Zeitverschwendung, einen bereits Sterbenden noch zu transportieren.

Walter Bloch weiß zu dem Zeitpunkt von alldem nichts. Am nächsten Morgen fährt er ahnungslos mit dem Fahrrad nach

Horn, um seinen Vater zu besuchen. »*Es ist erstaunlich, wie naiv man als Kind sein kann! Als ich nach Horn kam, traf ich auf einige Mitarbeiter meines Vaters, die dicke Blutergüsse im Gesicht und an den Armen hatten. Auf mein Fragen hin erklärte mir ein junger Mann, dass der Stier in der vergangenen Nacht wild geworden war. Angeblich hätten sich alle Männer zusammengetan, um das Tier wieder einzufangen. Als ich dann nach meinem Vater fragte, ließ er sich mit einer Ausrede verleugnen. Er erholte sich nur langsam von seinen Verletzungen. Beim Mittagessen erzählte ich meiner Mutter die Geschichte von dem wild gewordenen Stier, und sie lächelte etwas schief. Dann erklärte sie mir, was wirklich geschehen war.*«

Auch Walters Großvater Moritz Bloch gehört zu den Opfern. Der Rechtsanwalt hatte kurz zuvor seinen siebzigsten Geburtstag gefeiert. Die SA-Männer dringen in seine Konstanzer Wohnung ein und bedienen sich reichlich am Gabentisch, auf dem noch alle Geschenke stehen. »Was muss ein Jude auch so alt werden?« – so verspotten sie den betagten Herrn und treiben ihn am Abend durch die Straßen zum See. Dort stoßen sie ihn in das eiskalte Wasser des Bodensees und ziehen ab. Nur mit knapper Not übersteht Moritz Bloch diesen Anschlag.

»*Und dann wurde es von Tag zu Tag unerträglicher. In den Geschäften, in denen meine Mutter jahrelang eingekauft hatte, erschienen diese Schilder: ›Wir bedienen keine Juden.‹ Auch über der Kinokasse hing so eine Tafel, aber ich ging trotzdem noch einmal rein – ich konnte ›Dick & Doof‹ einfach nicht widerstehen. Das war keine gute Idee gewesen, denn die Kinder hinter mir boxten mich und spuckten mich im Dunkeln an. ›Hau ab, du Jude!‹, zischte mir ein Mädchen ins Ohr. Und das Fatale war, dass ich mich danach schuldig fühlte! Vielleicht empfindet so ein Schwarzer, der versucht, sich weiß zu bürsten. Kinder wollen einfach nicht anders sein! – Die verstohlenen nächtlichen Besuche der ›Anständigen‹ blieben inzwischen auch aus – keiner traute sich mehr, mit uns zu sprechen. Meine Mutter wurde im Dorf von allen geschnitten.*«

Paula Bloch beschließt, für eine Zeit lang mit ihrem Jungen nach München zu gehen. Sie kommen in der Wohnung ihres Vaters Louis Friedmann unter. Der ehemalige Käsegroßhändler hatte inzwischen sein Geschäft an den nichtjüdischen Mann seiner Tochter Gretel übergeben. Paula Blochs Hoffnung, in der Großstadt ein leichteres Leben zu haben, wird enttäuscht: in der »Hauptstadt der Bewegung« ist der Judenhass allgegenwärtig.

Anfang Dezember bekommt Paula Bloch Besuch von ihrem Bruder Fridolin, der bislang in Berlin als Geschichtslehrer gearbeitet hatte. Er bringt wichtige Neuigkeiten; eindringlich berichtet er von der Möglichkeit, Kinder ins sichere England zu bringen – allerdings ohne ihre Eltern. Fridolin Friedmann gehört zu den Ersten, die als Betreuer die Kindertransporte begleiten, wobei er jedes Mal nach nur wenigen Stunden wieder den Rückweg nach Deutschland antreten muss; sonst würde er das Fortbestehen weiterer Transporte gefährden. *»Mein Onkel beschwor meine Mutter und sagte immer wieder diesen einen Satz: ›Der Junge muss jetzt raus!‹ Es war klar, dass es für meine Mutter sehr schwer sein würde, ihr einziges Kind wegzugeben. Aber sie stimmte zu. Sie war sehr tapfer, und anstatt zu klagen, gab sie sich Mühe, es mir leichter zu machen. Sie packte einen kleinen Koffer und stickte in jedes Kleidungsstück meinen Namen. Wenn ich unerwartet ins Zimmer kam, hatte sie oft nasse Augen. Sie weinte viel, aber sie wollte es nicht zeigen.«*

Dann geht alles sehr schnell. Durch die Vermittlung von Fridolin Friedmann bekommt der Junge in wenigen Wochen einen Platz auf einem Kindertransport. Ein Cousin von Erich Bloch, der in London lebt, erklärt sich bereit, ein ganzes Jahr die Schulkosten für Walter zu übernehmen; so ermöglicht er ihm eine Ausbildung in Bunce Court, einer exzellenten Schule für deutsche Flüchtlingskinder in Kent. Am sechsten Januar 1939 fährt sein Zug in die Freiheit. Der zehnjährige Walter ist sich über den Grund seiner Reise im Klaren. *»Meine Mutter hatte mir sehr liebevoll erklärt, dass es in Deutschland zu gefährlich für mich war, sie beschönigte nichts. Und ich sah ja selber, dass alles immer schlimmer wurde. Ich kann mir sehr gut vorstellen, wie sich die Schwarzen in Südafrika unter der Apartheid gefühlt haben – einfach kein gleichgestellter Mensch mehr zu sein. Und in der Hinsicht war ich schon froh, als es hieß: aus-*

Die Geschwister Friedmann: Gretel, Fridolin und Paula, 1914

wandern in ein Land, in dem man nicht verfolgt wird. Außerdem wollte meine Mutter bald nachkommen. Von England hatte ich nur eine vage Vorstellung: ein Land mit viel Regen und Nebel. Der Gedanke hatte so etwas Unwirkliches: in ein fremdes Land zu gehen und ein völlig neues Leben anzufangen – ganz allein.«

Die deutschen Behörden verbieten den Eltern, ihre Kinder bis zum Bahnsteig zu bringen, damit die Transporte in der Öffentlichkeit kein Aufsehen erregen. Paula Bloch ist vorsichtig und gibt ihrem Sohn an der Haustür einen letzten Abschiedskuss. Ein Taxifahrer steht bereit, um den Jungen zum Bahnhof zu fahren. »*Ich habe zum Abschied gefragt: ›Wann kommst du?‹, und meine Mutter sagte, dass sie bald nachkommen würde – sehr bald. Wir wollten uns ganz oft schreiben, und ich hatte wirklich die Hoffnung, dass sie schnell rauskommt. Aber es war natürlich ein sehr elendes Gefühl, dann das letzte Mal zu winken. Da habe ich mich schon gefragt: Werd' ich sie je wieder sehen?«*

Als der Junge am Münchner Hauptbahnhof aus dem Taxi steigt, stellt er etwas ernüchtert fest, dass der Bahnsteig voller Eltern ist. Viele Mütter und Väter hatten sich über das Verbot, ihre Kinder zu begleiten, hinweggesetzt. Walter sitzt allein auf einer Bank und ist enttäuscht. »*Eigentlich gefiel mir der*

»Denke immer in Treue an Deine Dich liebende Mutter« 4. 1. 1939. Dieses Foto legte Paula Bloch ihrem Sohn als Abschiedsgruß in den Koffer.

Bahnhof. Als Junge war das für mich ein aufregender Ort mit sehr viel Leben. Männer fuhren auf dem Perron hin und her, um heiße Würstchen zu verkaufen, und es war spannend zu sehen, wohin die Züge fahren würden. Aber als ich die vielen Kinder sah, die von ihren Eltern umarmt wurden, war ich sehr niedergeschlagen und fast ein bisschen wütend auf meine Mutter. Warum hatte sie sich nicht getraut, mich zu begleiten? Ich stieg allein in den Zug, und als wir abfuhren, konnte ich niemandem winken.«

Nachdem der Zug den Münchner Hauptbahnhof verlassen hatte und in Richtung Norddeutschland fährt, herrscht in Walters Abteil Schweigen. Kein Kind ist in der Stimmung, viel zu sprechen. Als sich der Zug viele Stunden später der holländischen Grenze nähert, schärfen die Begleiter den Kindern ein, sich gut zu benehmen. Es gilt, die letzten Zollkontrollen der Deutschen zu passieren.

»Wir waren sehr nervös, als der Zug zum Stehen kam. Ein paar Männer in Uniform liefen durch den Zug und rissen eine Tür nach der anderen auf. Aber es passierte nichts Schlimmes, zumindest nicht in unserem Abteil. Und als der Zug wieder weiterfuhr, fiel der ganze Druck von uns ab. Wir haben alle gelacht und geklatscht, wie wir über die Grenze gingen! Und der erste Eindruck von Holland war wunderbar, das sehe ich heute noch vor mir. Da kamen Nonnen mit weißen Hauben in unseren Zug, und sie brachten heiße Milch und dicke Scheiben Weißbrot. Sie waren so freundlich, obwohl sie uns alle gar nicht kannten. Wir haben wirklich das Gefühl gehabt, jetzt ist dieser Albtraum vorbei!«

Gegen Abend erreicht der Zug Hoek van Holland. Dort gehen die Kinder an Bord eines großen Schiffes, das sie an die Ostküste Englands nach Harwich bringt. »*Es war eine Nachtüberfahrt, und ich kann mich erinnern, dass das Schiff fürchterlich geschaukelt hat. Die See war sehr stürmisch, und es war viel zu kalt und windig, um an Deck bleiben zu können. Ich fand das schade, weil ich doch noch nie das Meer gesehen hatte! Wir schliefen in kleinen Kabinen, und mitten in der Nacht wachte ich auf mit einem seltsamen Gefühl ... Mir war wahnsinnig übel, aber ich wusste nicht warum. Später erklärte mir jemand, dass ich seekrank war. Vor dieser Überfahrt hatte ich nicht einmal das Wort gekannt.*«

In der Morgendämmerung werden die Kinder geweckt. Viele von ihnen hatten wegen des starken Seegangs eine beschwerliche Nacht. Nach der über dreißig Stunden dauernden Reise sind sie völlig erschöpft, als sie ihr Gepäck an Deck tragen. Im winterlichen Dunst erscheint die Küste Englands. »*Alles war noch viel zu neu und aufregend, um Heimweh zu haben. Als wir auf dem Schiff standen und dieses fremde Land vor uns auftauchte, war es wie in einer Abenteuergeschichte. Was würde uns erwarten? In diesem Moment begann ein neuer Lebensabschnitt – das jedenfalls stand fest. Alles sah völlig anders aus als ich es gewohnt war. Die Küste war ganz flach, und die Häuser waren nicht weiß verputzt, sondern aus roten Ziegelsteinen. Die Morgenluft roch nach Salz und Tang, und die Sprache konnte man nicht mehr verstehen. Ich kannte damals höchstens zwei Wörter: Hello and Goodbye!*«

In Harwich, dem Ankunftshafen an der Ostküste, betreten die Jungen und Mädchen das erste Mal englischen Boden. Busse bringen einen großen Teil der Gruppe in das benachbarte Dovercourt. Dort kommen die Kinder in einem Ferienlager unter, dem Dovercourt Holiday Camp. Eigentlich sind die kleinen Hütten, die direkt am Meer liegen, dafür gedacht, dass englische Schüler dort die Sommerferien verbringen. Doch nun ist alles tief verschneit, und in dem Lager herrscht Eiseskälte. Nur in dem großen Haupthaus ist es etwas wärmer, und alle scharen sich um die zwei Öfen. An langen Holztischen bekommen die Kinder ihre erste englische Mahlzeit. Walter Bloch,

Montag, den 23.1.39

Meine allerliebste Mami!
Heute Morgen kamen Deine zwei Päckchen
die ich natürlich mit riesengroser Freude
in Empfang nahm. Gestern Abend als ich schon
im Bett lag kam aufeinmal die Lehrerin
herein und sagte es wäre ein Herr unten der
mich sprechen wollte wer war es Onkel Friedel
er konnte leider nur ein paar Minuten
bleiben denn er musste noch an dem selben
Abend nach London fahren. Von Daniel
Weil bekam ich auch ein Päckchen in dem
er mir Briefmarken, Postkarten und drei
Schilling schickte. er legte einen Brief
bei in dem er schrieb, dass er mich gegen
Frühling besuchen wollt und wenn ich
was bräuchte soll ich mich nur an ihm
wenden. Wie geht es denn in Wangen und
ist Gert und Hannelore noch in Wangen
wenn ja, grüsse sie von mir, ~~sage~~ Nun will ich
Dir ein bisschen von Leben und lernen hier in
der Schule erzählen. Morgens um halb Acht
wird aufgestanden dann waschen, Betten

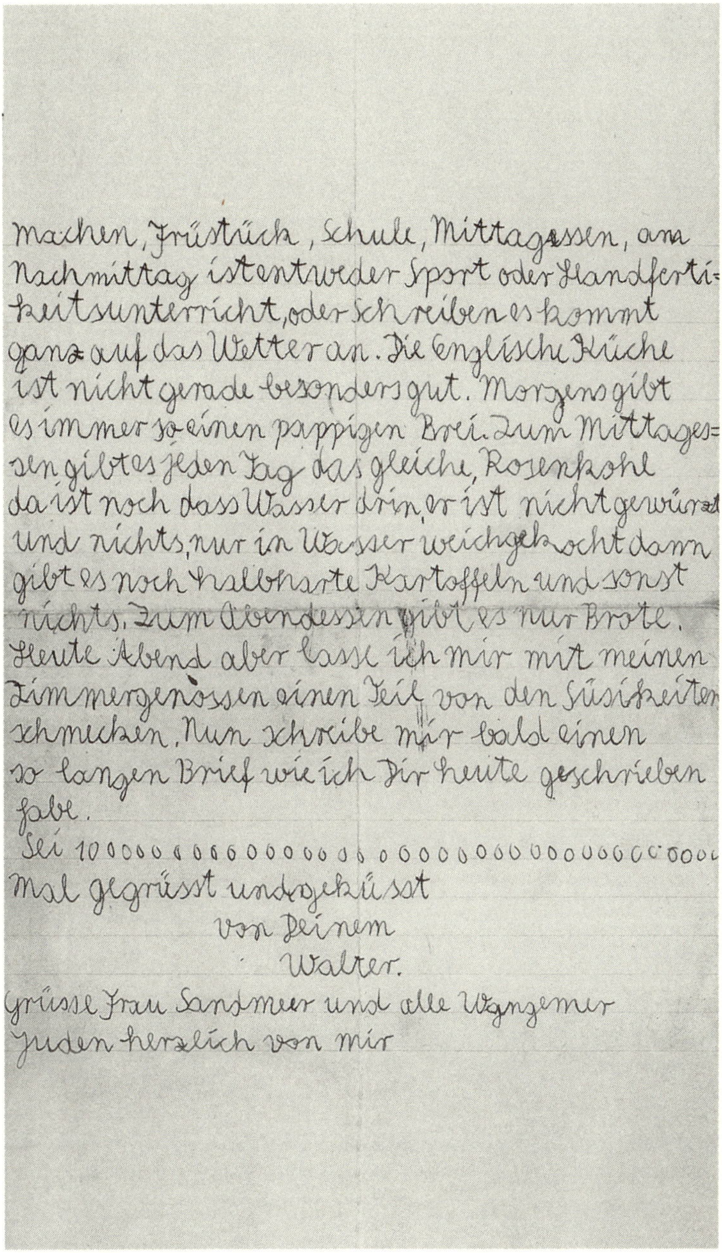

machen, Früstück, Schule, Mittagessen, am
Nachmittag ist entweder Sport oder Handferti-
keitsunterricht, oder Schreiben es kommt
ganz auf das Wetter an. Die Englische Küche
ist nicht gerade besonders gut. Morgens gibt
es immer so einen pappigen Brei. Zum Mittages=
sen gibt es jeden Tag das gleiche, Rosenkohl
da ist noch dass Wasser drin, er ist nicht gewürzt
und nichts, nur im Wasser weichgekocht dann
gibt es noch halbharte Kartoffeln und sonst
nichts. Zum Abendessen gibt es nur Brote.
Heute Abend aber lasse ich mir mit meinen
Zimmergenossen einen Teil von den Süsikeiten
schmecken. Nun schreibe mir bald einen
so langen Brief wie ich Dir heute geschrieben
habe.
Sei 10000000000000000000000000000000000000
Mal gegrüsst und geküsst
von Deinem
Walter.
Grüsse Frau Sandmeer und alle Wangemer
Juden herzlich von mir

Walters Brief vom 23. Januar 1939 an seine »allerliebste Mami«

dessen Mutter Paula eine gute Köchin ist, schmeckt die fade Kost nicht. In einem seiner ersten Briefe, die er seiner Mutter nach Deutschland schickt, schreibt er enttäuscht: *Die Englische Küche ist nicht gerade besonders gut. Morgens gibt es immer so einen pappigen Brei. Zum Mittagessen gibt es jeden Tag das gleiche, Rosenkohl da ist noch das Wasser drin. Er ist nicht gewürzt und nichts, nur in Wasser weich gekocht dann gibt es noch halb harte Kartoffeln und sonst nichts. Zum Abendessen gibt es nur Brote.*

Die ersten Tage im Ferienlager vergehen im Flug. Freiwillige Hilfskräfte geben den Kindern ihre ersten Englisch-Stunden. Die Tischtennisplatten und Dartscheiben werden belagert, und an den Nachmittagen lernen die Jungen und Mädchen englische Tänze wie den Lambeth's Walk. Doch wenn sie zum Schlafen in die eisigen Häuschen gehen und es still wird im Lager, steigt in vielen das Heimweh hoch. Walter teilt sich mit drei anderen Jungen eine Hütte. »*Ich hatte einen winzigen Stoffhund dabei, nicht größer als meine Hand – den hatte mir mein Großvater Moritz Bloch geschenkt. Das Plüschfell war schon ganz abgewetzt, aber ich wollte ihn unbedingt mitnehmen. Sonst hatte ich kein Spielzeug, weil jedes Kind nur einen kleinen Koffer aus Deutschland herausbringen durfte. Am Abend habe ich den Hund mit ins Bett genommen, und die anderen Jungen machten Witze über mich. Aber ich wollte etwas von zu Hause im Arm haben und spüren. Im Dunkeln habe ich viel an meine Mutter gedacht, und ich wusste, sie denkt auch an mich.*«

Unter der schneidenden Kälte, die in den Januarnächten an der Ostküste herrscht, leiden alle Flüchtlingskinder im Dovercourt Holiday Camp. Die zugigen Hütten bieten kaum Schutz vor dem Wind, der direkt aus Sibirien kommt. Der Winter des Jahres 1939 ist in England einer der kältesten des Jahrhunderts. »*Die Hütten waren wirklich nur etwas für Sommerfrischler. Am Abend bekam jeder von uns eine Wärmflasche, aber das half nicht viel. Wir gingen mit all unseren Kleidern ins Bett, aber schon nach wenigen Minuten wurden unsere Hände und Füße zu Eis – und so blieb das dann die ganze Nacht über. Wenn wir dann am nächsten Morgen steif gefroren unter der*

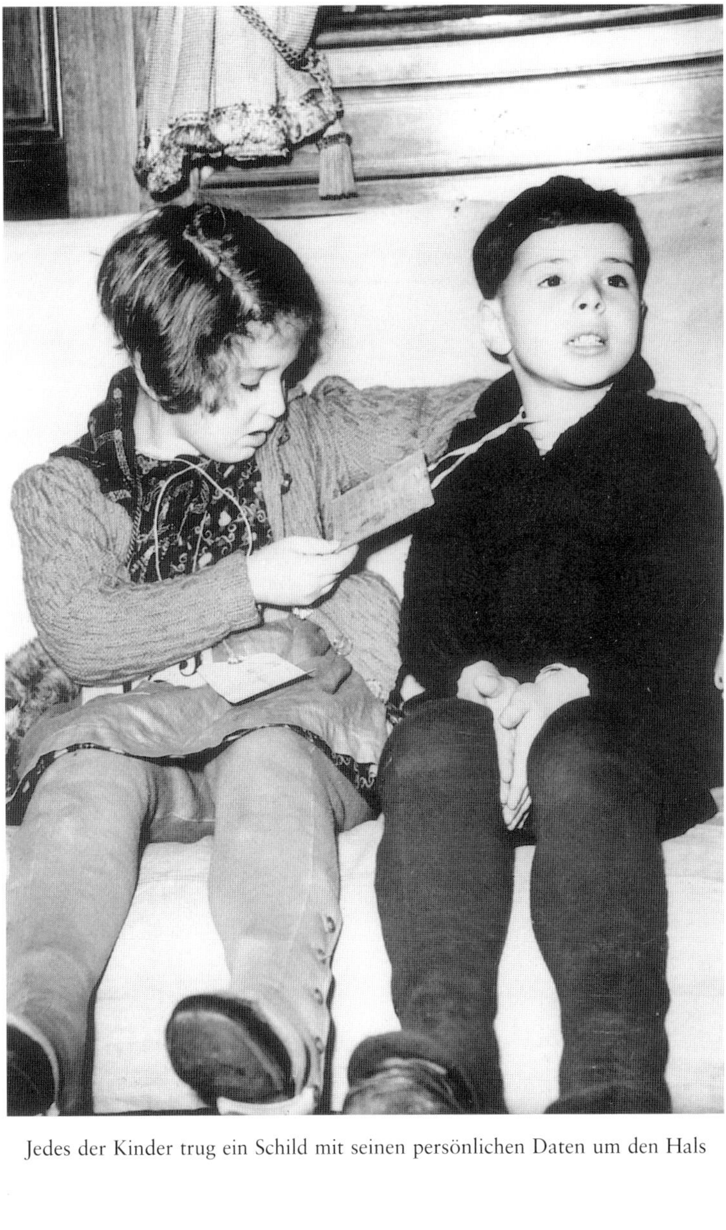

Jedes der Kinder trug ein Schild mit seinen persönlichen Daten um den Hals

Ankunft im englischen Harwich

Ärztliche Untersuchung der Kinder

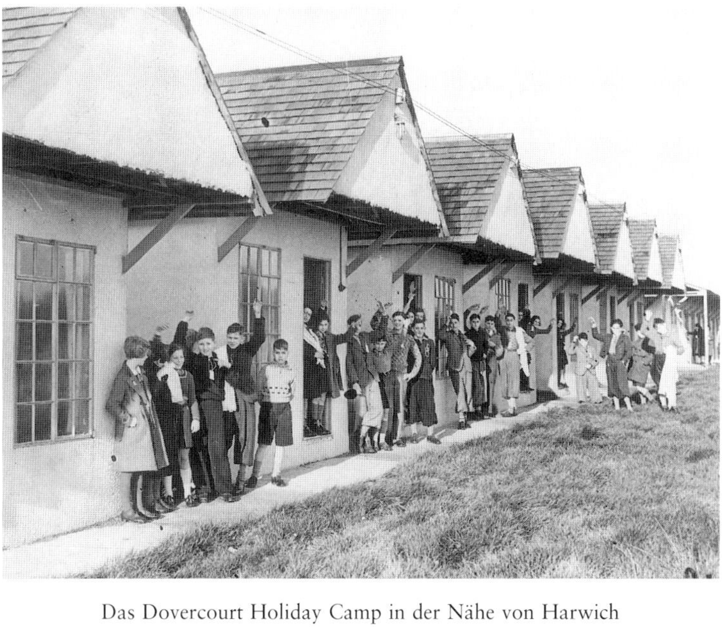

Das Dovercourt Holiday Camp in der Nähe von Harwich

Erste Schritte auf englischem Boden

dünnen Decke hervorkamen, rannten wir herum und ruderten mit den Armen. Es war wirklich bitter, bitter kalt und wir wussten eigentlich nicht, wie jetzt alles weitergehen soll.«

Kurz darauf besuchen potentielle Pflegeeltern das Ferienlager; viele Kinder werden ausgesucht und von den Fremden mitgenommen. Andere – besonders die etwas Älteren – sind für niemanden von Interesse und bleiben enttäuscht zurück. Walter gehört zu den Glücklichen, die das eisige Lager schon nach wenigen Tagen verlassen können. Er hat einen Platz auf dem Internat Bunce Court bekommen, und eines Morgens sammelt ein junger Engländer alle Kinder ein, die für die Schule bestimmt sind. Ein Bus bringt das Grüppchen nach Kent in den Süden Englands. Die Schule ist in einem prächtigen Herrenhaus untergebracht. *»Die Schule lag zwischen sanft geschwungenen Hügeln, und alles war tief verschneit. Jemand erzählte uns, dass der Boden dort sehr fruchtbar ist. In Kent wurde damals vor allem Hopfen angebaut, und im Herbst kamen viele ärmere Leute aus dem Londoner East End zur Hopfenernte. Dort arbeiteten sie dann gegen Kost und Logis in den Feldern; das war ihre Art von Urlaub. Weil die Landschaft so schön war, hatten einige der wohlhabendsten Engländer dort ihre Landhäuser errichtet. Bunce Court lag etwas abgelegen zwischen den Feldern; nur ein schmaler Weg führte zu dem Haus.«*

Die Direktorin Anna Essinger bemüht sich, nach dem Beginn der Kindertransporte möglichst viele Flüchtlinge aus Deutschland als Schüler aufzunehmen. Da die Schule schon bald zu klein wird, mietet sie ein weiteres Haus in dem Dorf Chilham. Dort wohnen die jüngeren Kinder – unter ihnen auch Walter Bloch. *»Das Dorf war wie aus einem Märchenbuch, auf Englisch würde man sagen: a picture postcard village. Rund um den romantischen Marktplatz standen alte Fachwerkhäuschen, und im Sommer waren die Fenster und Vorgärten voller Blumen. Es gab sogar ein richtiges Schloss! Wir waren nur ein kleines Grüppchen und lebten dort wie eine Familie. Eine Hausmutter kümmerte sich um uns. Sie war eine junge Waliserin und hieß Gwyn Badsworth, besonders die Jungen verehrten sie sehr. In meiner Erinnerung ist sie eine wunderschö-*

ne Frau mit langem, hellblonden Haar und einer sanften Stimme. Sie war unglaublich nett, obwohl sie mir schon etwas alt erschien – vielleicht war sie damals Mitte zwanzig?«

Die Einwohner in dem verschlafenen Dörfchen Chilham empfangen die Flüchtlingskinder aus Deutschland sehr warmherzig. Nachdem viele englische Zeitungen und die BBC über das Schicksal der jüdischen Kinder berichtet hatten, werden die Schüler von etlichen Familien zum *afternoon tea* eingeladen. Die Hausmutter Gwyn Badsworth tut ihr Bestes, um den Kindern die Grundzüge englischer Etikette einzuflößen. »*Die Leute waren wirklich sehr nett zu uns. Gwyn schärfte uns vorher ein, dass wir gute Manieren zeigen sollten. Wenn wir dann in diese Stuben kamen, sah alles so vornehm aus, mit herrlichen antiken Möbeln und Gemälden. Da waren die offenen Kamine, und überall im Zimmer funkelte das polierte Messing. Gwyn hatte uns gesagt, dass wir ganz gerade sitzen sollen, und dass wir beim Teetrinken den kleinen Finger abspreizen müssen. Das haben wir dann auch versucht. Außerdem ermahnte uns Gwyn, bloß nicht alles auf einmal runterzuschlingen; sie fand es vornehmer, langsam zu essen.*«

Um das neue Jahr 1939 zu feiern, lädt der Schlossherr Sir Edmund Davis alle Kinder im Dorf zum Tee ein. »*Das war anscheinend eine alte Tradition in Chilham, und wir waren auch eingeladen. Ich war noch nie zuvor in einem Schloss gewesen und entsprechend aufgeregt. Wir gingen durch ein großes Tor und dann durch den Park, in dem schneebedeckte Skulpturen standen. In einem Saal mit sehr hoher Decke saßen vielleicht zweihundert Jungen und Mädchen an langen Tafeln. Die Frauen des Dorfes halfen dem Personal beim Servieren; dann wurde um Ruhe gebeten: Sir Edmund Davis und seine Gattin schritten gelassen und würdevoll eine Treppe hinab, und alle Kinder standen auf und klatschten zum Dank. Ich bewunderte diesen grauhaarigen alten Herrn und seine Lady. Ihre Art des Auftretens zeigte, dass sie alle Huldigungen als selbstverständlich betrachteten. Dann zogen sie sich wieder zurück, und wir widmeten uns dem Essen: es gab Kuchen und Jelly, eine Art Wackelpudding.*«

Walter ist beeindruckt von seiner neuen Umgebung, und an

Chilham Castle

den Abenden beschreibt er seiner Mutter, was er erlebt hat. Ende Januar 1939 berichtet er ihr: *Ich war gestern mit noch drei anderen bei einer Englischen Familie zum Tee eingeladen man muss da so furchtbar höflich sein und überall blitzt und blinkt es da ist eim so feierlich zumute.* Dann schreibt er von einem Mann, der alle deutschen Kinder für eine englische Zeitung *fotokrafiert* hat, gefolgt von dem aktuellen Wetter: *Hier bei uns schneit es zur Zeit und es ist immer Abends so kalt im Bett.* Doch dann kommt er zu den Fragen, die ihn am meisten beschäftigten: *Wie steht es denn mit Deiner Auswanderung? Und wie geht es den anderen Wangener Juden?*

Drei Wochen ist es her, dass er sich von seiner Mutter verabschiedet hat. Paula Bloch hatte inzwischen alle Hebel in Bewegung gesetzt, um ihrem Sohn nach England folgen zu können, aber die Ausreisepapiere lassen auf sich warten. Als Erwachsene braucht sie das »domestic permit« – ein Papier, in dem sie erklärt, keine andere Arbeit als die eines Dienstmädchens anzunehmen und dem Staat nicht zur Last zu fallen. Von Deutschland aus bemüht sie sich um eine Stelle in England. Auch Walters Vater Erich bereitet seine Emigration vor – er will sich ein neues Leben in Palästina aufbauen. Seinen Gartenbaubetrieb muss er für einen Spottpreis verkaufen, doch in der Wahl der Käufer ist er noch frei. Erich Bloch vertraut seinen Hof einer Gruppe entlassener Waldorflehrer aus Kassel an; sie alle waren arbeitslos geworden, nachdem die Nationalsozialisten die Waldorfschule hatten schließen lassen.

Kurz nach der pompösen Tea time im Schloss von Chilham wird Walter Bloch sehr krank. Ein Arzt diagnostiziert Scharlach – eine hoch ansteckende Infektion. Der Junge wird in ein Krankenhaus nach Ashford gebracht, wo er viele Wochen lang als einziger Patient auf der Isolierstation liegt. Doch Walter sorgt sich vor allem um seine Mutter Paula. Um sein *herzallerliebstes Mamile* nicht zu beunruhigen, versucht er, in seinem nächsten Brief möglichst harmlos klingende Sätze zu formulieren. *Ich liege zwar im Krankenhaus aber Du brauchst Dich nicht deswegen ängstigen ich habe nichts schlimmes ich bin nur darum im Krankenhaus, dass ich die andern Kinder nicht anstecke denn noch ein Bub hat das selbe wie ich und dieser hat mich angesteckt also Du darfst Dich ja nicht darüber aufregen das musst Du mir versprechen.* Dass ihr Sohn zartfühlend verschweigt, woran er erkrankt ist, wirkt auf Paula Bloch höchst alarmierend. Glücklicherweise folgt dem mysteriösen Schreiben ein Brief der Direktorin von Bunce Court: Anna Essinger kann die Mutter beruhigen. Tatsächlich ist Walter in den besten Händen, und die Schwestern kümmern sich rührend um den Jungen. *»Niemand in diesem Krankenhaus in Ashford sprach deutsch, weder der Arzt noch die Krankenschwester. Und natürlich kam auch niemand zu Besuch, ich war schon ziemlich allein. Aber die Schwestern waren sehr, sehr lieb zu mir. Sie saßen an meinem Bett und haben kleine Zeichnungen gemacht; so haben wir uns dann verständigt. Und dann habe ich jeden Tag ein bisschen mehr Englisch gelernt. How do you do? What would you like to eat? What would you like to play with? – die Schwestern sprachen sehr langsam mit mir. Und nach sechs Wochen wurde ich in eine englische Gastfamilie geschickt, wo ich mich noch einen Monat erholen sollte. Da habe ich dann mit den Nachbarkindern gespielt, und plötzlich – ich kann es gar nicht so beschreiben, auf einmal habe*

Bunce Court

ich alles verstanden und konnte englisch sprechen! Mir war eigentlich kaum bewusst, dass ich eine Fremdsprache lerne, es ist einfach so passiert!«

Im Juni 1939 kehrt Walter nach Bunce Court zurück. Seine Mutter ist immer noch in Deutschland; die bürokratischen Hürden sind nicht leicht zu nehmen. Walter ist besorgt, und wie ihm geht es den meisten Kindern auf der Schule: fast alle sind im Ungewissen über das Schicksal ihrer Eltern. Die Lehrer sind sich ihrer Verantwortung bewusst und bereiten den Kindern ein liebevolles Zuhause. »*Die Schule wurde für viele Kinder wirklich zu einer Familie, und das Verhältnis zwischen Schülern und Lehrern war ungewöhnlich gut. Der Umgang an den anderen englischen Schulen war damals noch äußerst steif und formell, und Prügelstrafen gehörten zum Alltag. Aber unsere Direktorin Anna Essinger vertrat eine sehr progressive Pädagogik, die damals fast Aufsehen erregend war. Jungen und Mädchen wurden dort zusammen unterrichtet, und keinem Lehrer wäre es eingefallen, seine Hand gegen ein Kind zu erheben. Unsere Lehrer waren ziemlich idealistisch. Nachmittags haben wir alle zusammen im Garten gearbeitet oder in der Schreinerei, und weil die Schule nicht so viel Geld hatte, muss-*

ten wir sehr viel mithelfen, auch putzen und Geschirr spülen. Aber das ließ uns noch mehr zu einer Gemeinschaft zusammenwachsen. Einige der älteren Schüler hatten eine Art Amphitheater gebaut, dort gab es dann kleine Aufführungen unter freiem Himmel; das fand ich schön. Im Sommer studierte unser Musiklehrer mit uns die ›Zauberflöte‹ von Mozart ein, und einige Jungen wurden mit Kakao angemalt, um als Mohren aufzutreten. Es musste viel improvisiert werden, aber es war alles sehr lebendig!«

Im August 1939 erreicht Walter Bloch eine wunderbare Nachricht: seine Mutter Paula hat das lang ersehnte Ausreisepapier bekommen. Von München aus fliegt sie nach London – zu der Zeit noch ein kleines Ereignis, für das die Frau ihre letzten Ersparnisse aufwenden muss. Walter bekommt einen Tag schulfrei und trifft seine Mutter in London. Viel Zeit bleibt den beiden jedoch nicht. »*Es war wie ein Wunder, dass sie es noch geschafft hatte. Wir sahen uns in der Wohnung eines Freundes und konnten unser Glück gar nicht fassen. Was war ich froh! Meine Mutter hielt mich ganz fest in den Armen und überhäufte mich mit Fragen. Und ich erzählte ihr alles: über meine Schule, meine Freunde und über die Zeit, in der ich so lange krank gewesen war. Meine Mutter hingegen hielt sich eher zurück. Mein Vater lebte inzwischen in Palästina; er war also in Sicherheit. Doch mein geliebter Großvater Louis weigerte sich zu emigrieren. Obwohl meine Mutter ihn monatelang beschworen hatte, dachte er nicht im Traum daran, seine Heimstadt zu verlassen. Er fand die Ängste seiner Tochter Paula übertrieben. ›Jeder kennt mich, mir passiert schon nichts‹ – das hatte er immer entgegnet. Er war überzeugt, dass einem unbescholtenen Mann kein Haar gekrümmt werde. ›Ich hab immer pünktlich meine Steuern gezahlt!‹ – als ob das später noch geholfen hätte. Und auch Karoline Sandmer, die ehemalige Untermieterin meiner Mutter, wollte nicht mehr auswandern; sie war doch schon über achtzig.«*

Schon Stunden nach ihrer Ankunft muss Paula Bloch weiterreisen; noch am selben Abend wird sie in Birmingham erwartet. Dort tritt sie in einem Arzthaushalt eine Stelle als Dienstmädchen an, während Walter nach Kent zurückkehrt.

Wieder trennen Mutter und Sohn hunderte von Kilometern. Paula Bloch muss für ihren Lebensunterhalt schwer arbeiten, und einen Großteil ihres Lohnes verwendet sie für Walters Schulgeld. »*Von morgens bis abends musste sie putzen und kochen und auf die Kinder aufpassen; sie war das einzige Dienstmädchen und für alles zuständig. In dem Haushalt herrschte eine sehr unpersönliche Atmosphäre. Die Leute behandelten meine Mutter korrekt, sprachen aber kein überflüssiges Wort mit ihr. Denen war wohl kaum klar, was das alles für meine Mutter bedeutete. Natürlich war es das Wichtigste, dass sie noch Deutschland verlassen konnte und in Sicherheit war. Aber in Birmingham kannte sie keine Menschenseele, und wir beide konnten uns höchstens einige Tage im Jahr sehen. Sie verdiente viel zu wenig Geld, um auch nur ein Eisenbahnbillet nach Kent lösen zu können. Mir ging es ja gut auf meiner Schule, ich hatte meine Freunde und sprach schon ganz passabel Englisch. Aber für eine allein stehende Frau von achtunddreißig Jahren war es nicht so leicht, noch einmal völlig von vorne anzufangen. Sie war sehr einsam in Birmingham.*«

Am 1. September 1939 bricht der Zweite Weltkrieg aus. In Bunce Court versammeln sich Lehrer und Schüler um das Radio und hören die Rede des Premierministers Neville Chamberlain. Damit werden die Hoffnungen der meisten Kinder zunichte gemacht, dass ihre Eltern ihnen nach England folgen können. Auch die Kindertransporte werden abrupt eingestellt. Deutschland ist ab sofort Feindesland.

Im Frühsommer 1940 wird Anna Essinger vom englischen Militär dazu aufgefordert, die Schule in Kent zu räumen. Weil die Engländer eine Invasion der Deutschen fürchten, wird es allen Ausländern verboten, sich in den küstennahen Gebieten aufzuhalten. Innerhalb weniger Tage muss ein Ort gefunden werden, an dem die Schule unterkommen kann. Das Kollegium macht sich auf die Suche, und schon bald findet sich etwas. Hohe Ansprüche an ihr neues Domizil dürfen Lehrer und Schüler allerdings nicht stellen. In Wem, einem kleinen Ort in Shropshire, beziehen sie einen reichlich verwahrlosten Landsitz, der seit vielen Jahren leer stand. »*Rund um das Haus*

Anna Essinger (ca. 1974),
im Alter fast erblindet

waren Stallungen – die haben wir erst einmal tagelang geschrubbt und dann zu Schlafsälen ausgebaut. Es musste viel improvisiert werden, aber das machte gar nichts. Wir führten dort ein richtiges Pionierleben! In der Zeit habe ich auch verstanden, dass eine gute Erziehung nichts mit Geld zu tun hat, sondern mit dem, was sich im Kopf abspielt! Neben dem Landsitz war eine Farm; dort halfen wir dem Bauern oft beim Arbeiten. Dafür gab es bei ihm ab und zu ein kleines Festessen. Und als dem Bauern eines Tages ein kleines Kälbchen gestorben war, verlegte unsere Biologielehrerin den Unterricht in den Stall. Denn unsere Lehrer waren sehr unorthodox und versuchten, aus jeder Not eine Tugend zu machen. Da stand sie dann und zerlegte das Tier. Ganz sachlich erklärte sie uns alle Organe, da ist das Herz und da sind die Nieren – das hat sich mir eingeprägt. Und wir haben viel Theater gespielt. Das Bühnenbild und die Kostüme haben wir selbst gemacht. Es war eine sehr interessante und produktive Zeit. Hans Markwald, ein früherer Regisseur und Theaterproduzent, studierte mit uns die Stücke ein. Er hatte lange im spanischen Bürgerkrieg gekämpft und war dann mit seiner spanischen Frau Pepi nach England gekommen. Hans Markwald liebte das Theater leidenschaftlich und brachte uns Shaw und Shakespeare nahe.«

Walters Mutter Paula hat inzwischen ihre freudlose Arbeit in Birmingham verlassen. Durch die Vermittlung einer Freundin, der jüdischen Journalistin und Schriftstellerin Mala Laser, kommt sie in einen äußerst wohlhabenden Haushalt im südenglischen Surrey. Ab sofort arbeiten die Frauen dort zusammen: Mala Laser als Dienstmädchen und Paula Bloch als Köchin. Die Nähe der Freundin ist für Paula ein großer Trost in der Einsamkeit des Exils. Doch die Herrschaften behandeln ihr Personal herablassend. »*Es war wirklich eine unangenehme Stellung. Das Haus war prächtig und von einem weitläufigen Park umgeben, für den ein Gärtner zuständig war. Ein Chauffeur kutschierte den Hausherrn nach London, der dort bei einer großen Bank arbeitete. Für die Erziehung der Kinder war eine Gouvernante zuständig, und dann gab es da noch Mala, meine Mutter Paula und ein sehr junges irisches Mädchen, das ausschließlich die niedrigsten Arbeiten erledigte. Natürlich aßen die Dienstboten nicht zusammen mit den Herrschaften; sie hatten ein kleines Zimmer, wo sie ihre kargen Mahlzeiten einnahmen – kein Vergleich zu den Delikatessen, die meine Mutter jeden Tag für die Dame des Hauses zubereiten musste. An einer Wand des Dienstmädchenzimmers hing eine lange Reihe kleiner Glöckchen – jede von ihnen war einem Raum in der Villa zugeordnet. Hatten die Herrschaften einen Wunsch, konnten sie so bequem auf sich aufmerksam machen, und schon sprang eine der Frauen auf. Die Dame des Hauses misstraute entschieden all ihren Dienstboten. In der Vorratskammer hatte sie jedes Marmeladenglas mit einem Papierstreifen präpariert – so konnte sie akribisch kontrollieren, ob jemand einen Löffel zu viel genommen hatte. Mala Laser war ziemlich rebellisch; sie verabscheute es, ihre Tage als Dienstmädchen zu verbringen. Wenn ich bei meiner Mutter zu Besuch war, saß ich meist im Dienstbotenzimmer, wo Mala grimmige Bemerkungen über die Herrschaften machte; sie wünschte ihnen die Pest an den Hals. Kein Wunder – in Berlin hatte sie als Journalistin gearbeitet und war eine unabhängige Frau gewesen, bevor sie ins Exil gehen musste. Das Bedienen der Herrschaften und das endlose Silber- und Messingpolieren hing ihr zum Hals heraus.*«

Walter sieht seine Mutter weiterhin nur wenige Tage im Jahr – als Dienstmädchen kann sie ihrem Sohn die Fahrkarten nur selten bezahlen. Zudem ist das Reisen mit der Eisenbahn inzwischen etwas beschwerlich geworden. Die englische Regierung hatte angeordnet, die Ortsschilder im ganzen Land abzuhängen oder zu überstreichen. Damit soll den Deutschen im Falle einer Invasion die Orientierung erschwert werden. Doch die Maßnahme sorgt in erster Linie unter den Engländern für Verwirrung. *»Man wusste nie, wo man ist! Wenn der Zug durch einen Bahnhof fuhr, wurden alle Fahrgäste nervös und fragten laut: Wo sind wir hier eigentlich? Ist das jetzt meine Station? – Das hatte schon etwas Absurdes. Abends war es dann fast unmöglich, sich zurechtzufinden, weil wegen der Luftangriffe alles verdunkelt war. Im ganzen Land gab es den Blackout. Die Stimmung war angespannt, und der Gedanke, dass vielleicht schon bald die Nazis in England einfallen könnten, war mehr als unheimlich. Alle hatten Angst davor, und wir Flüchtlingskinder erst recht.«*

Walters Schule ist so abgelegen, dass dort vom Kriegsgeschehen nicht viel zu spüren ist. Selbst zu essen gibt es noch ausreichend. Viele Lebensmittel sind inzwischen rationiert, aber die Lehrer und Schüler bearbeiten die Obst- und Gemüsegärten, die das Herrenhaus umgeben. Aber über das, was sie alle bedrückt, wird kaum gesprochen: Die meisten Schüler bekommen nur noch spärlich Nachrichten von ihren Eltern. Auch Walter Bloch ist in Sorge um viele seiner Verwandten. Von seinem Großvater Louis Friedmann, der sich beharrlich gegen eine Auswanderung gesträubt hatte, fehlt schon lange jedes Lebenszeichen. Dessen Sohn, Walters Onkel Fridolin Friedmann, ist inzwischen nach England emigriert. Er hatte bis kurz vor Ausbruch des Krieges die Kindertransporte begleitet und war erst in letzter Sekunde in England geblieben.

Mit großer Sorge verfolgen die Flüchtlingskinder den Verlauf des Krieges. An den Abenden versammeln sie sich um das Radio, und die Zeitungen, die die Schule abonniert hat, werden von einer Hand zur anderen gereicht. Walter Bloch ist politisch sehr interessiert und gründet einen Diskussionskreis. *»Unsere Schule war sehr abgelegen und das nächste Kino meilenweit entfernt. Damals gab es ja noch vor jedem Film eine Wochenschau, und da kam ich auf die Idee, dass wir Schüler* *die Nachrichten spielen könnten. Also führten wir einmal in der Woche unsere eigene Wochenschau auf, und ich bekam den Spitznamen ›pocket-politician‹. Tatsächlich war mein Englisch inzwischen so gut, dass ich mühelos die gängigen Politiker der Zeit nachahmen konnte. Churchill gefiel mir besonders; ich band mir ein Kissen vor den Bauch und sprach mit rauer Stimme. Damals habe ich sehr viel Radio gehört und konnte ihn daher gut imitieren. Aber ich kam auch als Hitler auf die Bühne, mit angeklebtem Bärtchen und Hakenkreuzbinde. Hitler war leicht darzustellen; der hat ja immer so gebrüllt und hatte ziemlich eindeutige Thesen!«*

Im Herbst 1941 tritt Paula Bloch eine weitere Station auf ihrer Odyssee als Dienstmädchen an. Sie kommt in das walisische New Cross, ein kleines Dorf in der Nähe von Aberystwyth, um dort bei dem Schriftsteller Caradoc Evans und seiner ebenfalls schreibenden Gattin Marguerite zu arbeiten. Caradoc Evans ist ein cholerischer Zeitgenosse, der giftsprühende Essays über die Waliser verfasst und zu den meistgehassten Männern seines Landes gehört. Seine exaltierte Gattin Marguerite hingegen entwirft kitschige Liebesromane und wird von ihrer – überwiegend weiblichen – Leserschaft verehrt. Ihre schnell geschriebenen Werke veröffentlicht sie unter einem männlichen und einem weiblichen Pseudonym: Oliver Sands und Komtess Barcynsca. Caradoc und Marguerite Evans führen eine melodramatische Beziehung; Tränenausbrüche und Morddrohungen gehören zum Alltag. Paula Bloch, die die einzige Angestellte ist, wird nach jedem Streit zu einer Stellungnahme aufgefordert – von beiden Seiten. »*Es war ein bizarrer Haushalt. Meine Mutter schrieb mir, dass die ›Komtess‹ oft schreiend in ihr Dienstmädchenzimmer stürmte und sie darum bat, Zeugin eines niederträchtigen Mordes zu werden. Ihr Gatte wollte sie – mal wieder – töten. Kurz darauf löste sich alles in Wohlgefallen auf – bis zum nächsten Streit. Es war wie in einem schlechten Theaterstück! Meine Mutter musste sehr hart arbeiten. In jedem Zimmer gab es einen großen Kamin, und sie verzweifelte jeden Morgen aufs Neue, bis sie in der Eiseskälte auch nur ein mickriges Feuer entfacht hatte. Sie musste putzen und kochen, und leider hatte Caradoc Evans sehr eigenwillige kulinarische Vorlieben. Damals galten ausgekochte Schafsköpfe in Wales als eine Delikatesse. Meine arme Mutter schüttelte sich vor Ekel, wenn sie mit bloßen Händen all diese Scheußlichkeiten zubereiten musste.«*

Caradoc Evans erweist sich als ein hysterischer und unberechenbarer Hausherr. Eines Morgens teilt er Paula Bloch in überlegenem Tonfall mit, dass er sie durchschaut habe: sie arbeite als Spionin für die Nazis und gebe geheime Leuchtzeichen an die deutschen Bomber. Paula Bloch ist fassungslos: sie hatte am Abend nur eine Kerze in das Fenster gestellt. *»Meine arme Mutter erinnerte vergeblich daran, dass sie schließlich vor den Nazis geflohen sei – aber es war sinnlos. Caradoc Evans hatte sie allen Ernstes bei der Polizei angezeigt. Meine Mutter musste sich einem Tribunal in Lampeter stellen; sie war völlig aufgelöst vor Angst, und ich sah meine Mutter schon im Gefängnis sitzen. Zum Glück wurde sie nicht verurteilt, aber die dauernde Anspannung zermürbte sie. Von Caradoc kam kein Wort der Entschuldigung – im Gegenteil. Als meine Mutter kurz darauf seinen Toast anbrennen ließ, kündigte er an, er werde den Vorfall dem Innenminister schreiben; eine derartige Verschwendung von Lebensmitteln sei in Kriegszeiten nicht zu dulden.«*

Jeden Abend schreibt Paula Bloch grimmig in ihr Tagebuch. Sie lädt all ihren Zorn in den Aufzeichnungen ab, die sie später an Walter weiterreicht. Im Januar 1942 notiert sie: *Nachdem ich fast endlos Wäsche gewaschen habe, trat ich wieder meinen vergeblichen Kampf mit meinen Feinden, den Kaminen, an. Zugegeben, ich bin ein hoffnungslos schlechter Heizer. Caradoc beobachtete mich mit hochgezogener Augenbraue. Schließlich setzte er zu einer zynischen Rede an. In mir loderte die Flamme des Zornes auf – doch im Kamin tat sich leider nichts. Also begann er, mit teuflischer Lust in der Glut zu stochern. Schnell knisterte ein helles Feuer im Kamin. Ich dachte mir im Stillen, dass dieser Schürhaken sinnvoller eingesetzt werden könnte, – dann nämlich, wenn er zwischen den Rippen von Caradoc Evans steckt!*

Als Caradoc Evans im Radio einen Bericht über die deutschen Soldaten in Russland hört, kocht sein Hass auf die Deutschen hoch. Paula Bloch ist ihm wieder ein willkommenes Opfer. Am Abend bringt sie alle seine Anschuldigungen zu Papier und zitiert ihn: *»Ihr solltet alle gehängt oder erschossen werden – alle, ohne Ausnahme! Ihr Bruder würde doch jedes Kind zu Tode foltern, wenn es nur in seiner Macht stünde!«* Dann erklärt Paula Bloch in ihrem Tagebuch das, was ihr bösartiger Hausherr nicht imstande ist wahrzunehmen: *Mein Bruder hat sein Leben und seine Freiheit aufs Spiel gesetzt, als er immer wieder zurück nach Deutschland ging, um Kinder vor den Nazis zu retten und nach England zu bringen.* Die wüsten Anschuldigungen sind für sie kaum noch zu ertragen, zumal sie in größter Sorge um ihren Vater Louis ist. Schon lange hat sie keine Nachricht mehr von ihm erhalten, und die völlige Ungewissheit über sein Schicksal bedrückt sie immer mehr. Ihr Tagebucheintrag vom 7. Januar 1942 schließt mit den Worten: *Mein Frühstück habe ich unter Tränen und mit wehem Herzen gegessen – oder besser: nicht gegessen, denn ich bekam keinen Bissen mehr hinunter.*

Auch Marguerite Evans ist launisch und aufbrausend. Sie bürdet Paula Bloch nicht nur Unmengen von Arbeit auf, sondern lässt sie auch ihre täglich wechselnden Stimmungen spüren. Am 12. Januar 1941 notiert Paula Bloch grimmig: *Heute habe ich beim Bügeln ein Loch in einen ihrer Seidenstrümpfe gebrannt. Der Verlust einer lebendigen Kreatur hätte keinen größeren Aufschrei provozieren können! In meiner zitternden Furcht habe ich ihr ein nagelneues Paar Schuhe von mir als Entschädigung angeboten; die hatte ich noch aus Deutschland mitgebracht und nie getragen. In meinem Schrecken legte ich noch all meine Kleidercoupons dazu. In dieser walisischen Wildnis habe ich dafür sowieso keine Verwendung mehr.*

Doch das alles wird nebensächlich, als sie im Jahr 1943 eine bittere Nachricht erreicht. Ein Vetter, dem die Auswanderung in die Schweiz gelungen war, schreibt ihr in knappen Worten, dass ihr Vater Louis Friedmann im Konzentrationslager Theresienstadt gestorben ist. *»Auf der Karte stand: ›Unser guter Louis ist jetzt erlöst.‹ Erst nach dem Krieg erfuhren wir, wie sehr mein Großvater gelitten hatte. Als er in das KZ kam, war* *er ein Mann in den späten Siebzigern. Er bekam kaum etwas zu essen und musste jede Nacht auf dem kalten Steinfußboden schlafen, bis er sehr krank wurde. Es ist unfassbar für mich, dass mein lieber Großvater auf so eine erbärmliche Weise ums Leben gekommen ist. Er war so ein warmherziger und gutmütiger Mensch. Und jetzt gibt es nicht einmal ein Grab, das wir besuchen könnten.«*

Als der Krieg 1945 endlich zu Ende ist, entscheiden sich Paula und Walter Bloch dagegen, nach Deutschland zurückzukehren – außer zu kurzen Besuchen. Walter Bloch besteht das School Certificate, das ihm die Einschreibung an einer englischen Universität ermöglicht. Tagsüber arbeitet er als Laborassistent, und abends studiert er an einem Technikum Chemie. Seine Mutter Paula beendet ihr Dasein als Dienstmädchen und wird Krankenschwester in einem Heim für geistig Behinderte. Ihr Bruder Fridolin Friedmann leitet nach dem Krieg ein Übergangsheim in Wintershill Hall bei Southhampton. Dort unterrichtet er Kinder und Jugendliche zwischen zehn und achtzehn Jahren, die die Haft in den Konzentrationslagern der Nationalsozialisten überlebt haben.

Einige Monate nach Ende des Krieges erfahren Paula und Fridolin alles über das Schicksal ihrer Schwester Gretel. Sie war vier lange Jahre in ihrer Heimatstadt München untergetaucht. *»Im Herbst 1941 hatte spätabends ein Nachbar bei ihr geklingelt, der bei der Gestapo arbeitete. Er sagte, dass sie ab sofort nicht mehr ihre Wohnung verlassen dürfe. Ihr Name stand auf einer Deportationsliste, aber dieser Mann hatte ihn wieder ausgestrichen. ›Von jetzt ab existieren Sie nicht mehr!‹ – so hatte er sich ausgedrückt. Meine Tante Gretel hat seit dem Abend ihre Wohnung nicht mehr verlassen – fast vier Jahre lang! Versorgt wurde sie in dieser Zeit von den nichtjüdischen Nachbarn. Es war bemerkenswert: in dem Haus wusste jeder Bescheid, und alle haben sie geschwiegen.«*

Doch viele Freunde und Bekannte der Blochs hatten weniger Glück. Karoline Sandmer, die jüdische Witwe, die zusammen mit Paula und Walter Bloch in Wangen gewohnt hatte, war inzwischen in einem Konzentrationslager gestorben. Und Heidi Bloch, die Halbschwester von Erich Bloch, wurde Opfer

Walter Bloch kurz nach Ende des Krieges

des Euthanasieprogramms »T4«. Im Alter von nur zwanzig Jahren wurde die junge Frau in einem deutschen Pflegeheim ermordet, weil sie nach einer Hirnhautentzündung eine geistige Behinderung entwickelt hatte.

Walters Vater Erich Bloch, der die Kriegsjahre in Palästina verbracht hatte, kehrt dennoch nach Deutschland zurück. Er verbringt seinen Lebensabend in seiner Heimstadt Konstanz, engagiert sich für die neuerstehende jüdische Gemeinde und sucht als Zeitzeuge das Gespräch mit der jüngeren Generation. Er stirbt im Alter von 96 Jahren.

Walter Bloch wohnt seit einigen Jahrzehnten in den englischen Midlands. In einer kleinen Stadt unweit von Oxford lebt er mit seiner zweiten Frau, der englischen Autorin und Verlegerin Ruth Isabella Johns. Nach München ist Walter Bloch nur besuchsweise zurückgekehrt. *»1950 war ich das erste Mal wieder in München, da war die Stadt noch voller Ruinen. Eine Auseinandersetzung mit dem Nationalsozialismus gab es damals nicht. Mit wem man auch sprach: kein Mensch hatte Hitler jemals gewollt, keiner hatte ihn je gewählt oder ihm gar zugejubelt. Das war schon sehr auffallend. Andererseits: wenn das Wort Jude fiel, wurden sie alle sehr distanziert. Davon wollte niemand mehr etwas hören. Also, ich fühle mich überhaupt nicht als Deutscher, nein. England hat mir das Leben gerettet, ich habe hier studiert und gearbeitet; was Kultur und Sprache betrifft, bin ich völlig assimiliert. In Deutschland fühle ich mich nicht besonders wohl. Es ist einfach zu viel passiert. To much history ... Um ehrlich zu sein: jedes Mal, wenn ich nach England zurückfahre und vom Schiff aus die weißen Kliffs von Dover sehe, denke ich: Thank God! I'm back! Das ist ein richtiges Aufatmen – auch heute noch!«*

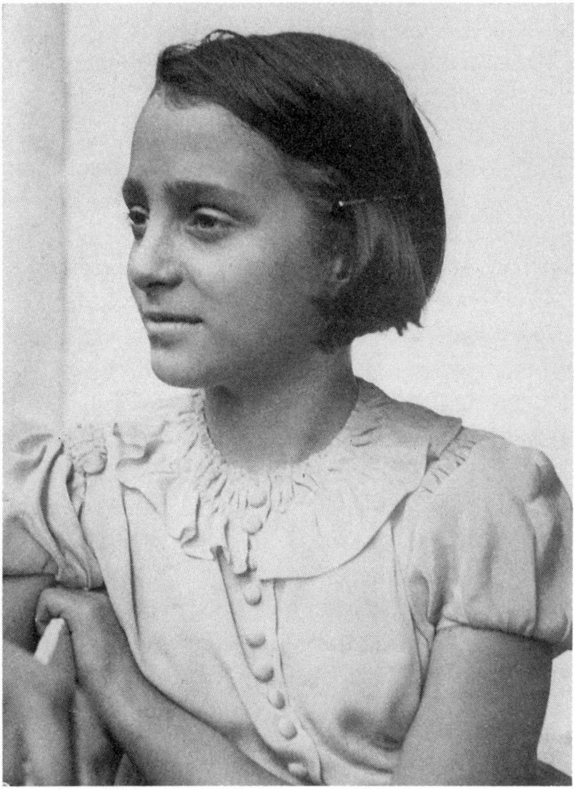

»Der olle Hitler soll sterben!«

Eva Heymann,
geboren 1925 in Berlin

»Wenn ich mir vorstelle, dass ich meine vierzehnjährige Tochter in die Fremde schicken sollte, angesichts eines drohenden Krieges ... ich glaub, ich wär verrückt geworden! Und deshalb bin ich meinen Eltern so außerordentlich dankbar, dass sie in der Lage waren, dieses Opfer zu bringen. Denn ein Opfer war es ganz bestimmt.«

Eva Heymann kommt als einziges Kind eines jüdischen Vaters und einer protestantischen Mutter zur Welt. Max Heymann arbeitet als Kaufmann an der Berliner Getreidebörse, nachdem er sein Fach auf langjährigen Reisen durch die Ukraine, Rumänien, China und die Mandschurei erlernt hatte – ein weit gereister Mann von humanistischer Bildung, der sich mit der deutschen Kultur verbunden fühlt. *»Er war sehr belesen, verehrte Heine, Goethe und Schiller; aber noch wichtiger schien ihm die Musik zu sein, eine Liebe, die er mit meiner Mutter teilte. Ich erinnere mich an zahllose Abende, an denen er sie am Klavier begleitete. Sie hatte einen jugendlich-dramatischen Sopran, und ich liebte ihre Stimme. Wie oft hatte ich mich noch spätabends aus dem Bett geschlichen, um hinter der Tür zu lauschen. Schubert, Brahms und Schumann – das war der Klang meiner Kindheit.«*

Eva zeigt schon früh eine große Musikalität. Mit Begeisterung besucht sie jede Woche eine Jugendmusikschule; dort fällt den Lehrern auf, dass das Mädchen offenbar die schöne und ausdrucksvolle Stimme der Mutter geerbt hat. Doch eines Tages erlebt sie eine tiefe Enttäuschung. *»Ich seh es noch vor mir, wie mein Vater in die Küche kam – meine Mutter stand gerade am Herd – und mich in den Arm nahm. Mit bekümmerter Miene erklärte er mir: ›Evchen, du kannst nicht mehr in den Chor gehen. Man hat dich herausgeschmissen, weil dein Vater Jude ist.‹ Dabei hatte bei uns zu Hause Religion faktisch*

Max und Elisabeth Heymann mit ihrer Tochter Eva, Berlin 1925

keine Rolle gespielt, weder die christliche noch die jüdische. Wir haben zwar jedes Jahr Weihnachten gefeiert, mit einem geschmückten Christbaum und vielen Geschenken. Aber für uns war es einfach eine schöne Familienfeier, bei der der ursprüngliche Sinn in den Hintergrund trat.« Nach den Nürnberger Rassegesetzen jedoch gilt Eva als ein sogenannter Mischling ersten Grades. *»Ein totaler Blödsinn, schon allein deshalb, weil im Judentum nur der als Jude gilt, der eine jüdische Mutter hat. Und so etwas wie einen Halb- oder Vierteljuden gibt es schon mal gar nicht.«*

Bald kommen ernsthafte existenzielle Sorgen auf die Familie zu: Max Heymann darf als Jude nicht mehr an der Getreidebörse arbeiten. Nun lastet alle Verantwortung auf seiner Frau, die als Schneidermeisterin einen Modesalon führt und dort bis in die Nacht hinein hart arbeiten muss. Als Kaufmann findet Max Heymann keine Arbeit mehr; er muss schließlich für einen kargen Lohn eine Stelle als Hausverwalter annehmen. Doch sein Judentum zu verleugnen kommt für ihn nicht in Frage – erst recht nicht nach der Machtergreifung Hitlers im Jahr 1933. *»Er sagte immer, er werde nicht das sinkende Schiff verlassen. Und er begann, mir von den Traditionen des jüdischen Volkes zu erzählen. Er zeigte mir seine ledernen Gebetsriemen – die Tefillin – und den Gebetsschal. Er erklärte die Bedeutung dieser Dinge, die ich zuvor nie gesehen hatte. Es war ihm einfach wichtig, dass ich meine historischen Wurzeln kennen lerne – fernab jeder Religion.«*

Auf dem Schulweg wird Eva Heymann immer öfter beleidigt: die Kinder plappern die Bosheiten ihrer Eltern nach. *»Ich erinnere mich an eine Situation, wo ein Mädchen mir auf der Straße hinterher rief: Blödes Judenmädel oder etwas in der Art. Ich war 'ne große Kämpferin, packte sie am Hals und hielt sie im Schwitzkasten, bis sie sich losriss und wegrannte. Als ich das zu Hause am Mittagstisch erzählte, waren meine Eltern völlig verstört. Wie kannst du nur so etwas tun?? Wie konnte das geschehen? Sie hatten einfach Angst um mich.«*

Eva Heymann
in Berlin-Grunewald, 1930

Hinzu kommt die bedrückende Erfahrung, dass der vermeintlich große Freundeskreis der Familie merklich zusammenschrumpft: alte Bekannte lassen nichts mehr von sich hören, Einladungen werden mit fadenscheinigen Begründungen abgelehnt; schließlich klingelt das Telefon im Hause der Heymanns kaum noch. Eva fühlt sich einsam; nach der Schule sitzt sie meist allein am Klavier. Um ihr eine Freude zu machen, lädt ihre Mutter sie in die Staatsoper ein. Auf dem Programm steht Evas Lieblingsoper, Mozarts »Entführung aus dem Serail«. »*Ich war das erste Mal in der Oper und war vollkommen fasziniert und aufgeregt. Als die Lichter ausgingen und ich voller Vorfreude im Dunkeln saß, erhob sich plötzlich irgend so ein Parteibonze in der Königsloge und machte eine Ansage: Alle Juden sollen das Theater verlassen. Meine Mutter drückte mich und flüsterte: Bleib sitzen! Bleib sitzen; und wir sind sitzen geblieben. Und im ganzen Publikum kein Muckser! Nicht, dass sich da jemand gewehrt hätte. Das ist so eine richtige Horror-Erinnerung für mich. Es war eine Maßnahme, um den allerletzten Schmutz rauszukehren sozusagen; die allerletzten Krümel von Juden sollten auch noch verschwinden. Aber das war ja nur Schikane – das war ja nicht das Allerschlimmste.*«

Nach der Reichspogromnacht leeren sich die Reihen in der jüdischen Privatschule, die Eva inzwischen besucht. »*Immer mehr Familien gingen weg. Die einen gingen nach Chile, die anderen nach Argentinien, einige nach Schanghai. Zum Schluss blieben nicht mehr viele Kinder übrig, und ich war einsamer denn je.*« Inzwischen wird Evas Mutter massiv unter Druck gesetzt. Die Deutsche Arbeitsfront fordert sie auf, sich von ihrem Mann scheiden zu lassen, andernfalls werde ihr Modesalon, in dem nur Nichtjüdinnen arbeiten, geschlossen. Es sei nicht zu verantworten, die »arischen« Gesellinnen der Gegenwart eines Juden auszusetzen, das Risiko der »Rassenschande« sei zu groß. Eine Scheidung lehnt Elisabeth Heymann zwar ab, dafür aber zieht ihr Mann aus der gemeinsamen Wohnung aus. Er nimmt sich ein möbliertes Zimmer zur Untermiete. Nur noch nachts wagt er, seine Frau und seine Tochter zu besuchen.

Und dennoch entscheiden sich Evas Eltern gegen eine Emigration. Elisabeth Heymann fühlt sich allen Demütigungen zum Trotz in ihrer Heimatstadt Berlin zutiefst verwurzelt. Die Vorstellung, ihre Muttersprache aufzugeben und in der Fremde ein neues Leben aufzubauen, macht ihr Angst. Max Heymann jedoch, der Klarsichtigere von beiden, rechnet mit Krieg. Als er von der Möglichkeit hört, Kinder ohne Begleitung der Eltern nach England zu schicken, besteht er darauf, Eva für einen Transport anzumelden. Seine Frau protestiert nur schwach – zu sehr hatte sich die Lage inzwischen zugespitzt. Entfernte Verwandte der Heymanns überreden ein englisches Musikerpaar dazu, das Mädchen aufzunehmen, aber es vergehen noch viele bange Monate, bis Eva einen Platz auf dem Kindertransport bekommt. Ihr Zug fährt am 21. Mai 1939 – einen Tag nach ihrem 14. Geburtstag. »*Weil ich mir zum Abschied noch etwas wünschen durfte, gab es Maibowle. Am Abend saßen wir zusammen im Wohnzimmer bei meiner Tante Anni, und ich habe eigentlich überhaupt nicht begriffen, was da auf mich zukommt. Ich war neugierig und ziemlich aufgekratzt. Für meine armen Eltern muss es eine Qual gewesen sein. Aber sie versuchten beide, sich nichts anmerken zu lassen.*«

Am nächsten Tag fährt die Familie zum Stettiner Bahnhof. Wie die anderen Kinder hat auch Eva jetzt ein Pappschild mit einer Nummer um den Hals. »*Kurz vor der Abfahrt drückte mir mein Vater eine winzige Ausgabe von Goethes ›Hermann und Dorothea‹ in die Hand; das war wie eine Art Vermächtnis. Und bevor ich in den Zug stieg, sagte er noch: ›Evchen, wenn du die ersten schwarz-weißen Kühe entdeckst und die braun-weißen nicht mehr zu sehen sind, dann bist du in Holland!‹ – Als dann tatsächlich die ersten schwarz-weißen Kühe auf der Wiese standen, lehnte ich mich aus dem Fenster und schrie aus Leibeskräften: ›Der olle Hitler soll sterben!‹ In dem Augenblick öffnete ein Zollbeamter die Tür, und ich zuckte vor Schreck zusammen. Ich dachte, jetzt werd ich festgenommen. Aber der Mann hatte wohl nichts gehört.*«

Dreißig lange Stunden dauert die Fahrt, bis die Kinder mit einigen Begleitern endlich London erreichen. Eva sitzt zwischen vielen anderen Mädchen auf einer Holzbank. Sie ist todmüde und hungrig. »*Wir warteten und warteten, und ein Kind nach dem anderen wurde abgeholt. Und ich – saß und saß und saß … Nach einer Weile krampfte sich mein Herz zusammen, und ich dachte: So, jetzt ist es aus. Jetzt bleibst du hier sitzen. Die haben dich vergessen! Doch plötzlich kam ein furchtbar nett aussehender Herr rein, und ich dachte: Oh! Wenn das doch John Francis wäre! Der sieht ja genauso aus wie mein Kla-*

Der Pflegevater John Francis

vierlehrer – für den ich damals sehr schwärmte. Und dann war das tatsächlich John Francis! Da wurde ich auch noch aufgesammelt!«

Eva ist entzückt von dem gut aussehenden Herrn mit dem schmal geschnittenen Gesicht und den klugen Augen. In einem schwarzen Rover fahren beide durch London. »*Es war fürchterlich Besorgnis erregend zu sehen, wie der ganze Verkehr irgendwie verquer lief und jeder auf der falschen Seite fuhr ... Mein Pflegevater war ein sehr praktischer Mann; nach ein paar Tagen sagte er mir: So, du fährst jetzt mit dem Rad zur Schule. Ich dachte, das kann ich nie! Immerhin war auch damals schon sehr viel Verkehr auf der Straße, aber es ging dann doch ganz gut.«*

Das Paar wohnt in Streatham im Südwesten von London in einem kleinen Reihenhaus. Zu ihrer großen Freude bemerkt Eva, dass auch ihr neues Zuhause voller Musik ist: John Francis ist in London ein namhafter Flötist und arbeitet als Musiker bei der BBC; seine Frau Millicent ist Pianistin. Eva bekommt ein hübsches Zimmer für sich allein. Vor ihrem Fenster blüht eine mächtige, alte Kastanie, in der die Spatzen tschilpen. Am Tag nach ihrer Ankunft wird sie Schülerin in der Streatham Secondary School. In den ersten Wochen verständigt sie sich vor allem durch Zeichensprache. *»Ich fing ja eigentlich bei null an, und für die Mädchen in meiner Klasse war ich sehr exotisch, wie eine Art orientalisches Tier. Auf dem Schulhof schwärmten sie um mich herum und redeten auf mich ein, auch wenn ich kaum etwas verstand. Einige Mädchen meinten wohl, es würde helfen, besonders laut zu sprechen – die haben fast gebrüllt. Natürlich habe ich dadurch nicht mehr verstanden, aber es war doch immerhin sehr nett.«*

In der überschaubaren Schule fühlt sich Eva wohl. Sie ist beliebt und findet schnell Anschluss. Doch als im September

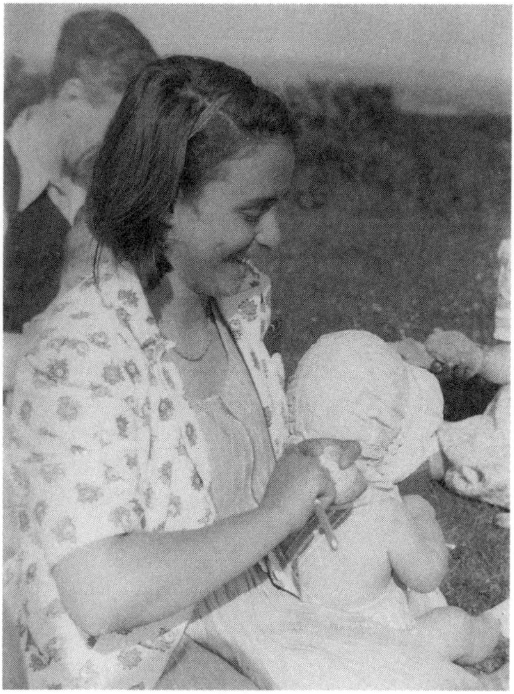

Eva Heymanns erster Sommer in England:
Picknick mit den Pflegeeltern

1939 der Krieg ausbricht, beginnt für Eva eine neue Odyssee. Die Regierung rechnet mit heftigen Luftangriffen der Deutschen; darum werden sofort Tausende Schulkinder auf das Land evakuiert, unter ihnen auch Eva Heymann. Sie muss Abschied nehmen von einer Umgebung, die ihr gerade etwas vertraut geworden war. Evas Schulklasse wird nach Chichester in Sussex verlegt. Die Bewohner des kleinen Städtchens reagieren nicht gerade begeistert beim Anblick der vielen Kinder, denn jedes von ihnen muss privat untergebracht werden. Obwohl die Regierung zur Solidarität mit den Evakuierten aufruft, fehlt es an passenden Unterkünften. Die Lehrerin zieht von Haus zu Haus, bis auch das letzte Kind ein Dach über dem Kopf hat. Eva findet zusammen mit einer Klassenkameradin in einem fast baufälligen Häuschen Quartier. »*Wir wohnten bei einer – wie mir schien – uralten englischen Frau, die in äußerst bescheidenen Verhältnissen lebte. Es gab nicht einmal ein Badezimmer. Jeden Samstag Abend zogen wir einen Holzzuber in das Wohnzimmer, um dort vor dem Kaminfeuer zu baden. Alle anderen Räume waren unbeheizt und eisig kalt.*«

Erst im Winter dürfen die Mädchen die klamme Behausung verlassen. Jetzt hat Eva mehr Glück. Sie wird zusammen mit drei anderen Schülerinnen in einer vornehmen Villa untergebracht, wo in einem Salon vier Betten aufgestellt werden. Als es auf Weihnachten zu geht, kehren die meisten Kinder nach London zurück. Die erwarteten Luftangriffe waren bislang ausgeblieben; und so wagen es viele Familien, ihre Kinder wenigstens für ein paar Tage zurück in die Stadt zu holen. Während Evas Freundinnen voller Vorfreude in die Ferien aufbrechen, bleibt sie allein zurück. »*Heilig Abend war so traurig! Ich fühlte mich schon ziemlich elend, als ich ganz allein zwischen den leeren Betten lag. Weihnachten war bei uns zu Hause immer besonders schön gewesen, aber hier schien es ein Tag wie jeder andere zu sein. Am anderen Morgen wachte ich auf, und es war ein sonniger, klirrend kalter Wintermorgen; ich sehe heute noch die Eisblumen am Fenster. Ich drehte mich um im Bett, und auf einmal hör ich lauter Sachen fallen: klick – klick – klick – klick! Was war das? Ich setzte mich auf und sah: da lagen lauter kleine Geschenke für mich, Schokoladentäfelchen und kleine Sachen für die Schule, das war so rührend! Und dann stellte sich heraus, dass die ganzen Nachbarn in der Gegend für mich gesammelt hatten. Die wussten, da ist dieses arme, kleine Mädchen aus Deutschland, das jetzt ganz alleine ist, und jeder hatte ein Geschenk gebracht. Und nach einer alten Tradition werden die Geschenke am Weihnachtsmorgen auf die Bettdecke gelegt – als ob sie das Christkind gebracht hätte.«*

Im Frühjahr 1940 wartet eine Hiobsbotschaft auf Eva. Eines Morgens wird sie zur Direktorin gerufen und ist verwundert, als sie die betrübte Miene der Frau sieht. »*Sie versuchte, es so freundlich wie möglich zu formulieren und rückte endlich mit der Wahrheit heraus: es täte ihr sehr Leid, aber die Familie Francis könne nicht mehr für mich sorgen. Es dauerte eine Weile, bis ich begriff: ich musste die Schule verlassen! Das war ein ganz schwerer Schlag.*« Das Musikerpaar kann sich acht Monate nach Kriegsausbruch kaum noch selbst über Wasser halten. Schließlich müssen sich John und Millicent Francis eingestehen, dass sie nicht mehr in der Lage sind, Schulgeld und Unterhalt für ein Emigrantenkind aufzubringen. Am nächsten Morgen wird Eva von John Francis abgeholt, der sie unter bedauernden Worten durch London fährt und vor dem Hostel Ladbroke Grove absetzt, einem Heim für Emigrantenkinder aus Deutschland. Ein letzter Händedruck, ein freundliches Lächeln zum Abschied – und schon wieder ein neuer Lebensabschnitt.

Als Eva in das Heim einzieht, ist sie nicht einmal fünfzehn Jahre alt. In dem viktorianischen Haus unweit Notting Hill Gate wohnen zwanzig Mädchen; sie alle sind mit dem Kindertransport nach England gekommen. Einige hatten die ersten Monate in Familien verbracht, wo sie als Dienstmädchen völlig überfordert wurden; ein Mädchen war von dem Hausherrn sexuell belästigt worden. Nun also soll das Heim ihr Zuhause werden. Die Mädchen, alle zwischen vierzehn und siebzehn Jahre alt, werden angehalten, möglichst schnell Geld zu verdienen. Die Verpflegung in dem Hostel ist nicht gerade üppig. »*Wir bekamen jeden Tag zum Lunch zwei Scheiben Brot mit*

Margarine und eine Karotte, außerdem einen Schilling Taschengeld in der Woche. Unserem Hostel stand eine Mrs. Klarfeld vor, eine zentnerschwere Frau, die – wie es schien – den ganzen Tag zusammen mit ihrer rundlichen Tochter Kekse aß. Uns Mädchen lief das Wasser im Mund zusammen, aber Mrs. Klarfeld ignorierte unseren Dackelblick.« Eva findet unter den Mädchen eine Freundin, die siebzehn Jahre alte Tilde Kress aus Wien. Die beiden sind ab sofort unzertrennlich. Gemeinsam machen sie sich auf die Suche nach einer Arbeit. Eva bekommt eine erste Stelle in einem eleganten Modesalon in Mayfair, nur einen Steinwurf entfernt vom Hyde Park und dem Buckingham Palace. Der Salon schneidert nur für auserlesene, wohlhabende Kunden – auch die Schauspielerin Lilli Palmer lässt dort ihre Roben arbeiten. Doch Evas Arbeit ist langweilig und ohne einen Hauch von Glamour – sie muss den ganzen Tag auf dem staubigen Atelierboden Stecknadeln aufsammeln und die Teetassen der Schneiderinnen spülen. Dass es auch zu ihren Pflichten gehört, bei jedem Klingeln ans Telefon zu gehen, bringt sie in größte Verlegenheit. Die Lieferanten am anderen Ende der Leitung sprechen – anders als die betuchte Kundschaft – kein geschliffenes Englisch, sondern reinstes Cockney, den für Ausländer fast unverständlichen Londoner Stadtdialekt. Eva drückt sich, so oft es geht, vor dem Telefonieren – und prompt wird ihr gekündigt.

Die weitere Stellensuche in London ist deprimierend, denn viele Engländer sind nicht in der Lage, zwischen Verfolgern und Verfolgten zu unterscheiden. *»Bloody German! – das habe ich oft gehört. Und ich hab mich immer wieder gefragt: Mein Gott, verstehen die denn die Situation gar nicht? Aber sie haben es natürlich nicht verstanden. Sobald ich den Mund aufmachte, konnte jeder hören, dass ich aus Deutschland komme, und dann war das Gespräch zu Ende, bevor es überhaupt angefangen hatte. Anfangs habe ich noch versucht zu erklären: dass mein Vater Jude ist, dass ich nach England gekommen bin, weil ich vor genau jenen ›Bloody Germans‹ fliehen musste – geholfen hat es nicht. Vorurteile sind schwer auszurotten, und es ist immer Ignoranz, die dahinter steht.«* Die groben Beschimpfungen sind für das Mädchen nur schwer zu ertragen – umso mehr, weil es sich um seine Eltern sorgt. Deren Lebenszeichen werden immer spärlicher. Funktioniert die Post reibungslos, kommt alle sechs Wochen eine Rotkreuzpostkarte mit fünfundzwanzig Worten von den Eltern. Oft aber geht eine Nachricht verloren. Dann kämpft Eva mit sich, um den Gedanken an die quälende Ungewissheit wenigstens tagsüber zu verdrängen.

Die Freundin Tilde nimmt sie unter ihre Fittiche; sie ist es auch, die Eva einen neuen Zugang zu ihren jüdischen Wurzeln verschafft. »*Tilde stammte als Wienerin – ganz anders als ich – aus einem sehr jüdischen Milieu und hat mich einfach mitgezogen. Sie nahm mich an den hohen Feiertagen mit in die Synagoge und erzählte mir vieles über die jüdische Religion. Das hat mir eine Art Rückgrat gegeben in der Emigration, einen inneren Halt. Tilde war eigentlich meine wichtigste Bezugsperson.*« Zusammen finden die Mädchen eine neue, wenn auch sehr bescheidene Stelle: sie arbeiten bei einem jüdischen Herrenhosen-Schneider im Londoner Stadtteil Soho. Dort reiht sich eine ärmliche Werkstatt an die andere. Hinter den kleinen, vorhanglosen Fenstern sitzen Männer im Schneidersitz auf den Tischen und nähen bis tief in die Nacht hinein. Es sind vor allem Ostjuden aus Polen und Russland, deren Vorfahren um die Jahrhundertwende vor Pogromen nach England geflohen waren. Eva und Tilde arbeiten bei einem polnischen Juden und dessen Frau. Jeden Tag nähen sie Knopflöcher für die Hosenschlitze der Herren – Reißverschlüsse sind noch nicht in Mode. Zwölf Schilling pro Woche verdienen sie damit; ein Lohn, mit dem ihr Speiseplan nicht sehr aufgebessert werden kann. Inzwischen sind etliche Lebensmittel rationiert, und die Regierung ruft die Bürger dazu auf, soviel wie möglich selbst anzubauen. »Dig for Victory« – so lautet das Motto. Die Schiffe, die in Friedenszeiten Lebensmittel auf die Insel importierten, werden zu Kriegsschiffen umfunktioniert. In den Londoner Vorgärten verschwinden die Rosenstöcke, um Platz für Salatköpfe und Karotten zu schaffen. Die Regierung will mit gutem Beispiel vorangehen: sie funktioniert den Graben um den Tower of London zu einem Gemüsebeet um und lässt selbst den einstmals so heikel gepflegten Rasen im Hyde Park umpflügen. Weil auch Eier rationiert sind, halten immer mehr Menschen in der Großstadt Hühner, und nicht selten traben sogar Schweine durch die Vorgärten. Die magere Kost zerrt an den Nerven; außerdem häufen sich die Bombenangriffe auf London. Hitlers Vormarsch in Europa scheint unaufhaltbar, und jeder Tag bringt schlechtere Nachrichten. Die deutschen Truppen dringen in Norwegen, Dänemark und Holland ein, es folgen Belgien, Frankreich und Luxemburg. »*Wir fragten uns alle verzweifelt: hat das denn nie ein Ende? Ich hatte furchtbare Angst, dass jetzt alles wieder über uns rollt. Und ich erinnere mich an viele Nächte, wo wir zitternd in den U-Bahn-Stationen saßen und die Bomben über uns reinkrachten. Tilde und ich schliefen nur noch auf dem Bauch, jede von uns mit einem Helm auf dem Hinterkopf. Und ich sehe es noch heute vor mir, wie wir eines Morgens zur Arbeit fuhren, am Oxford Circus aus der U-Bahn stiegen und unseren Augen kaum trauten. Alle großen Warenhäuser, diese vornehmen Department Stores auf der Oxford Street, waren runter, alle auf'm Boden, weggebombt! Ein grauenvoller Anblick.*«

Die wenigen Zeilen, die Eva noch aus Deutschland erreichen, stammen meist von ihrem Vater Max. Er ist außer sich vor Sorge um seine Tochter. »*Mein Vater dachte nach der deutschen Propaganda, dass London inzwischen völlig kaputtgeschlagen ist. Er sah mich längst unter irgendwelchen Trümmern liegen. Und ich konnte nichts tun als flehentlich zu hoffen, dass meine Nachrichten ihn erreichen und nicht Gott weiß wo stecken bleiben.*« Max Heyman muss als Jude inzwischen Zwangsarbeit leisten. Viele Stunden am Tag belädt er Lastwagen mit schweren Kohlensäcken – für den herzkranken Mann eine Qual. Als er schließlich zusammenbricht und um eine weniger anstrengende Arbeit bittet, werden ihm seine Medikamente verweigert. Sein gesundheitlicher Zustand verschlechtert sich rapide. Völlig erschöpft beschließt er unterzutauchen. Nur noch selten traut er sich auf die Straße; zu groß ist die Angst, wie viele seiner jüdischen Freunde deportiert zu werden. Er wagt kaum noch, seine eigene Frau zu besuchen. Allein der Gedanke an Eva, die im fernen England noch eine

Überlebenschance hat, spendet Trost. Einen Tag vor Evas achtzehntem Geburtstag schreibt er seiner Frau einen Gruß: *Schiller sagt irgendwo: »Wohl dem, der seiner Eltern gern gedenkt.« Das dürfen wir beide von uns sagen, aber wir dürfen auch sagen: »Wohl dem, der seines Kindes gern gedenkt.« Täglich und stündlich empfinden wir diese Wohltat, dieses herrliche Glücksgefühl. Wie grausam uns das Geschick auch angepackt hat, die Gewissheit, für unser Evchen richtig gehandelt zu haben, gibt uns seelische Ruhe und lässt uns unser Schicksal leichter ertragen.*

Im Frühsommer 1943 zieht Eva – mit ihrer Freundin Tilde im Schlepptau – zu einer Freundin der Familie: Grete Kirschner ist eine resolute ältere Jüdin, die schon 1933 Berlin verlassen hatte und seit einigen Jahren mit der Psychoanalytikerin Anna Freud zusammenarbeitet. Grete Kirschner lebt in einer großzügigen Wohnung im Londoner Stadtteil Hampstead. Als Physiotherapeutin hält sie große Stücke auf eine gesunde Lebensführung. »*Nachdem Tilde und ich – so ganz ohne Eltern – doch ein wenig ein Lotterleben geführt hatten, begann Grete augenblicklich damit, andere Saiten aufzuziehen. Ab sofort herrschte preußische Strenge! Was unsere Ernährung betraf, da verstand sie gar keinen Spaß: Apfelschalen mussten komplett zu Saft gekocht werden, und Blumenkohl durfte nur samt hartem Strunk gegessen werden – der Vitamine wegen. Sie trieb uns an zu Schwimmunterricht und Gymnastik, und beim Abendbrot dozierte sie über die Kunst des richtigen Atmens. Wer mit krummem Rücken am Tisch saß, erntete einen vorwurfsvollen Blick.*«

Das ermüdende Knopfloch-Nähen in Soho nimmt schließlich ein Ende, und die Mädchen finden eine Stelle als Pelz-Maschinistinnen, wo sie Fliegeranzüge aus Lammfell nähen. Kurz darauf drehen sie im Akkord Isolierungen um Telefonkabel. Die Abende sind da schon unterhaltsamer: im Club der West-London-Synagoge organisieren sie Gesellschaften für amerikanische Soldaten. Die bildhübsche Eva Heymann hat zahlreiche Verehrer und kann sich vor Einladungen kaum retten. Doch bevor ein Mann sie zu einem harmlosen Kinobesuch ausführen darf, wird er bei der gestrengen Grete Kirschner vor-

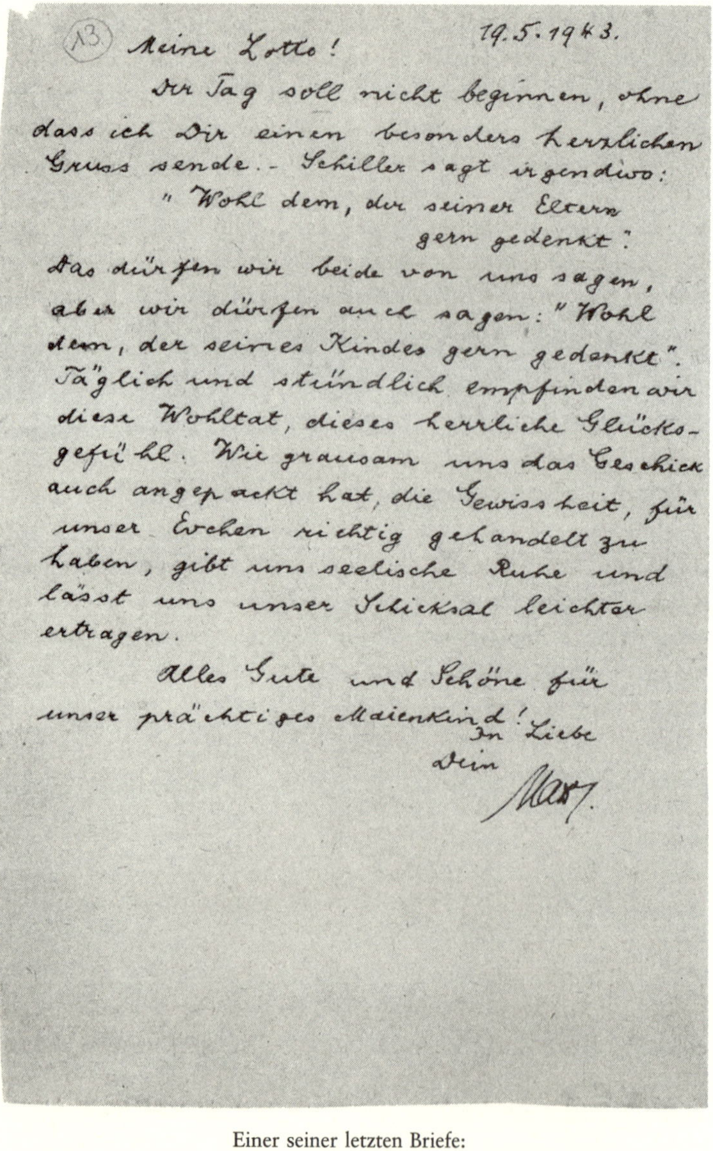

(13)

19.5.1943.

Meine Lotte!

Der Tag soll nicht beginnen, ohne dass ich Dir einen besonders herzlichen Gruss sende. – Schiller sagt irgendwo:
"Wohl dem, der seiner Eltern gern gedenkt".
Das dürfen wir beide von uns sagen, aber wir dürfen auch sagen: "Wohl dem, der seines Kindes gern gedenkt". Täglich und stündlich empfinden wir diese Wohltat, dieses herrliche Glücksgefühl. Wie grausam uns das Geschick auch angepackt hat, die Gewissheit, für unser Evchen richtig gehandelt zu haben, gibt uns seelische Ruhe und lässt uns unser Schicksal leichter ertragen.

Alles Gute und Schöne für unser prächtiges Maienkind!

In Liebe
Dein
Max.

Einer seiner letzten Briefe:
Zu Evas Geburtstag schreibt Max Heymann an seine Frau, Mai 1943.

geladen – zum Kreuzverhör bei einer Tasse Tee. Die Luftangriffe auf London scheinen kein Ende zu nehmen. Aber Eva und Tilde machen es wie die meisten jungen Leute im Krieg: sie versuchen, ihr Leben so gut es geht zu genießen. »*Es konnte ja alles schon morgen vorbei sein. Letztendlich war es reiner Zufall, wer am nächsten Tag noch lebte. Wir verdrängten, so gut es ging, diesen ganzen Krieg und hofften, dass uns keine Bombe auf den Kopf fallen würde.*«

Doch dann kommt eine Postkarte aus Deutschland, die Evas schlimmste Befürchtungen bestätigt: ihr Vater wurde verhaftet. »*Er hatte sich ja schon eine ganze Weile in dem Zimmerchen versteckt, wo er zur Untermiete wohnte. Wenn er sich dann doch einmal traute, meine Mutter zu besuchen, versetzte ihn jedes Klingeln in Angst und Schrecken. Unsere Berliner Wohnung hatte zwei Ausgänge: einen Vorderausgang für die vornehmeren Gäste und einen Hinterausgang für das Personal. Wenn es vorne läutete, schlich er sich hinten raus, und andersrum. Und eines Nachts läutete es hinten, er ging vorne raus – und da standen die dann und haben ihn festgenommen.*« Für Eva beginnt eine quälende Zeit der Ungewissheit. Im Herbst des Jahres 1944 bringt eine Karte dann die grauenvolle Gewissheit: ihr Vater war in das Konzentrationslager Theresienstadt deportiert worden, wo er wenige Stunden später starb. »*Meine Mutter erfuhr das erst, nachdem mein Vater bereits ein halbes Jahr tot war. Eine Freundin schickte ihr eine verschlüsselte Nachricht über Macky – so nannte sie meinen Vater Max. Darin hieß es, dass Macky am 22. Februar 1944 gestorben sei. Und irgendwann wurde meiner Mutter seine Asche zugeschickt.*«

Als der Krieg 1945 endlich zu Ende ist, fasst Eva Heyman einen Entschluss: sie will sich in Amerika ein neues Leben aufbauen. Im Dezember des Jahres verlässt die junge Frau auf der »Queen Elizabeth« England, und in den Morgenstunden des ersten Januars läuft das Schiff im New Yorker Hafen ein. In Baltimore widmet sie sich ihrer großen Liebe: der Musik. Sie studiert am Peabody Conservatory Gesang und Schauspiel und wird Opernsängerin.

Ihre Mutter Elisabeth folgt ihr 1950 nach Amerika – ein spätes Wiedersehen. »*Da stand ich dann im Hafen von New York; und auf einem der großen Überseedampfer war meine Mutter, die mich vor elf Jahren als Mädchen nach England geschickt hatte. Nachdem wir uns in die Arme fielen, brach sie zusammen. Als sie neun Tage zuvor in Le Havre das Schiff betreten hatte, war sie so außer sich gewesen, dass sie ihr gesamtes Gepäck einfach hatte stehen lassen: Bücher, Fotografien, ihre Kleider, die Zahnbürste – einfach alles. So stand sie dann vor mir, ausgemergelt und völlig am Boden. Es war bedrückend.*« Evas Mutter hatte die Nachkriegsjahre buchstäblich in einer zugigen Ruine verbracht – ihre schöne Berliner Wohnung war komplett ausgebombt worden. Zermürbt durch die langen Jahre der Angst, wird sie kurz nach ihrer Ankunft in Amerika schwer krank und stirbt. Eva Heymann lässt sie auf dem Friedhof in Baltimore begraben.

Nach ihrem Studium ist Eva Heyman wieder nach Deutschland zurückgekehrt. Heute lebt sie mit ihrem Mann, dem Dirigenten Fridjof Haas, in Karlsruhe; sie hat zwei Kinder und fünf Enkelkinder. Viele Jahre stand sie als gefeierte Koloratursängerin auf der Bühne des Badischen Staatstheaters und gastierte an den großen europäischen Opernhäusern. In die Stadt ihrer Kindheit kam sie in den fünfziger Jahren durch ein Gastspiel zurück. An der Deutschen Oper in Berlin sang sie das »Blondchen« in der »Entführung aus dem Serail« – jenem Werk von Mozart, das sie schon als Kind so geliebt hatte.

»*Deutschland gab mir die Möglichkeit, als Opernsängerin zu arbeiten, eine Chance, die sich mir in Amerika nicht geboten hat. Darum bin ich zurückgekehrt. Aber es fiel mir nicht leicht, wieder deutschen Boden zu betreten. Und auch wenn ich heute katholisch bin – ich habe mich vor der Heirat taufen lassen –, empfinde ich doch eine tiefe Zugehörigkeit zu meinen jüdischen Wurzeln. Es ist wie eine Art Stammesgefühl, das mich mit meinen jüdischen Freunden verbindet – und mit meiner eigenen Vergangenheit.*«

Eva Heymann, London 1945

»Ich wollte nicht nach England.
Ich wollte in den Zoo.«

Ruth Rubinstein,
geboren 1935 in Berlin
(Nachname geändert)

»Meine Mutter liebte mich nicht mehr. Ich war ihr völlig egal; darum hatte sie mich verstoßen. Es vergingen viele Jahre, bis ich ahnte: diese Frau hatte mir ein zweites Mal das Leben geschenkt, indem sie mich zu völlig Fremden gab.«

Die frühen Jahre der Ruth Rubinstein liegen im Dunkeln. Ihr Gedächtnis gibt auch heute nur wenig preis: kleinste Erinnerungssplitter, vage Empfindungen – und eine Handvoll dürrer Fakten. Die Mutter hieß Luise, war Christin und bestritt ihren Lebensunterhalt als Sekretärin in Berlin. *»Ich weiß unglaublich wenig über meine leibliche Mutter. Wie sah sie aus, als ich klein war? Welche Farbe hatten ihre Augen, ihre Haare? Ich kann es nicht sagen. Ich weiß ja nicht einmal, wo sie geboren wurde. Was ich mit ihr verbinde: eine Umarmung, eine Hand, die meine Hand hält, und ein Gefühl der Sicherheit und Wärme. Das war meine Mutter für mich.«*

Ruths Vater Robert Rubinstein hatte als Rechtsanwalt gearbeitet, bevor er seine Stelle verlor, weil er Jude war. Kurz vor der Reichspogromnacht konvertierte er schließlich und ließ seine Kinder Ruth und Martin taufen – vielleicht als ein Versuch, die Familie zu schützen. *»Für mich war er ein Riese – ich reichte ihm kaum bis zum Knie. Wenn ich meinen Kopf in den Nacken legte, sah ich einen dicken Bauch und eine Glatze. Ich erinnere einen kurzen Augenblick: zwei rundliche, weiche Arme greifen nach mir, heben mich hoch. Dann sitze ich auf seinem Schoß und sehe sein breites Lachen – das war's. An Worte kann ich mich nicht erinnern, dafür war ich wohl zu jung.«*

Ruth Rubinstein kommt im Alter von vier Jahren nach England, zusammen mit ihrem siebenjährigen Bruder Martin. Die Mutter Luise Rubinstein hat durch die Vermittlung einer Quäkerin eine englische Pflegefamilie für ihre Kinder gefun-

Glücklichere Tage:
Luise Rubinstein mit ihren Kindern Martin und Ruth, Berlin 1935

den. Sie selbst bekommt als Nichtjüdin nur ein Besuchsvisum, mit dem sie die beiden nach England begleiten darf. An einem kalten Februartag 1939 fahren die Drei zum Bahnhof. »*Irgendjemand hatte gesagt, wir gehen jetzt nach England. Ich hatte nicht die geringste Vorstellung, was damit gemeint sein könnte. Meine Mutter stieg mit Martin und mir in ein Auto, und als ich durch die Scheibe den Zoo auftauchen sah, wurde ich ganz zappelig: ich wollte die Affen besuchen! Aber das Auto fuhr weiter und hielt erst am Bahnhof an. Ich war wahnsinnig enttäuscht und bekam einen Wutanfall; ich tobte und schrie, als meine Mutter mit uns in den Zug stieg – aber sie blieb eisern.*« Dass diese Zugfahrt sie und ihren Bruder in Sicherheit bringen sollte, erfährt Ruth erst nach dem Krieg. Ebenso, dass ihr Vater die eisigen Wintertage nach der Reichspogromnacht auf der Straße verbracht hatte, den Mantelkragen hochgeschlagen und das Gesicht hinter einem Schal verborgen: nur so entging er einer Verhaftung durch die Gestapo. Seine Frau Luise war den Behörden schon vorher aufgefallen, weil sie sich weigerte, sich von ihrem jüdischen Mann scheiden zu lassen.

Von all dem weiß das Mädchen nichts, als es im Zug sitzt. Nachdem die Wut über den entgangenen Zoobesuch verraucht ist, wird ihr langweilig. »*Kaum dass der Zug Berlin verlassen hatte, begann ich zu fragen: ›Sind wir bald da?‹, und jedes Mal schüttelte meine Mutter nur den Kopf. Die Fahrt dauerte über dreißig Stunden. Ich konnte schon nach kurzer Zeit nicht mehr still sitzen, rannte die Gänge rauf und runter und drückte die Nase an den kalten Fensterscheiben platt. Draußen regnete es. Irgendwann glaubte ich, dass diese Reise niemals enden würde. Ich hatte keinen Begriff davon, wie groß die Welt ist. Und natürlich wusste ich nicht, dass England eine Insel ist.*« Umso größer ist ihr Erstaunen, als alle Passanten den Zug verlassen, um in Hoek van Holland an Bord eines Schiffes zu gehen. »*Ich sah, wie immer mehr Menschen auf das Schiff strömten. Ihr Gepäck wurde an Deck gestapelt: ein Berg von Koffern und Rucksäcken! Ich fragte mich, warum das Schiff nicht untergeht und wurde nervös. Als ich es nicht mehr aushielt, fragte ich meinen Bruder, doch der verdrehte nur die Augen: ›Ach, sei doch still!‹*«

Ruth ist ein temperamentvolles Mädchen, das unbekümmert auf Fremde zugeht und schnell mit jedem ins Gespräch kommt. Martin hingegen ist wortkarg und verschlossen; mit besorgtem Gesicht hängt er meist seinen eigenen Gedanken nach. Anders als seine kleine Schwester ahnt er bereits den ernsten Hintergrund der Reise. »*Mit seinen sieben Jahren hat er ungleich mehr verstanden als ich – damals trennten uns Welten! Ich lief ahnungslos neben ihm her, staunte über dies und das und machte große Augen. Aber er hatte schon lange die angsterfüllte Atmosphäre in Berlin gespürt. Und er hat mehr gesehen, als er mir je erzählt hat. Am Morgen nach der Reichspogromnacht etwa ist er an der Hand meines Vaters durch die*

Ruth Rubinstein, Berlin 1938

Straßen gelaufen – stundenlang! Bis heute weiß ich nicht, was damals an seinen Augen vorbeigezogen ist. Er spricht einfach nicht darüber. Kein Wort.«

Der Kummer des Vaters, der schon lange seine Arbeit verloren hatte und von der Gestapo gesucht wurde, bedrückt auch den Jungen. Die Versuche des Vaters, zu emigrieren, waren alle gescheitert – nicht einmal ein Besuchsvisum für England hatte er bekommen – also muss er seine Kinder allein in die Fremde ziehen lassen. *»Während mein Bruder ernst und still neben mir saß, wurde ich immer aufgekratzter. Ich staunte über die Größe der Welt. Man konnte fahren und fahren, ohne irgendwo anzustoßen! Als wir in London ankamen, kam die nächste Überraschung. Ich hatte ja keine Ahnung, dass es nicht nur eine einzige Sprache auf der Welt gibt! Das hat mich lange beschäftigt, und es brauchte eine Weile, bis mir die Sache klar wurde.«*

Ein Zug bringt die Drei in ein kleines Städtchen in Kent im Süden Englands. Ein älteres Ehepaar in einem Pfarrhaus erwartet sie. Ruth ist völlig übermüdet nach der strapaziösen Reise – dass sich ihr Leben jetzt von Grund auf ändern wird, ahnt sie nicht. *»Ich sehe es noch, wie wir alle zusammen an einem Tisch saßen: die Erwachsenen redeten, Martin und ich hockten stumm dabei. Das kannte ich ja aus Berlin; wir waren zu Besuch und würden bald wieder gehen. Ich dachte mir nichts Besonderes. Vorher hatte es die üblichen Ermahnungen gegeben, dass ich mich benehmen sollte. Mir war ein bisschen langweilig, und ich hatte Hunger.«* Wie lange Luise Rubinstein noch bei ihren Kindern geblieben ist, ob sie je einen Versuch unternommen hatte, die Situation zu erklären, ob es ein schmerzlicher Abschied war – Ruth weiß es bis heute nicht. *»Da ist ein tiefer Riss in meiner Erinnerung – ein fast unheimlicher weißer*

Fleck. Alles, was ich sagen kann, ist: plötzlich war unsere Mutter nicht mehr da. Und das Interessante ist, dass es meinem Bruder genauso geht. Ich glaube allerdings nicht, dass sie sich ohne ein Wort des Abschieds davongestohlen hat. Dieser Riss in meinem Bewusstsein hat andere Gründe. Als meine Mutter ging – das war wohl der schmerzlichste, erschreckendste Moment meines kleinen Kinderlebens. Um nicht völlig zu verzweifeln, musste das vierjährige Mädchen, das ich damals war, es vergessen. Und ich habe es gründlich vergessen – bis heute.«

Ruth Rubinstein reagiert auf die abrupte Trennung mit einem quälenden Schuldgefühl: »*Irgendwann suchte ich nach einer Erklärung für das Ganze. Ich war überzeugt, dass meine Mutter mich nicht mehr sehen wollte; sie hatte mich aus der Familie ausgestoßen. Ich war unartig und böse gewesen, weil ich doch so gerne in den Zoo gegangen wäre! Das also war die Quittung für meinen Wutanfall. Ich schämte mich sehr.*« Eine fatale Fehlinterpretation, die für das kleine Mädchen zu einer schweren Bürde wird. Verzweifelt versucht sie, den neuen Pflegeeltern zu gefallen: »*Ich dachte: wenn ich ganz brav bin, schicken sie mich zurück zu meiner Mutter; dann darf ich wieder nach Hause. Ich gab mir so sehr Mühe, alles richtig zu machen. Aber der ersehnte Tag der Rückkehr kam und kam nicht – und ich war schuld!*«

Ruth bleibt allein mit ihrem Kummer. In dem Haushalt herrscht eine angespannte Stimmung: während der Pfarrer, der offenbar die treibende Kraft bei der Aufnahme der Kinder gewesen war, nur selten Zeit hat, lehnt es seine Frau ab, sich um die Kinder anderer Leute zu kümmern. Also werden Ruth und Martin von einer Gouvernante betreut – eine gefühllose Frau, die für die Sorgen der Kinder kein Verständnis aufbringt. Als erste Erziehungsmaßnahme verbietet sie Ruth und Martin, miteinander deutsch zu sprechen. »*Sie deutete auf einen Gegenstand im Zimmer, um dann im mürrischen Tonfall die entsprechende Vokabel zu sagen: Table! – Chair! – Door! – und so weiter. Sie war ungeduldig und lieblos, und ich hatte Angst vor ihrem massigen Körper. Sie wollte, dass ich jedes Wort so lange wiederholte, bis ich es perfekt aussprach. Ich verdrehte meinen Mund, um diese merkwürdigen Laute hervorzubrin-*

gen, die ich nie zuvor gehört hatte. Ich wollte einfach wieder nach Hause zu meiner Mutter. Es war eine elende Zeit.«

In den ersten Wochen muss Ruth oft mit knurrendem Magen ins Bett gehen. Die Gouvernante besteht darauf, dass das Kind so lange nichts zu essen bekommt, bis es in korrektem Englisch darum bittet. Doch Martin schleicht sich nachts in die Küche und sucht nach etwas Essbarem für seine Schwester. *»Er wurde für mich Vater und Mutter zugleich. Im Dunkeln kam er ins Zimmer, setzte sich an mein Bett und nahm mich in den Arm. Er fütterte mich liebevoll, Löffel für Löffel, bis ich keinen Hunger mehr hatte. Ich glaube nicht, dass ich diese ersten Monate in der Fremde ohne ihn überstanden hätte. Mein Bruder war unendlich wichtig für mich. Viele Jahre später erzählte er mir, wie oft unsere Mutter ihm eingeschärft hatte: ›Kümmere dich um Ruth!‹ Er hatte also eine Aufgabe, und indem er versuchte, die letzte Bitte seiner Mutter zu erfüllen, stand er weiter mit ihr in Verbindung. So wurden wir beide füreinander lebenswichtig.«*

Als der seelische Druck, der auf Ruth lastet, unerträglich wird, fängt sie an, ins Bett zu machen. Die Pfarrersfrau, die die Kinder ansonsten keines Blickes würdigt, sorgt sich um die Reinheit ihrer Laken und reagiert prompt: ab sofort kontrolliert sie in der Frühe die Bettwäsche und verprügelt das Mädchen mit einem Lederriemen. *»Schon vor dem Schlafengehen bekam ich panische Angst, dass es wieder passieren würde. Und dann kam immer der gleiche Traum: Ich stand auf, um aufs Klo zu gehen. Ich spürte die kalten Fliesen unter meinen Füßen und den Klositz an der Haut. Im selben Moment – aber natürlich jedes Mal zu spät – entdeckte ich, dass ich im Bett lag und nur geträumt hatte. So sehr ich mir auch wünschte, dass es endlich aufhört: der Traum kam immer wieder! Ich war verzweifelt. Irgendwann konnte ich nur noch auf dem Bauch schlafen, weil mein Rücken voller Striemen war.«* Zwei lange Jahre muss Ruth Rubinstein die Pein ertragen. Als sie sechs Jahre alt wird, schicken die Pflegeeltern sie zusammen mit ihrem Bruder in ein Internat, das von Quäkern geführt wird. Dort ist sie endlich in der Obhut von Menschen, die es besser mit ihr meinen. An dieser Schule gibt es keine Prügelstrafen; und auch sonst zeigen die Lehrer eine für die Zeit ungewöhnliche Sensibilität: *»Am ersten Tag führte mich eine Lehrerin durch die Räume. Als wir in den Schlafsaal kamen, wurde ich ganz steif vor Angst. Doch die Frau ahnte offenbar, was in mir vorging. Sie zeigte mir eine Gummimatte unter dem Laken und sagte gleichmütig, dass fast alle Kinder ins Bett machten. Was für eine Erleichterung! Seit diesem Tag ist der Traum nicht mehr wiedergekommen.«*

Ruth ist eine aufgeweckte Schülerin und spricht inzwischen fließend Englisch. Obwohl sie die Jüngste in der Klasse ist, kann sie – zum Erstaunen der Lehrer – schon vom ersten Schultag an lesen. *»Mein Bruder ging ja schon länger als ich in die Schule. Er hatte meist viele Hausaufgaben und musste lange Texte auswendig lernen. Ich setzte mich dazu, weil mir langweilig war, und schaute in seine Bücher. Und irgendwann konnte ich dann lesen – einfach so.«* Wenn die Kinder auf dem Schulhof sie nach ihrer Mutter fragen, wird sie einsilbig: *»Ich sagte dann nur: Die ist tot. Das war ein idealer conversation-stopper; daraufhin wechselte jeder das Thema. Von einem bestimmten Zeitpunkt an hatte ich beschlossen, dass sie nicht mehr lebte. Seit Beginn des Krieges war kein einziger Brief von meiner Mutter gekommen, nichts! Und so erschien es nur wahrscheinlich, dass sie tot war. Allerdings glaube ich heute, dass es vor allem massiver Selbstschutz war, der mich an ihren Tod glauben ließ. Denn der Gedanke, dass die eigene Mutter mich nicht mehr wollte und im Stich gelassen hatte, war unerträglich. Sie für tot zu erklären, löste das Problem.«*

Nur vom Vater Robert Rubinstein kommen gelegentlich kurze Briefe. Ihm war noch kurz vor Kriegsausbruch die Emigration nach Shanghai gelungen – allerdings ohne seine Frau. Der ehemalige Rechtsanwalt muss um das nackte Überleben kämpfen, denn sein Studium des deutschen Rechts nützt ihm in der Emigration wenig. Er findet lange keine Arbeit, hat oft kaum etwas zu essen und erleidet im Laufe des Krieges mehrere Malariaschübe. Über das Schicksal seiner Frau ist er im Ungewissen; nur der Gedanke an die Kinder, die er in Sicherheit glaubt, ist ein Trost in der Emigration.

Ruth Rubinstein beginnt, sich im Internat wohl zu fühlen.

An den Wochenenden besucht sie zusammen mit ihrem Bruder die religiösen Treffen der Quäker. »*Es gab kein festes Ritual: keine Gebete, keine Gesänge und vor allem keinen Priester. Die Menschen, Kinder und Erwachsene, saßen zusammen und dachten an Gott. Und wer wollte, stand auf und erzählte etwas von dem, was in ihm vorging. Dann wurde wieder lange geschwiegen. Die Menschen dort waren friedfertig und freundlich, und es gefiel mir, in der Stille zusammenzusitzen. Erst nach dem Krieg habe ich erfahren, dass diese Schule viele Flüchtlinge aus Deutschland aufgenommen hat. Die Quäker haben sich sehr für jüdische Kinder eingesetzt, ohne dass sie je missionieren wollten.*«

Doch für Ruth und Martin sind die Tage bei den Quäkern gezählt. An einem Herbstmorgen im Jahr 1943 werden beide zum Direktor gerufen. Sie erfahren, dass ihr Pflegevater sehr krank geworden ist. Er hat Krebs und kann nicht mehr für ihren Unterhalt aufkommen. Noch am selben Tag werden die Kinder nach London gebracht. Da sich nicht so schnell eine neue Pflegefamilie finden lässt, bringt man die Geschwister in einem Heim in Richmond, nahe der Themse, unter. »*Das Heim bestand hauptsächlich aus zwei riesigen Schlafsälen, nach Jungen und Mädchen getrennt. Am Ende eines langen Ganges war eine kleine Küche, in der sich jeder seine Mahlzeiten selber zubereiten konnte. Es war absolut chaotisch und nicht gerade sauber. Überall liefen Kleinkinder herum und schrieen sich die Seele aus dem Leib. Die wenigen Erwachsenen, die ich gesehen habe, schienen völlig überarbeitet zu sein. Das Heim bot vor allem ausgebombten Engländern ein Dach über dem Kopf. Ich glaube, wir waren die einzigen Flüchtlingskinder.*«

Kurz nach ihrer Ankunft wird Martin, der inzwischen elf Jahre alt ist, schwer krank. Mit hohem Fieber und Schüttelfrost liegt er in dem klammen Schlafsaal. Für einen Arzt ist kein Geld da; so wird der Junge sich selbst überlassen. »*Nur ich saß die ganze Zeit bei ihm. Ich wischte den Schweiß von seiner Stirne und las ihm Geschichten vor. Irgendwann sagte er, dass ein Apfel ihn wieder gesund machen würde. Wir beide kannten aus der Schule das englische Sprichwort: An apple a day keeps the doctor away. Er nahm das wörtlich, und ich glaubte ihm. Mein großer Bruder wusste doch sonst auch alles! In dem Heim gab es keine Äpfel, also machte ich mich auf den Weg. Ich hatte zwei kleine Stoffpüppchen, die ich einer Frau auf der Strasse anbot. Sie gab mir ein paar Pennys dafür, und ich lief so lange durch London, bis ich endlich hinter einem Schaufenster Äpfel entdeckte. Das Geld reichte für zwei. Selig rannte ich in das Heim zurück und schenkte sie meinem Bruder. Später war er davon überzeugt, dass ich ihm das Leben gerettet hatte, denn er wurde wieder gesund.«*

Ruth und Martin Rubinstein, kurz vor ihrer Abfahrt nach England, 1939

Endlich findet sich eine neue Pflegefamilie in Kent, die die Geschwister aufnimmt. Der Familienvater, ein tief religiöser Laienpriester, hat drei eigene Kinder. Ganz anders als in der ersten Pflegefamilie herrscht hier eine fröhliche Stimmung, und die beiden werden herzlich aufgenommen. Ruth lebt sich schnell ein und schließt Freundschaft mit den Kindern. Doch Martin wird immer verschlossener. Er ist ein Eigenbrötler, der es den anderen schwer macht, ihm näher zu kommen. Freunde hat er keine. Wenn er aus der Schule kommt, verbringt er seine Nachmittage in einer Werkstatt hinter dem Haus; schweigend sitzt er über einem Haufen Elektroteilchen. »*Er ging oft in Elektroläden, um zu fragen, ob sie irgendetwas haben, was sie nicht mehr brauchen: kleine Drähte, Schalter, was weiß ich. Er hatte ja keinen Penny. Und er brachte es fertig, sich daraus ein Radio zu bauen; er war unglaublich geschickt. Gezeigt hatte ihm das niemand. Ich war völlig verblüfft, als es funktionierte, aber er sagte nur, so was stünde in Büchern. Eigentlich hat er immer gelesen. Umso schwerer tat er sich mit Menschen.«*

Nachts, wenn er nicht schlafen kann, hört Martin unter der Bettdecke Radio und stellt einen deutschen Sender ein. Das

Abhören vom Fremdsendern ist aber bei Strafe verboten – auch den Kindern. Als der Pflegevater eines Nachts aus dem Zimmer des Jungen das deutsche Radioprogramm hört, wird er misstrauisch – und meldet es der Polizei. Ruth und Martin werden auf ein Polizeiquartier zu einem Verhör bestellt. »*Es war absurd. Denn es lag doch auf der Hand, dass mein Bruder Heimweh hatte und vor allem schreckliche Sehnsucht nach seiner Mutter. Und dieses Radio konnte ihm ein Stück seines alten Lebens zurückbringen – er wollte einfach wieder Deutsch hören, die Sprache seiner Mutter! Aber damals herrschte ja eine richtige Hysterie in England. Überall hingen Plakate mit dem Slogan: ›Walls have ears‹, und ›Careless talk costs life‹. Weiß der Himmel, was unser Pflegevater sich dabei gedacht hatte! Offenbar sah er es als seine Pflicht an, meinen Bruder zu melden. Selbst die Polizisten taten sich schwer damit einzusehen, dass wir – die Kinder eines jüdischen Vaters – ganz bestimmt keine Nazis sind. Dann wurde ein Psychologe hinzugezogen, und der diagnostizierte das Offensichtliche: dass Martin vor Heimweh ganz krank war.*«

Ganz anders als seine kleine Schwester steht Martin bei jedem Luftalarm Todesängste aus. Das Haus der Pflegefamilie liegt direkt in der Fluglinie der V1-Bomben, unbemannter Flugkörper, die vom besetzten Belgien aus in Richtung England abgeschossen werden. Nacht für Nacht fliegen sie über die Dächer hinweg und erfüllen die Luft mit einem tiefen Grollen. »*Mein Bruder wurde fast irr vor Angst. Wenn Luftalarm war, rannte er durch das ganze Haus und versteckte sich unter einem Tisch. Unsere Pflegeeltern waren voll fröhlicher Zuversicht und bauten auf ihr Gottvertrauen. Sie gingen mit uns Kindern nicht ein einziges Mal in den Keller. Wenn es besonders laut krachte, zückten sie die Bibel und vertieften sich in ihre Lektüre. Und ich fand die Luftangriffe einfach spannend; an Angst erinnere ich mich nicht. Wie viel Leid die Bomben verursachten, war mir in keinem Moment klar. Ich sehe es noch vor mir, wie wir Kinder – die drei Mädchen der Pflegefamilie und ich – im Nachthemd auf dem Fensterbrett saßen. Unsere nackten Beine baumelten in der Luft, das Fenster war sperrangelweit offen, und wir starrten in den Nachthimmel. Ich fand das viel inte-*

ressanter, als im Bett zu liegen und zu schlafen! Sirenen jaulten auf, die weißen Bahnen der Suchlichter kreuzten sich hoch oben in den Wolken, und gelegentlich sahen wir einen grellen Lichtblitz: dann hatte die englische Luftabwehr eine Rakete getroffen. Es war ein Riesenspaß – big fun!«

Kurz vor Ende des Krieges wird die Region auch tagsüber immer heftiger bombardiert. Als Ruth Rubinstein zusammen mit einigen älteren Mädchen von der Schule nach Hause geht, hört sie völlig unerwartet über sich das Geräusch einer V1-Bombe. *»Die größeren Mädchen sprangen sofort in einen Graben am Straßenrand. Eine von ihnen riss mich mit und drückte mein Gesicht nach unten. Dann hörten wir ein gewaltiges Krachen; gar nicht weit von uns zersplitterte Glas. Ich wurde ganz zappelig – aber nicht etwa aus Angst! Ich war nämlich ganz versessen darauf, Schrapnell-Splitter zu sammeln. Das machten alle Kinder in meiner Klasse; in den Pausen gab es auf dem Schulhof einen regen Tauschhandel. Je größer die Stücke waren, umso wertvoller waren sie! Sobald sich der Griff des Mädchens etwas lockerte, riss ich mich los und stürmte auf die Straße. Es war herrlich: das ganze Pflaster war übersät mit Bombensplittern, und ich hatte sie alle für mich allein! Ich wickelte mir einen Schal um die Finger, um die größten Stücke aufheben zu können; sie glühten ja noch. Es kam mir einfach nicht in den Sinn, dass wir um ein Haar einer Bombe ent-*

Martin Rubinstein

kommen waren. Wie viele Kinder hatte auch ich das sichere Gefühl, unsterblich zu sein. Gestorben sind immer nur die anderen. Mein Bruder hatte diese Naivität längst verloren. Für ihn war der Krieg grauenvoll.«

Schließlich haben die Pflegeeltern ein Einsehen: sie finden für den Jungen eine Familie, die auf einem abgelegenen Bauernhof in Sussex lebt. Dort ist vom Krieg kaum etwas zu spüren. Die Familie ist bereit, den Jungen aufzunehmen – unter der Bedingung, dass auch seine Schwester mitkommt. *»Zuerst war ich unglücklich. Schon wieder wurde ich aus einer Familie gerissen – kaum dass ich mich eingelebt hatte. Dabei war es ganz erstaunlich einfühlsam von diesen Leuten, dass sie uns Geschwister nicht auseinander reißen wollten. Für Martin und mich wäre eine Trennung katastrophal gewesen. Wir brauchten einander so sehr. Jeder war für den anderen doch ein Stück der verloren gegangenen Heimat.«*

In der Abgeschiedenheit des Hofes kommt der Junge endlich etwas zur Ruhe. Und Ruth ist entzückt über die vielen Tiere, die dort leben. *»Ich war wie im siebten Himmel: es gab Kühe, Hühner und Schweine. Der Bauer schenkte mir ein rosiges, kleines Ferkel, das ich allein großziehen durfte, und ich war verantwortlich für ein Dutzend Kaninchen. Das Herrlichste aber waren die Pferde! Ich verbrachte meine gesamte Zeit im Stall, striegelte und fütterte die riesigen Tiere und schloss Freundschaft mit ihnen.«*

Ruth und Martin Rubinstein sind in ihrer dritten Pflegefamilie endgültig gut aufgehoben. Ihre Vergangenheit in Deutschland rückt in immer weitere Ferne, und als endlich Frieden herrscht, scheint ein ganz normales Leben in Reichweite zu sein. Nachdem auch noch 1949, vier Jahre nach Kriegsende, von beiden Eltern jede Spur fehlt, entschließt sich die Pflegefamilie dazu, Ruth zu adoptieren. Martin hat sich zu einem hoch begabten Schüler gemausert; er bekommt mit nur siebzehn Jahren ein Stipendium der Universität in Cambridge. Ruth fühlt sich auf dem Hof zu Hause und verehrt die dritte Pflegemutter abgöttisch. Sie fiebert darauf hin, dass auch das letzte Dokument die Adoption besiegelt. *»Endlich wusste ich, wo ich hingehöre! Nach den langen Kriegswirren hatte ich Men-*

schen gefunden, die mich wie eine eigene Tochter liebten und bei denen ich mich zu Hause fühlte. Was für ein seltenes, kostbares Gefühl! Doch dann kam der Brief, der alles veränderte. Ein Brief von meiner leiblichen Mutter! Zehn lange Jahre nach unserem Abschied. Ich traute meinen Augen kaum. Dort stand, dass sie kommen würde, um mich zurückzuholen – zurück nach Deutschland! Ich schrie und tobte und rannte in den Stall zu den Pferden. Ich wollte nicht, dass meine Mutter von den Toten aufersteht. Und dass wieder alles über Nacht zerstört wird.«

Kurz darauf ist es so weit: Luise Rubinstein, die so lange von der Bildfläche verschwunden war, tritt wieder in das Leben ihrer Kinder. Mit einem Bummelzug kommt sie in das kleine Dorf in Sussex, wo Martin und Ruth auf sie warten. *»Plötzlich sagte mein Bruder: ›Da ist Mutti!‹, und stürmte los. Ich fragte nur: ›Wo denn?‹ Da war eine schrecklich übergewichtige Frau mit teigigem Gesicht und altmodischer Dauerwelle, die sich herumdrehte und auf uns zuging. Mit der Mutter, die ich zehn Jahre zuvor verloren hatte, hatte sie nichts gemein. Für mich war sie eine Fremde. Eine Person, die ich nicht wollte. Jemand, mit dem ich schon lange abgeschlossen hatte. Aber da stand sie. Sie versuchte, mich zu küssen und an sich zu drücken. Ich explodierte und stieß sie weg – ich konnte nicht anders. Selbst mein Bruder, der seine Mutter doch so vermisst hatte, fühlte sich nicht wohl in dem Griff dieser Frau. Natürlich sprach sie kein Wort Englisch, und ich weigerte mich, die wenigen Brocken Deutsch, an die ich mich noch erinnerte, zu benutzen. Ich sprach kein Wort mit ihr. Innerlich wünschte ich mir, aufzuwachen und zu merken: es war nur ein böser Traum, und alles ist noch wie vorher. Aber die behäbige Frau, die da neben uns herlief und zum Erstaunen unserer Nachbarn breites Berlinerisch sprach, war Realität.«*

Als die drei den Hof erreichen, verschwinden Mutter und Pflegemutter in der Küche. Es dauert nicht lange, bis es zu einem Streit kommt. Beide Frauen verlieren die Beherrschung. Die Kinder wechseln stumme Blicke, als sie hören, wie sich die Stimme ihrer Mutter überschlägt. Plötzlich öffnet sich die Tür, und Luise Rubinstein stürmt vom Hof. Martin läuft ihr nach. Er kommt erst am nächsten Abend wieder – allein. Er hatte die Nacht mit seiner Mutter in der Dorfkirche verbracht und sie schließlich nach Harwich zum Hafen begleitet. Ganz anders, als sie es sich wohl ausgemalt hatte, kehrt Luise Rubinstein ohne ihre Tochter nach Deutschland zurück.

Wenig später kommt ein zweiter Brief, diesmal maschinengeschrieben und unpersönlich. *»Es war eine gerichtliche Anordnung: meine Pflegemutter sollte mich umgehend nach Deutschland zurückbringen. Sie versuchte, es mir schonend beizubringen, aber ich fühlte mich von ihr verraten. Warum kämpfte sie nicht um mich? Wie konnte sie mich so einfach gehen lassen? Ich sah ja ein, dass man dieses Stück Papier nicht einfach ignorieren konnte, aber mein Gefühl sagte mir: So, die wollen dich also auch nicht!*

Meine Pflegemutter, die ja selber traurig war, redete während der Zugfahrt ununterbrochen auf mich ein: sie wollte so sehr, dass ich glücklich werde. Schließlich bot sie mir sogar an, mein geliebtes Pony nach Deutschland einschiffen zu lassen. Ich starrte aus dem Fenster und verfluchte diesen Zug, der mich zurück nach Deutschland brachte. Was sie beide nicht verstanden haben: sie ließen es zu, dass ich ein zweites Mal die schreckliche Erfahrung eines Kindertransports durchlebte – nur in die andere Richtung!«

Zweifellos hofft Luise Rubinstein, dass ihre Tochter die Jahre in England vergisst. Alles soll wieder wie früher sein – ein vergeblicher Wunsch. Mit der Verfügung des Gerichts, die vierzehn Jahre alte Ruth zu ihrer leiblichen Mutter zurückzubringen, ist es nicht getan. *»Ich fühlte mich hundeelend, als ich in Mainz aus dem Zug stieg. Wieder war ich in einem fremden Land. Und wieder hatte ich alles verloren: die Menschen, die für mich meine Familie waren, meine Freunde, mein Pony – einfach alles. Und dann natürlich das Sprachproblem: ich hatte ja Deutschland mit dem Wortschatz einer Vierjährigen verlassen und das meiste vergessen! Und jetzt verstand ich kaum ein Wort.«* Das Stadtbild von Mainz scheint der inneren Verfassung des Mädchens zu entsprechen: nachdem die Stadt im Krieg schwer bombardiert worden war, liegt sie auch Ende der vierziger Jahre noch größtenteils in Trümmern. *»Die Bahnhofshalle wirkte wie ein Skelett: alle Fensterscheiben waren zer-*

brochen, und durch die leeren Rahmen blies ein eisiger Wind. Alles war unbehaglich und deprimierend. Die Innenstadt sah chaotisch aus: einzelne halb zerstörte Mauern ragten in den Himmel, zerborstene Straßenbahnschienen lagen herum, und die Menschen balancierten auf Holzplanken, die man über den Schutt gelegt hatte.«

Robert Rubinstein, 1948

Ruths Vater Robert Rubinstein ist nach Deutschland zurückgekehrt und lebt wieder mit seiner Frau zusammen. Die Jahre in der Emigration haben ihn schwer mitgenommen und seine Gesundheit ruiniert. Ein einziges Mal hatte er Berlin besucht, war jedoch von der Erinnerung überwältigt worden. Kurz nach seiner Ankunft hatte er einen Nervenzusammenbruch erlitten. Auch Luise Rubinstein, die als Nichtjüdin weder mit ihrer Tochter noch mit ihrem Mann hatte emigrieren können, hatte sich durch die Kriegsjahre und die lange Einsamkeit sehr verändert. »*Sie war unglaublich dick geworden und klagte ständig über starke Schmerzen. Ihr ganzer Körper schien unter einer permanenten Anspannung zu stehen. Ich konnte es spüren, sobald ich in ihre Nähe kam. Es war klar, dass eine furchtbare Zeit hinter ihr lag. Sie schien Angst vor meinen Fragen zu haben. Und ich fürchtete mich vor ihren Antworten. Was mochte sie durchlebt haben, in all den Jahren? Den Gedanken schob ich weit weg, sobald er in mir hochkam.*«

Es bleibt bei dem Schweigen zwischen Mutter und Tochter. Was in den vergangenen zehn Jahren passiert war, warum so lange kein Lebenszeichen gekommen war, warum die Mutter erst vier Jahre nach Kriegsende wieder auftauchte – all das bleibt unausgesprochen. Die Gespräche drehen sich um Unverfängliches und beziehen sich ausschließlich auf die Gegenwart. Alles Vergangene ist tabu. Umso größer und drängender ist die Sehnsucht der Eltern nach einem Neuanfang. Sie wollen, dass das Mädchen wieder in die Schule geht und ein neues Leben in Deutschland aufbaut. Aber Ruth wehrt sich. *»Ich machte erst gar nicht den Versuch, Deutsch zu lernen. Wenn mein Vater das Gespräch auf die Schule lenkte, rannte ich davon und kam erst am nächsten Morgen wieder. Ich war aggressiv und verschlossen. Ich hatte schreckliche Schuldgefühle, aber ich konnte nicht anders. Es ging einfach nicht. Es war zu spät.«* Nach langen, für alle Beteiligten qualvollen Monaten resignieren die Eltern: sie erlauben ihrer Tochter, nach England zurückzukehren, um dort die Schule abzuschließen. Bedingung ist, dass sie ihre gesamten Schulferien in Deutschland verbringt. *»Ich sehe es noch klar vor mir: meine Eltern standen beide völlig niedergeschlagen am Bahnsteig, meine Mutter weinte bitterlich. Sie wollte mich umarmen, aber ich ertrug es immer noch nicht. Unter irgendeinem Vorwand ging ich weg und verbrachte die letzten Minuten bis zur Abfahrt in einem Buchladen. Dann stieg ich in den Zug und kramte in meinem Koffer, statt aus dem Fenster zu sehen und*

Ruth Rubinstein auf dem Hof ihrer dritten Pflegefamilie

ihnen zu winken. All das hinterließ einen hässlichen Geschmack. Aber ich konnte nicht anders.«

Ruth Rubinstein kehrt zu ihrer Pflegefamilie in Sussex zurück. Aber auch dort hat sich vieles verändert. Allen ist jetzt klar, dass sich die geplante Adoption zerschlagen hat und dass Ruth niemals richtig zur Familie gehören wird. *»Also saß ich zwischen allen Stühlen. Weniger denn je hatte ich das Gefühl, irgendwohin zu gehören.«*

Erst sieben Jahre später fasst Ruth Rubinstein den Entschluss, es noch einmal mit ihren leiblichen Eltern zu versuchen. Wieder tritt sie die schwere Reise nach Deutschland an. Doch auf der Familie lastet bleischwer die Vergangenheit; eine wirkliche Nähe entwickelt sich nicht mehr. Hinzu kommt, dass Ruth Rubinstein sich in Deutschland als völlig Fremde fühlt. Sie hat Heimweh – nach England. *»Auch dieser Versuch scheiterte. Wir spürten es alle, dass wir zusammen keine Zukunft mehr hatten. Außerdem wollte ich studieren, und bei meinen kläglichen Sprachkenntnissen war ein Studium in Deutschland nicht möglich. Also stieg ich wieder in den Zug nach England. Dieses Mal war es endgültig.«*

Heute arbeitet Ruth Rubinstein als Psychoanalytikerin in London. Sie ist mit einem englischen Juden verheiratet, der wie sie Therapeut ist; zusammen haben sie drei Kinder. Als Analytikerin arbeitet sie heute vor allem mit Menschen, die durch den Holocaust traumatisiert wurden. *»Es tut mir heute noch weh, dass sich meinen Eltern und mir nie die Chance einer Therapie geboten hat. Jeder von uns war so sehr verstrickt in seinen Schmerz und seine Angst. Wir hätten dringend Hilfe gebraucht; aber wer dachte in der Nachkriegszeit an so etwas wie eine Familientherapie? Die meisten Menschen wurden doch sich selbst überlassen – und viele scheiterten daran, so wie wir. Heute weiß ich, dass meine Mutter mich gerettet hat. Zweifellos hat sie mich sehr geliebt. Und trotzdem konnte ich nie wirklich zu ihr zurückkehren. Das werde ich immer mit mir herumtragen – bis ans Ende meines Lebens.«*

»Ich wollte leben!«

Margot Fellheimer,
geboren 1922 in München

»Kurz vor Weihnachten wurde Papa aus dem KZ entlassen. Eines Abends, als die ganze Familie zusammensaß, gab er sich einen Ruck und fragte: Wie wär's, wenn wir das Gas aufmachen? – Er sah keinen Ausweg mehr und wollte, dass wir alle zusammen sterben. Ich sah Mama an: Sie war nicht überrascht. Es war also schon alles abgesprochen. Nur wir Kinder wussten es noch nicht.«

Margot Fellheimer wächst in einem wohlhabenden, liberal jüdischen Elternhaus in München auf. Ihr Vater Theo ist Kaufmann und kann seiner Familie ein komfortables Leben bieten. Die Mutter Jenny widmet sich der Erziehung der zwei Töchter. Sie ist eine stille, freundliche Frau, die an den Abenden gerne die Kleider ihrer zwei Mädchen mit zarten Stickereien verziert. *»Sie trug am liebsten Schwarz oder Dunkelblau, und so oft es nur ging hochhackige Schuhe, auch wenn sie am Abend vor Schmerz stöhnte. Außerdem schminkte sie sich sehr sorgfältig, bevor sie das Haus verließ. Mir gefiel das, und ich versuchte, es ihr gleichzutun. Mein Vater war allerdings strikt dagegen, dass ich Lippenstift benutzte. Jedes Mal, wenn wir vom Einkaufen nach Hause kamen, wischte ich mir das Lippenrot mit einem Taschentuch ab. Dann musste meine Mutter gucken, ob auch alles weg war, bevor sie die Haustür aufschloss. Mein Vater war ein bisschen prüde.«*

Was die Religion angeht, ist es Jenny Fellheimer, die strenge Maßstäbe anlegt. Sie hält die jüdische Tradition in der Familie hoch und achtet streng darauf, dass nur koscher gekocht wird. *»In der Küche gab's alles in doppelter Ausführung: Geschirr und Besteck war streng getrennt nach milchig und fleischig. Und dann gab es noch ein drittes, besonders gutes Service, das nur einmal im Jahr zum Pessachfest herausgeholt wurde. Mein Vater respektierte das; allerdings hatte er eine*

Theo und Jenny Fellheimer

Schwäche für Schinken. Wenn er damit nach Hause kam, wurde er von meiner Mutter an ein bestimmtes Eck des Küchentischs verbannt. Das war die ›Schinkenecke‹, an die sich meine Mutter niemals setzte. Das Besteck, das mit dem sündigen Fleisch in Berührung gekommen war, vergrub meine Mutter für einige Zeit in einem Blumentopf! Das war ein Reinigungsritual, auf das sie großen Wert legte. Wenn es nach mei-

nem Vater gegangen wäre, hätte Religion bei uns keine Rolle gespielt. Aber er passte sich an – ihr zuliebe.«

Auch die Rituale des Schabbat sind der Mutter heilig. »*Mein Vater hatte als Kind kein Hebräisch gelernt. Also hat meine Mutter ihm die Schabbatgebete und Segenssprüche auf einem Blatt Papier aufgeschrieben – phonetisch und in lateinischen Buchstaben. Er tat sein Bestes, um es korrekt vorzulesen – Silbe für Silbe. Mutter wollte nicht, dass wir auf Deutsch beten.*« An den Samstagen geht Jenny Fellheimer schon in aller Frühe in die Synagoge, an ihrer Hand Margots kleine Schwester, die sieben Jahre jüngere Lore-Luise. Margot kommt eher nach dem Vater – wie er hat sie keine innere Bindung zur Religion. »*Ich hasste die Samstage! Alles mögliche war verboten: ich durfte nicht mit der Schere schneiden, ich durfte nicht malen, ich durfte nicht schreiben. Ich erinnere mich an ewige Spaziergänge im Englischen Garten. Es war ziemlich langweilig, und ich war immer froh, wenn der Schabbat wieder vorbei war. Um meine Mutter zu ärgern, habe ich oft gesagt: Wenn ich groß bin, heirate ich einen Christen! Das mochte sie gar nicht.*«

Jenny Fellheimer mit ihren Töchtern Margot und Lore-Luise, München 1933

Als Hitler 1933 Reichskanzler wird, verändert das auch den Alltag der Familie. Theo Fellheimer verliert als Kaufmann immer mehr Aufträge. Die finanzielle Sorglosigkeit gehört zunehmend der Vergangenheit an. Margot bekommt die Folgen der antijüdischen Propaganda in ihrer Schulklasse zu spüren: »*Wir bekamen eine neue Lehrerin; die hat mir das Leben zur Hölle gemacht. An den Wochenenden pilgerte sie immer nach Berchtesgaden – in der Hoffnung, einen Blick auf ihren geliebten Führer werfen zu können. Und am Montag drauf hörten wir, ob es geklappt hatte. Dann war sie immer ganz aufgeregt und schwärmte von seinen herrlichen Eigenschaften – wie ein alberner Backfisch, ein Teenager! Sie hat dann später auch Rassenkunde unterrichtet. Ich wurde jedes Mal rausgeschickt und musste auf dem Gang stehen, bis sie fertig war. Und offenbar machte sie ihre Sache gut. Wenn ich zurück ins Klassenzimmer kam, lagen kleine Zettelchen auf meinem Pult oder in meiner Tasche. Manchmal waren sie sogar an meinen Mantel geheftet, so dass ich sie erst entdeckte, als ich wieder zu Hause war. ›Saujude‹ stand darauf, oder ›Dreckiges Judenschwein‹. Keiner wollte mehr neben mir sitzen; auf dem Stuhl lag immer nur meine Tasche. Das war traurig.«*

Als Margot immer öfter weinend nach Hause kommt, beschließen ihre Eltern, sie auf eine jüdische Schule zu schicken. Sie selbst stellen ernüchtert fest, dass immer mehr so genannte Freunde der Familie nichts mehr von sich hören lassen. Und langsam zieht die Angst in den Alltag der Fellheimers: *»München war ja groß für das Marschieren! Ich erinnere mich noch an die Truppen, die unten auf der Straße grölten: ›Und wenn das Judenblut vom Messer spritzt …‹ Wir haben uns alle gefürchtet, besonders meine kleine Schwester. Sie war zart und zerbrechlich und eigentlich ständig krank. Meist lief sie nur im Nachthemd durch die Wohnung. Ihr ging die Atmosphäre besonders unter die Haut. Und dann diese Ansprachen im Radio! Wenn Hitler redete, vielmehr brüllte, dauerte das ja stundenlang. Aber man musste da zuhören – um zu wissen, was als Nächstes geschieht. Sobald das Wort ›Jude‹ kam, haben wir aufgehorcht.«*

In den frühen Morgenstunden nach der Reichspogromnacht im November 1938 wacht Margot vom einem dumpfen Hämmern auf. Vier Gestapo-Beamte verschaffen sich gewaltsam Eintritt in die Wohnung: *»Die Männer liefen mit ihren schweren Stiefeln durch unsere Zimmer – so selbstverständlich, als ob sie bei sich zu Hause wären! Sie zogen die Schubladen auf, rissen Kleider aus den Schränken und wühlten alles durch, sogar im Kinderzimmer. Keine Ahnung, wonach die gesucht haben! Meine Mutter saß im Morgenrock in der Küche. Sie* *tröstete meine Schwester, die völlig aufgelöst war und gar nicht mehr aufhörte zu schluchzen. Dann wurde mein Vater dazu aufgefordert, sich anzuziehen. Seinen Gesichtsausdruck sehe ich heute noch: so mutlos und erschöpft. Ohne ein einziges Wort ließ er sich von den Männern abführen. Er hat sich nicht einmal mehr zu uns umgedreht.«*

Erst Wochen später erfährt Jenny Fellheimer, dass ihr Mann in das Konzentrationslager nach Dachau gebracht worden war. In der Hoffnung, etwas für ihren Mann zu erreichen, sucht sie seine Orden und Unterlagen aus dem Ersten Weltkrieg zusammen. Er hatte als Soldat gekämpft – für das, was er damals als sein Vaterland ansah. Auch sein Bruder war damals als Freiwilliger in den Krieg gezogen. Theo Fellheimer war mit einer schweren Gasverwundung aus dem Krieg zurückgekehrt und hatte sich nur langsam wieder erholt. *»Und so wird es einem gedankt! Meine Mutter war verzweifelt. Sie rannte von einem Amt zum anderen und zog die Orden und Papiere aus ihrer Handtasche, um sie auf den Schreibtischen irgendwelcher Bürokraten auszubreiten. Mittags kam sie dann völlig erschlagen nach Hause. Aber sie wollte einfach nichts unversucht lassen. Am nächsten Morgen ging sie wieder los. Am schlimmsten war die Ungewissheit. Da war ja kein Brief, kein Anruf – nicht das geringste Lebenszeichen!«*

Sechs Wochen später, am 20. Dezember 1938, klingelt es an der Tür – draußen steht ein Mann mit schlohweißem Haar. *»Ich habe meinen Vater zuerst kaum erkannt. Sechs Wochen vorher war er doch noch dunkelblond! Und nun sah er aus wie ein alter Mann – mit zweiundfünfzig Jahren. Als wir alle wieder zusammensaßen, wartete ich darauf, dass er anfängt zu erzählen. Aber da kam nichts. Gar nichts. Das war mir unheimlich.«* Die wenigen Wochen in Dachau haben Theo Fellheimer verändert. Er ist ernst und wortkarg, bringt kaum noch ein Lachen zustande. An einem grauen Januartag spricht er aus, was ihm im Kopf herumgeht. *»Eines Abends, als die ganze Familie zusammensaß, gab er sich einen Ruck und fragte: Wie wär's, wenn wir das Gas aufmachen? – Er sah keinen Ausweg mehr und wollte, dass wir alle zusammen sterben. Ich sah Mama an: Sie war nicht überrascht. Offenbar dachte sie genau-*

so wie er. Es war also schon alles abgesprochen. Nur wir Kinder wussten es noch nicht. Es war wie eine Abstimmung. Und ich habe Nein gesagt. Ich wollte leben! Da musste doch irgendwo noch etwas Hoffnung sein. Und mein Vater sagte: Gut. Dann machen wir's nicht.«

Theo Fellheimer unternimmt noch einen Anlauf: zusammen mit seiner Frau beschließt er, dass die ganze Familie Deutschland verlassen soll. Er will nach Kenia, während seine Frau Amerika bevorzugt – doch aus beidem wird nichts. Mit der Bereitschaft, alles aufzugeben, ist es nicht getan. *»Sie haben an jeden Tom, Dick and Harry geschrieben, wie man auf Englisch sagt. Mein Vater schilderte allen entfernten Verwandten, die schon vor Jahren ausgewandert waren, unsere Situation. Dann schickte er seitenlange Briefe an irgendwelche Bekannte, an die er sich nur vage erinnerte. Aber die meisten haben nicht einmal geantwortet.«* Weil der Vater als Kaufmann inzwischen gar keine Aufträge mehr bekommt, gehen Margot und ihre Mutter in das Jüdische Krankenhaus, um für ein karges Gehalt Teller zu spülen. Die Atmosphäre wird immer bedrückender. *»In vielen Schaufenstern in der Innenstadt hingen jetzt Schilder: Juden und Hunde unerwünscht. Ins Kino durfte man als Jude auch nicht mehr, ebenso wenig ins Schwimmbad. Auf der Straße sah ich die Mädchen zum Tea-Dancen gehen, hübsch angezogen und frisiert, und dachte: Ich wünschte, ich könnte das auch tun! Aber natürlich durften wir Juden nicht einmal mehr tanzen. Wir haben dann zu Hause Platten aufgelegt und sind dort etwas herumgehüpft – auf Socken, damit die guten Christen im Stockwerk drunter nicht raufkommen und sich beschweren. Aber das war nicht dasselbe wie auf einem richtigen Ball. Ich war sechzehn Jahre alt und wollte doch auch gerne etwas Spaß haben!«*

An Spaß ist jedoch nicht mehr zu denken. Mit Tellerwaschen ist die vierköpfige Familie nicht zu ernähren, und die Eltern schicken Margot zu einer wohlhabenden Tante an den Bodensee. *»Es wurde leichter für meine Eltern, als ein Mund weniger zu füttern war, keine Frage. Und ich liebte meine Tante Elsa heiß und innig. Die Schwester meines Vaters war eine sehr patente Frau, klein und dick. Sie trug Hosen statt Röcke und* *rauchte Zigarren; beides war damals noch ziemlich verwegen. Bei ihr hatte ich unter dem Dach eine kleine Bude, in der es wüst aussah, weil ich nie aufräumen musste – herrlich! Sie hatte keine eigenen Kinder und verwöhnte mich maßlos.«* Margot verbringt einen letzten schönen Frühling im kleinen Fischbach am Bodensee. Das rosenumrankte Häuschen hat einen großen Garten, in dem ein zahmes Rehkitz lebt, das sich von Margot füttern lässt. An den warmen Tagen geht sie mit ihrer Tante Elsa an den See. Doch die antijüdische Propaganda ist inzwischen bis in den verschlafenen Ort vorgedrungen. *»Ich hatte eine Freundin in Fischbach. Sie war so alt wie ich, aber schon eine gestandene Bäuerin. Irgendwann hat sie mich zu sich eingeladen, aber es war ihr wichtig, dass ich nur komme, wenn es dunkel ist. Keiner sollte sehen, dass sie sich mit einer Jüdin abgibt. Ich habe es ihr nicht übel genommen; das war ich ja schon gewohnt.«*

Die Zeit am Bodensee nimmt ein abruptes Ende. An einem Abend im Mai ruft die Mutter aus München an: Margot soll auf der Stelle packen und nach Hause kommen; sie hat einen Platz auf einem Kindertransport. *»Das kam völlig überraschend: ›Am Dienstag fährst du nach England!‹ Meine Schwester war mal wieder krank und lag mit einer Lungenentzündung im Bett; also musste ich allein fahren. Ich hatte nicht die geringste Lust, mein wunderbares Paradies am Bodensee zu verlassen. Meine Tante Elsa redete auf mich ein, ich könne doch bei ihr bleiben. ›Was willst du denn in England?‹, fragte sie immer wieder. Es war offensichtlich, dass sie mich nicht gehen lassen wollte.«*

Doch Margots Eltern setzen sich durch – und Margot bricht schweren Herzens auf. Viel Zeit bleibt nicht zum Abschiednehmen von ihrer Familie und der alten Heimat – schon drei Tage später geht ihr Zug nach London. Während sie ihre Koffer packt, um in die Freiheit zu fahren, sind ihre letzten Eindrücke deprimierend. *»Die Mutter meines besten Freundes hatte sich aus dem Fenster geschmissen, nachdem sie ein Visum für Kolumbien nicht bekommen hatte. Inzwischen war auch klar, dass die ganzen Briefe meiner Eltern zu nichts geführt hatten – sie konnten Deutschland nicht mehr verlassen. Die*

Am Tag vor Margots Auswanderung:
(v. l. n. r.) Theo, Lore-Luise und Jenny Fellheimer;
ganz rechts stehend: Margot Fellheimer

Angst fraß sie völlig auf, sie fühlten sich wie die Maus in der Falle. In der eigenen Wohnung flüsterten sie nur noch. Über das Telefon hatten sie ein dickes Kissen gelegt, aus Angst, belauscht zu werden. Bei jedem Klingeln an der Tür zuckten sie zusammen. Und ich war alt genug, es zu verstehen. Da war zwar ein winziger Hoffnungsschimmer, dass wir uns alle wieder sehen, vielleicht doch noch in Amerika? Aber ein kühlerer, nüchterner, hoffnungsloser Teil von mir ahnte es schon: Ich werde leben, und sie nicht.«

Um für ihre scheidende Tochter noch so viel wie möglich zu tun, schicken die Eltern zwei gewaltige Überseekoffer nach England, darin ist ihre gesamte Aussteuer: Bettwäsche für den Sommer und den Winter, Dutzende von Handtüchern, Tischtüchern und Servietten, dazu Kleidung, die auf Jahre hinaus reicht. Jedes der Stücke trägt ein kleines Monogramm: M F hatte die Mutter überall fein säuberlich hineingestickt. Für Jenny Fellheimer ist es tröstlich, dass sie weiß, bei wem Margot wohnen wird. Eine gewisse Mrs. Chapman – eine wohlhabende englische Jüdin – hatte sich bereit erklärt, Margot für unbestimmte Zeit auf ihrem Landsitz aufzunehmen. Eine von Jennys Münchner Freundinnen, die bereits in den frühen dreißiger Jahren emigriert war, arbeitet als Hausangestellte bei der Dame und hatte den Kontakt zustande gebracht.

»*In den verbleibenden Stunden vor meiner Abfahrt war dann der Teufel los. Meine Mutter sauste bis zuletzt durch die Wohnung, um bloß nicht einen Moment zur Ruhe zu kommen. Als wir dann am Bahnhof waren, wurde sie ganz stumm. Sie sah mich unentwegt an, und Tränen liefen ihr über die Wangen. Wir haben alle geweint. Die ganze Familie war zusammengekommen, um mich zum Zug zu bringen. Nur meine kleine Schwester lag mit ihrem schweren Husten im Bett. Wir saßen in einem kleinen Zimmerchen neben der Bahnhofshalle, und um uns herum die gleichen traurigen Gesichter. Schließlich wurde es Zeit, und ich riss mich los. Ich war schon eingestiegen, als plötzlich mein Freund Rudi über den Bahnsteig rannte. Er reichte mir noch eine Tafel Schokolade durch das Fenster und küsste mich; dann fuhr der Zug an. Ich habe ihn nie wieder gesehen. Keine Ahnung, was aus ihm geworden ist.*«

Am 18. Mai 1939 kommt Margot Fellheimer in London an; nur um Haaresbreite war es den Eltern gelungen, ihr noch einen Platz auf dem Kindertransport zu verschaffen. Denn eine Woche später, am 25. Mai 1939, wurde Margot siebzehn – dann wäre sie zu alt gewesen für den Kindertransport. Als sie an der Liverpool Street Station in London aussteigt, wird sie von einer etwas exzentrisch wirkenden Dame in Empfang genommen. »*Ich saß da mit einem Pappschild um den Hals, auf dem mein Name stand. Ich war nervös und fragte mich, was wohl pas-*

Margot Fellheimer (li.)
vor dem Landsitz in Buckinghamshire

sieren würde, wenn mich niemand abholt. Ich sprach ja kaum ein Wort Englisch! Aber dann war da diese Dame: grell geschminkt, mit einem ausladenden Hut und gefärbten Haaren, dazu ein enges, purpurnes Kostüm. Sie sah aus wie die queen mum! Die Frau kam in Begleitung ihres Chauffeurs, der zur Begrüßung eine knappe Verbeugung andeutete und dann wortlos meinen Koffer zum Wagen trug. Das also war Mrs. Chapman, meine neue Pflegemutter.« Eine lange Autofahrt bringt Margot zu einem einsamen Landsitz in Buckinghamshire. *»Mein neues Zuhause war wirklich beeindruckend! Im Erdgeschoss war ein Saal mit einer hohen Decke aus Fachwerk. An einer Seite war ein gewaltiger Kamin, in dem halbe Baumstämme lagen. Ich fragte mich, wie sie es anstellten, diese große Halle im Winter zu heizen. Um den Saal verlief eine Galerie mit einem dunklen Holzgeländer; von dort aus kam man in die einzelnen Zimmer.«*

Mrs. Chapman ist eine allein stehende Engländerin, die in der Bond Street, einer Londoner Luxusmeile, einen sündhaft teuren Salon für Umstandsmoden betreibt. Sie veranstaltet eigene Modenschauen und legt Wert darauf, mit »Madame« angesprochen zu werden. Auf ihrem großzügigen Landsitz entspannt sie sich an den Wochenenden. Die Dame stammt zwar aus einer alten jüdischen Familie, doch Margot merkt schnell, dass ihre Pflegemutter einen Hang zum Okkultismus hat: *»Überall auf der Galerie waren merkwürdige Steinfiguren aufgestellt: kleine Männchen mit verzerrten Fratzen, Drachen, die ihre Rachen aufrissen, und buckelige Frauen mit Schielaugen. Mrs. Chapman glaubte daran, dass sie böse Geister abwehren könnten. Später erklärte sie mir allen Ernstes, ich solle mich nicht vor den Mönchen fürchten: Männer in Kapuzenmänteln, die durch die Wände kamen und gingen, sobald es dunkel wurde. Der Landsitz stünde auf dem ehemaligen Grund einer alten Abtei; da müsse man so etwas in Kauf nehmen. Ab und zu kamen ein paar ihrer Freunde zu Besuch, um Kontakt zu den Verstorbenen aufzunehmen. Da durfte ich dann nicht stören. Es war wirklich nicht ganz koscher dort! Abends habe ich mich oft gegruselt. Aber den Mönch, der durch Wände geht, hab ich nie gesehen.«*

Margot Fellheimer (Mitte) mit dem Chauffeur

Für Margot beginnt eine einsame Zeit. Die Dame ist zwar bereit, für ihren Unterhalt aufzukommen; die Hoffnung auf einen Schulbesuch muss Margot aber aufgeben. *»Für mich war das schlimm, ich hab gar keine jungen Leute mehr gesehen. Das Haus lag in the middle of nowhere, wie man in England sagt. Bis zum nächsten Bus musste man eine halbe Stunde laufen, und ich hatte ja kein Geld. Außerdem: wo hätte ich denn hinfahren sollen, ich kannte ja niemanden!«* In der Einsamkeit des Landsitzes befreundet sich Margot mit dem nicht mehr ganz jungen Dienstpersonal. Der Gärtner und der Chauffeur bemühen sich, ihr etwas Englisch beizubringen, und an den Wochenenden darf sie der Dame des Hauses aus der »Times« vorlesen. *»Ich habe im Garten die toten Blumenköpfe abgeschnitten, und ich habe geholfen, den Tisch zu decken. Abends habe ich noch die Wärmflaschen ins Bett gelegt – das war's eigentlich schon. Ich bin fast zersprungen vor Sehnsucht und Langeweile!«*

Ein ganzes Jahr verbringt sie auf dem Landsitz; dann wird sie als »feindlicher Ausländer« interniert und kommt auf die zwischen England und Irland gelegene Isle of Man. *»Am Strand* *waren ein paar Gästehäuser, da wurden wir hingebracht. Das war sogar ganz hübsch! Vor allem aber habe ich endlich wieder junge Leute gesehen. Was war ich froh! Es störte mich nicht im Geringsten, interniert zu sein. Wir bekamen kleine Aufgaben zugeteilt; man musste Kartoffeln schälen oder Gemüse waschen, weiter nichts. Insgesamt wurden wir sehr gut behandelt.«*

Seit Anfang des Krieges hatte Margot nur wenige Zeilen von ihren Eltern erhalten. Dass sie während ihrer Internierung sogar noch ein Paket von der Mutter bekommt, grenzt fast an ein Wunder: *»Da war ein dicker brauner Pullover drin, und braune Strümpfe. Meine Mutter hatte sich bestimmt große Sorgen gemacht, dass es mir schlecht geht im Internierungslager. Die Sachen habe ich nie getragen, weil sie so gekratzt haben. Aber ich habe sie neben mein Kopfkissen gelegt, weil sie noch nach meiner Mutter gerochen haben und nach zu Hause, nach München!«*

Das Paket soll das letzte Lebenszeichen von ihrer Mutter Jenny bleiben. Im Herbst 1940 wird Margot Fellheimer aus der Internierung entlassen. Sie geht nach London, um sich dort eine Arbeit zu suchen. So gut es geht, verdrängt sie die Sorge um ihre Eltern und ihre kleine Schwester Lore. Tagsüber arbeitet sie zusammen mit einer Freundin in einer Munitionsfabrik. *»Es war sehr anstrengend. Wir haben sechs Tage die Woche gearbeitet, jeden Tag zwölf Stunden, und manchmal noch mehr. Alles hat entsetzlich nach Öl gestunken, vor allem die Haare. Weil Seife rationiert war, haben wir die Haare mit Rasierschaum gewaschen. Ich hatte gar nicht gewusst, dass das geht! Jedenfalls habe ich mich gut dabei gefühlt, meinen Beitrag zu leisten. Jede Minute war wichtig, damit dieser Krieg endlich zu Ende geht. Das war doch das Wenigste, was ich tun konnte – gegen Hitler!«*

Sie hat ein kleines Zimmer in einer Pension gefunden. Als die Luftangriffe auf London immer heftiger werden, sucht sie sich einen neuen Schlafplatz: zusammen mit ihrer Freundin kampiert sie unter dem Flügel im Gemeinschaftsraum. *»Wir beide hatten uns überlegt: wenn eine Bombe auf uns fällt, wollten wir, bitte schön, sofort tot sein und uns nicht lange quälen.*

Und wir waren sicher, dass wir es nicht überleben, wenn der schwere Flügel uns zerdrückt. Das war irgendwie beruhigend, auch wenn's komisch klingt! Viele Kollegen aus der Fabrik schliefen in den U-Bahnschächten. Sie redeten auf mich ein, ich solle auch kommen. Aber ich bekam in diesen langen Röhren furchtbar Platzangst; ich konnte da nicht atmen. Ich bin noch in derselben Nacht wieder nach Hause gelaufen – zurück zu meinem Flügel! Und irgendwann hatte ich mich sogar an die Luftangriffe gewöhnt. Im Radio spielten sie damals einen Song: ›You get used to it‹ – Du gewöhnst dich dran! So war das Lebensgefühl von vielen.«

So gut es geht, versucht sie die wenigen freien Stunden zu genießen. Mit ihrer Cousine Gretel, wie sie eine jüdische Emigrantin, geht sie abends tanzen. »*Wir hatten meist kaum einen Penny in der Tasche, aber das machte nichts. Wir rieben uns die Beine mit Schwarztee ein und zeichneten uns gegenseitig einen schwarzen Strich auf die Waden; mit dem Augenbrauenstift ging das ganz gut. Das Ergebnis sah dann so ähnlich aus wie Nylons mit einer Strumpfnaht. Strümpfe waren ja damals unbezahlbar! Inzwischen kannten wir viele Emigranten aus Deutschland, mit denen zogen wir dann los. Das war richtig lustig. Durch die ständigen Luftangriffe hatten wir alle einen solchen Schlafmangel, dass wir eigentlich dauernd völlig überdreht waren.«*

Bei ihren Freunden findet sie etwas Ablenkung. Doch immer wieder holt sie die Sorge um ihre Familie ein. Im Winter 1943 sind es drei lange Jahre, dass kein Lebenszeichen mehr von ihren Eltern gekommen ist. Auch von ihrer Tante Elsa hat Margot seit Ewigkeiten nichts mehr gehört. Bekümmert schreibt sie ihr: »*Meine Lieben. Bin besorgt. Warum schreibt ihr nicht öfters? Hoffe euch alle wohlauf, bin es auch. Ist Jenny gesund?«* Vier Monate später antwortet die Tante endlich: »*Mein Liebling. Sei unbesorgt. Alle sind gesund. Wir schreiben Dir monatlich. Alle lassen Dich grüßen.«* Margot wird misstrauisch. Warum lässt ihre Mutter nur grüßen und schreibt nicht selbst? In einer Rotkreuzpostkarte an die Tante bohrt sie nach: »*Hoffe euch gesund. Hört ihr von Jenny?«* Die Tante schreibt tröstende Zeilen; wieder heißt es beschwichtigend: »*Sei ohne Sorge. Alle*

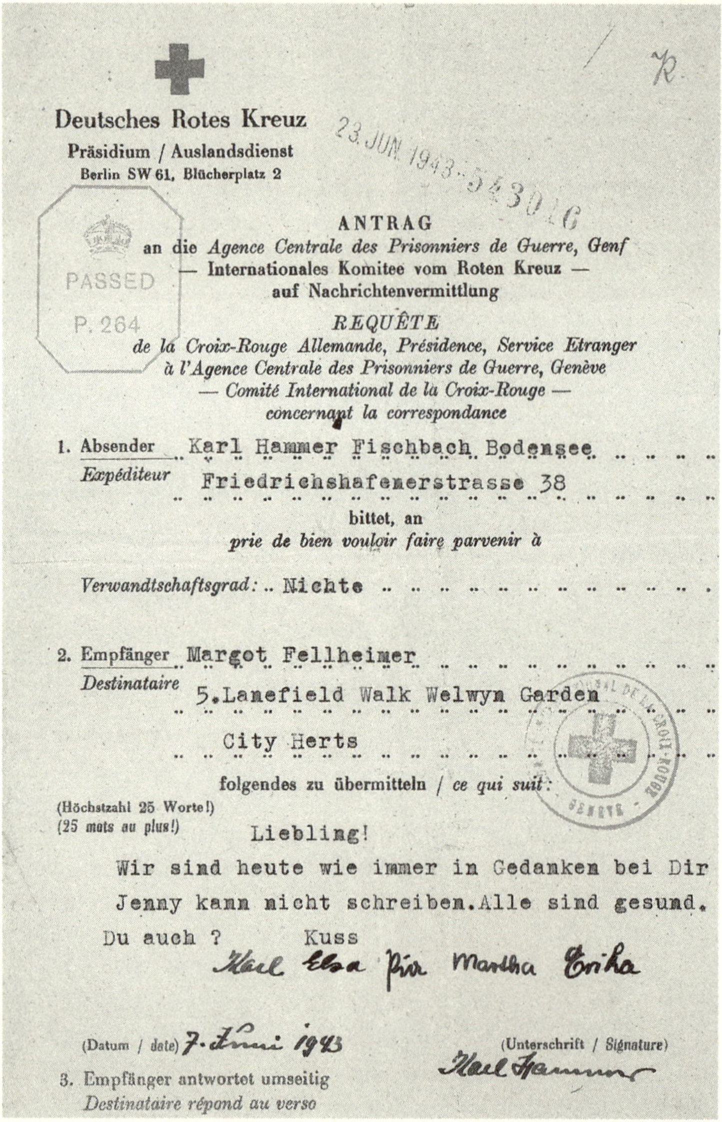

Deutsches Rotes Kreuz
Präsidium / Auslandsdienst
Berlin SW 61, Blücherplatz 2

23. JUN. 1943 - 543016

PASSED
P. 264

ANTRAG
an die *Agence Centrale des Prisonniers de Guerre, Genf*
— Internationales Komitee vom Roten Kreuz —
auf Nachrichtenvermittlung

REQUÊTE
de la Croix-Rouge Allemande, Présidence, Service Etranger
à l'Agence Centrale des Prisonniers de Guerre, Genève
— Comité International de la Croix-Rouge —
concernant la correspondance

1. Absender / *Expéditeur*: Karl Hammer Fischbach Bodensee
Friedrichshafenerstrasse 38

bittet, an
prie de bien vouloir faire parvenir à

Verwandtschaftsgrad: Nichte

2. Empfänger / *Destinataire*: Margot Fellheimer
5.Lanefield Walk Welwyn Garden
City Herts

folgendes zu übermitteln / *ce qui suit*:

(Höchstzahl 25 Worte!)
(*25 mots au plus!*)

Liebling!
Wir sind heute wie immer in Gedanken bei Dir
Jenny kann nicht schreiben. Alle sind gesund.
Du auch ? Kuss
Karl Elsa Pia Martha Erika

(Datum / *date*) 7. Juni 1943

(Unterschrift / *Signature*)
Karl Hammer

3. Empfänger antwortet umseitig
Destinataire répond au verso

Rotkreuzpostkarte vom Juni 1943

sind gesund. Wir sind in Gedanken bei Dir.« Doch alle Karten an die Eltern bleiben ohne Antwort. Im Juni 1943 schreibt die Tante einen Besorgnis erregenden Satz, der nach dem Schlimmsten klingt: *»Jenny kann nicht schreiben.«* Und dann – erreicht Margot keine einzige Zeile mehr, so viele Karten sie auch nach Deutschland abschickt. Die Hoffnung, dass alle Briefe in den Kriegswirren verloren gegangen sind, schwindet mehr und mehr.

Als Margot am 8. Januar 1944 wieder ihrer geliebten Tante schreibt: *»Bin besorgt, habe schon lange nichts mehr von Dir gehört, hoffe euch gesund. Grüsse und küsse alle, besonders Dich.«*, weiß sie nicht, dass die Tante schon seit Monaten tot ist. Erst im Sommer kommt die Nachricht, vor der sie sich so sehr gefürchtet hatte. Gretl, die Pflegetochter der Tante Elsa, hatte sich dazu entschlossen, in deutlicheren Worten zu schreiben. *»Tante am 28. September vor Erreichung ihres Reisezieles gestorben.«* steht knapp auf dem dünnen Papier. Wohin die Tante »reiste«, schreibt Gretl nicht. *»Sepp mit Frau Riga, grüsste und von anderen immer ohne Nachricht.«* heißt es weiter. Dass diese wenigen Worte die Deportation der ganzen Familie umschreiben, wird Margot erst nach Ende des Krieges klar. Lange weiss sie nichts von der Existenz der Vernichtungslager im Osten. Als der Krieg endlich zu Ende ist, beginnt Margot Fellheimer die traurige Suche nach ihrer Familie. Es fällt ihr schwer, die letzte Hoffnung auf ein Wiedersehen endgültig aufzugeben. Sie korrespondiert mit dem Deutschen Roten Kreuz, um mehr über das Schicksal ihrer Eltern zu erfahren. Erst drei Jahre nach Kriegsende, im Winter 1948, erhält sie eine Antwort. *»... haben wir nunmehr festgestellt, dass die gesamte Familie am 20. 11. 1941 nach Riga deportiert wurde und bisher nicht zurückgekehrt ist. Wir bedauern sehr, Ihnen keine günstigere Nachricht übersenden zu können.«* Die Lebensspur ihrer geliebtenTante Elsa verliert sich im Ungewissen. Das Deutsche Rote Kreuz registriert sie als »verschollen«. Auch das Schicksal von Margots Tante Babette liegt im Dunkeln. Über Margots Eltern Theo und Jenny, die Schwester Lore-Luise und den Onkel Josef gibt es nähere Angaben – sie alle sind in Lettland gestorben. Vermutlich wurden sie schon

Ein Gruß an die große Schwester in England: Lore-Luise Fellheimer in München, Sommer 1939

kurz nach ihrer Ankunft in der Nähe von Riga in einer Massenexekution erschossen. Tausende von Juden – Männer, Frauen und Kinder – wurden damals in die Wälder am Stadtrand von Riga gebracht; dort mussten sie sich vor tiefen Panzergräben aufreihen, bevor sie getötet wurden. Sie fielen sterbend in ihr eigenes Grab.

Margot Fellheimer ist nach dem Krieg in England geblieben. Heute lebt sie mit ihrem Mann und ihren Kindern in Welwyn Garden City, einem kleinen, grünen Städtchen in der Nähe von London. Den Gedanken an Deutschland hat sie viele Jahre so gut es ging verdrängt. *»Ich wollte lange Zeit von Deutschland nichts mehr wissen und habe auch kein Deutsch mehr gesprochen, kein einziges Wort. Ich bin ja auch mit einem Engländer verheiratet. Und ich habe nichts gekauft, was aus Deutschland kam. Als ich in den fünfziger Jahren wegen einer Gerichtssache nach München kommen musste, war ich nicht mehr in der Lage, Deutsch zu sprechen. Ich hatte es nicht etwa verlernt: das war eine psychologische Sperre. Denn als ich dreißig Jahre später in Österreich Urlaub gemacht habe und dort sehr liebevolle und herzliche Menschen kennen gelernt habe – da war die Sprache plötzlich wieder da! Und irgendwann dachte ich mir, das ist doch dumm: Die jungen Leute in Deutschland, die sind doch wie unsere jungen Leute hier in England, nicht wahr? Es gibt nette darunter und weniger nette. Und dann hab ich aufgehört, die Deutschen zu hassen. Mit jungen Deutschen kann ich heute sogar befreundet sein.«*

Inzwischen hält Margot Fellheimer einmal in der Woche ein deutschsprachiges Kaffeekränzchen ab. Auch das eine oder andere deutsche Buch steht wieder in ihrem Regal. Per Satellit holt sie sich sogar das deutsche Fernsehprogramm ins Wohnzimmer. Sehnsucht nach ihrer Geburtsstadt München verspürt

Margot Fellheimer heute noch. »*Wenn ich Heimweh habe, dann habe ich Heimweh nach München! Ich habe die Stadt sehr geliebt: die ganze Atmosphäre dort, die Gemütlichkeit, das Hofbräuhaus, all das. Das kann ich nicht vergessen. Sogar nach den Schweinshax'n hab ich manchmal Sehnsucht; so etwas Unkoscheres hat mein Vater doch auch gerne gegessen! Ich habe ein großes Gefühl für München, immer noch. Und trotzdem: leben könnte ich dort nicht. Als ich das letzte Mal da war, kam ich mir vor wie auf einem Friedhof. Meine Familie, meine Freunde, viele Leute, die ich damals gekannt habe, sind doch gestorben. Vielmehr: ermordet worden. Ich bin die Einzige, die noch lebt. – Nein, zurückgehen könnte ich nie mehr.*«

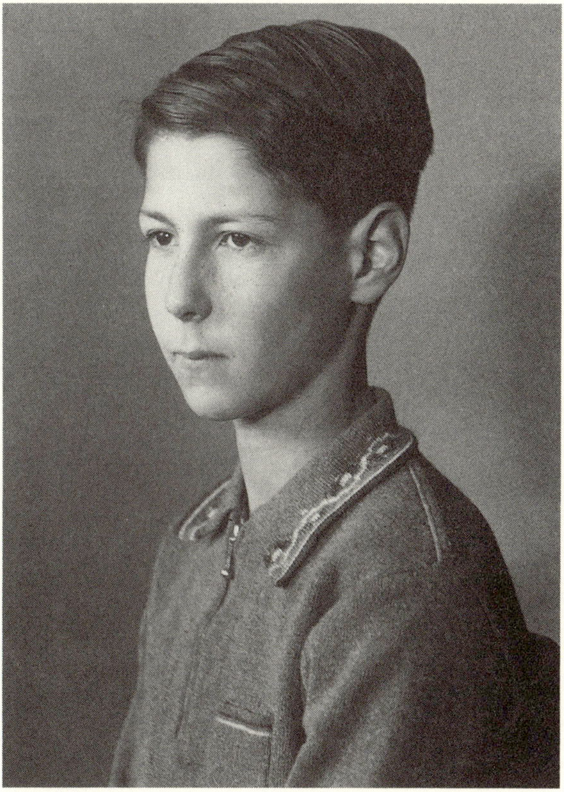

»Warum bin ich noch da?«

Lothar Baruch,
geboren 1925 in Köslin/Koszalin

»Da ist diese Frage in mir, die immer wieder hochkommt – irrational, aber unauslöschbar: Warum habe ich überlebt? Warum nicht meine Schwester, meine Eltern? Wenn ich viel arbeite, denke ich meist nicht daran. Aber sobald ich einmal zur Ruhe komme, steigt dieses Schuldgefühl in mir hoch. Ich dachte lange, dass nur ich so empfinde. Aber es ist das Lebensgefühl vieler Menschen, die dem Holocaust entkommen sind. Psychologen nennen es ›survivor's guilt‹ – das Schuldgefühl der Überlebenden. Es ist nicht schön, sich schuldig zu fühlen, nur weil man lebt. Ob das jemals aufhört?«

Lothar Baruch wächst in einem gutbürgerlichen Elternhaus auf. Sein Vater Arthur Baruch arbeitet als Vertreter für Kinderkleider und ist nur selten zu Hause. Unter der Woche reist er durch ganz Pommern. Lothars Mutter Charlotte geht ihrem Mann bei der Buchhaltung zur Hand und ist für Lothar und dessen ältere Schwester Eva-Susanne der ruhende Pol in der Familie. Die Baruchs gehören dem liberalen Judentum an. *»Mein Vater fühlte sich in erster Linie als Deutscher. Es ist ja kein Zufall, dass ich nicht nur einen hebräischen Nachnamen habe – Baruch, der Gelobte –, sondern auch diesen klassischen germanischen Vornamen. Lothar – germanischer geht's nicht! Mein Vater hatte im Ersten Weltkrieg als Sanitäter gedient. Später wurde ihm das Eiserne Kreuz verliehen, weil er einem Kameraden das Leben gerettet hatte. Er war ein selbstbewusster Patriot und Sozialdemokrat, liebte die Klassiker der deutschen Literatur und hatte eine beachtliche Bibliothek. Dafür, dass er nie eine Universität von innen gesehen hatte, war er erstaunlich belesen. Für ihn war Deutschland tatsächlich das Land der Dichter und Denker.«*

Die Baruchs haben einen großen Freundeskreis, zu dem auch

viele Nichtjuden zählen. Dabei vergessen sie aber nicht die Rituale ihrer Religion. Besonders die Mutter Charlotte legt Wert darauf, dass die großen jüdischen Feiertage und der Schabbat gewürdigt werden. »*Von allen Wochentagen hatte der Schabbat sein ganz eigenes Gesicht. Ich fand das schön. Meine Mutter und meine Schwester Eva-Susanne, die zwei Jahre älter war als ich, putzten und scheuerten jeden Freitag die Küche, bis alles blitzblank war. Dann kam eine schneeweiße Decke auf den Tisch, und die silbernen Kerzenständer wurden aus dem Schrank geholt. Ein Hauch von Feierlichkeit und Ruhe kehrte ein – ein schöner Kontrast zur Hetze des Alltags. Es war eine ganz eigene Stimmung. Und es hielt die Familie zusammen! Ich habe meiner Mutter beim Kochen geholfen; es gefiel mir, neben ihr in der Küche zu hantieren. Als kleiner Junge träumte ich sogar davon, Koch zu werden. Meine Mutter war eine ausgezeichnete Köchin, und am Schabbat gab es immer etwas besonders Gutes. Ihre Königsberger Klopse waren hervorragend! Nach dem Essen gingen wir in die Synagoge, jeden Freitag Abend. Und am Samstag Morgen auch. Aber wir pflegten auch die kleinen Rituale deutscher Gemütlichkeit. Sonntags gingen wir – wie alle guten Deutschen – im Wald spazieren und kehrten irgendwo ein zu Kaffee und Kuchen.*«

Die Familie besitzt weder ein Radio noch ein Grammofon; dennoch ist das Haus voller Musik. Arthur Baruch liebt es, seine Abende am häuslichen Flügel zu verbringen; auch Eva-Susanne übt sich gewissenhaft im Klavierspielen. Lothar ist zwar weniger diszipliniert, aber die Musik berührt ihn. »*Musik hat mir immer viel bedeutet. Ich mochte es, wenn meine Mutter abends an meinem Bett saß und für uns Kinder Brahms' ›Wiegenlied‹ sang. Auch in der Synagoge wurde viel musiziert: mein Vater spielte die Orgel, und ich sang oft mit im Frauenchor. Ich hatte als Kind eine klare, schöne Stimme, aber mein Hebräisch war armselig. Der Lehrer, der einmal in der Woche allen jüdischen Kindern in Köslin Sprachunterricht gab, verzweifelte an meiner Faulheit. Aber meine Mutter hatte insgeheim die Hoffnung, dass ich einmal Kantor der Synagoge werde.*«

Die Ferien verbringt die Familie meist an der Ostsee in einem kleinen Bauernhäuschen. Lothars Vater hat eine Leidenschaft für das Meer und segelt mit den Fischern oft tagelang hinaus. Wenn er zurückkommt, schwärmt er dem Jungen von den Nächten auf offener See vor. »*Das konnte ich gut verstehen. Das Meer fesselte mich und beschäftigte meine Fantasie. Ich war als Junge ziemlich verträumt und hing gerne meinen eigenen Gedanken nach. Unser Haus war nur dreizehn Kilometer von der Ostsee entfernt, und ich radelte oft mit meinem Vater an den Strand, um bei Wind und Wetter die Segelboote zu beobachten: kleine, graue Punkte an einem diesigen Horizont. Ich mochte das raue Klima und den weiten Himmel. Ich malte mir oft aus, wie es wäre, mit einem Segelboot auf Weltreise zu gehen. Diese Unendlichkeit war wie eine Verheißung für mich. In dieser Weite schien alles möglich.*«

Es sind friedliche und geruhsame Jahre – bis im Januar 1933 Hitler Reichskanzler wird. Lothar schenkt dem Ereignis wenig Aufmerksamkeit. »*Meine Schwester hat sicher viel mehr als ich von dem wahrgenommen, was um uns herum passierte. Sie war mit ihren elf Jahren auffallend ernst und frühreif, während ich einfach meine Tage verträumte. Ich lebte in meinen Abenteuerfantasien und verschlang alle ›Lederstrumpf‹-Romane, die mir in die Finger kamen. Den ›Letzten Mohikaner‹ von James Cooper kannte ich fast auswendig! Vielleicht berührte es mich auch deshalb am Anfang so wenig, weil mein Vater überzeugt war, Hitler könne sich nicht halten. Er rechnete damals noch mit dem Protest der anständigen Deutschen. Und er wartete auf die Empörung der Männer, die Seite an Seite mit den jüdischen Deutschen im Ersten Weltkrieg gedient hatten.*«

Die allgegenwärtige Hetze gegen die Juden verändert schon bald die Umgebung des Jungen. Sein Lehrer macht es sich zur Gewohnheit, in Uniform vor die Klasse zu treten. Dass Lothar der einzige Jude in seiner Klasse ist, hatte der Junge bislang kaum wahrgenommen – nun wird er zum Außenseiter. »*Irgendwann fingen die Jungs damit an, mich nach der Schule mit Steinen zu beschmeißen. So viele gegen einen – das war nicht fair! Mein Nachhauseweg war leider ziemlich lang, aber auf halber Strecke wohnte meine jüdische Freundin Ingelore*

Feinberg. Wenn es mal wieder besonders schlimm war, klingelte ich bei den Feinbergs Sturm. Wenn ich Glück hatte, war gerade jemand zu Hause und ließ mich herein. Da wurde ich dann verarztet.«

Auch die Lehrer wenden sich von ihm ab. Der Junge hat eine rasche Auffassungsgabe und gehört zu den besten Schülern, doch es widerstrebt den Lehrern sichtlich, ihm gute Noten zu geben. »*Einmal hatten wir an der Schule ein Wettrennen, und ich war ziemlich sportlich. Aber plötzlich merkte ich, dass es meinem Lehrer gar nicht recht war, wenn ich der Schnellste war. Der ärgerte sich richtig! Natürlich passte es ihm nicht, dass ich als ›Untermensch‹ besser war als seine ›arischen‹ Jungs. Im Unterricht führte er kleine Propaganda-Filmchen vor, damit den Kindern klar wurde, was für kostbares nordisches Blut in ihren Adern fließt. Ein Film zeigte, wie Horst Wessel zu einem wunderschönen Nazi heranwuchs: mit Blondschopf und braun gebrannten Muskeln. Jeder Junge sollte so heroisch und tapfer werden wie er. Alle Vorbilder, überhaupt alle guten Menschen waren in den Schulbüchern mit einem Mal blond und blauäugig. Mir wurde langsam unbehaglich in meiner Klasse zumute, besonders weil ich doch der einzige Jude war. Und eines Morgens hatte jemand an die Tafel geschmiert: ›Alle Christen sind Lügner und Betrüger.‹ Für den Lehrer stand fest, dass ich der Übeltäter war. Also bekam ich eine saftige Strafarbeit, und die anderen feixten. Heute glaube ich fast, dass der Lehrer selbst das angezettelt hat.«*

Auch Lothars Eltern werden in Köslin aus der Gesellschaft gedrängt. Freunde und Bekannte wechseln die Straßenseite oder vertiefen sich in die Auslagen der Schaufenster, um nicht grüßen zu müssen. Dem Vertreter Arthur Baruch werden immer mehr Aufträge entzogen. An den Abenden ziehen Fackelzüge durch Köslin – die SA marschiert auf. Aus vollen Kehlen singen die Männer das Horst-Wessel-Lied: »*Es klang richtig böse. Böse und aggressiv. Dieser kräftige Gleichschritt der Stiefel auf dem Pflaster, das hatte etwas Bedrohliches. Und dann diese Zeile: ›Und wenn das Judenblut vom Messer spritzt …‹ Eva und ich hörten das eines Abends, als wir im Dunkeln hinter der Gardine standen. Meine Schwester bekam Angst,*

Charlotte Baruch

Arthur Baruch

und ich hab's gar nicht richtig verstanden. Aber es war klar, dass sich etwas zusammenbraute. Vielleicht ist damals auch der Vater meines Freundes mitmarschiert? Ich hatte einen nichtjüdischen Freund, der bei uns im Haus wohnte, zwei Stockwerke tiefer. Sein Vater sammelte alte Schwerter, die er sich übers Sofa hängte. Und wir Jungen haben damit oft Krieg gespielt: Deutschland gegen England! Einmal stürzte ich im Eifer des Gefechts vom Stuhl und schlug mir die Stirn auf. Die Mutter des Freundes legte fürsorglich ein Stück rohes Fleisch drauf, zum Kühlen. Eines Tages, als ich meinen Freund zum Spielen abholen wollte, öffnete sein Vater die Tür. Er stellte sich mir in den Weg, sagte nur: ›Du brauchst hier nicht mehr zu klingeln!‹, und machte die Tür wieder zu. Das war das Ende dieser Freundschaft. Manchmal sahen wir uns noch zufällig im Treppenhaus, dann drückte sich der Junge wortlos an mir vorbei. Meinem fragenden Blick ist er ausgewichen. Was sein Vater ihm wohl erzählt hatte?«

1936 ist sich Lothars Vater nicht mehr so sicher, dass die Ära Hitler eine vorübergehende Erscheinung ist. Er weiß inzwischen kaum noch, wie er seine vierköpfige Familie ernähren soll. Immer unverhüllter schlägt den Kösliner Juden die Feindseligkeit entgegen. Zum Schabbat geht die Familie nicht mehr in die Synagoge, weil es dort nicht länger sicher ist. Immer öfter hatten Unbekannte während der Feiern Ziegelsteine durch die Fenster geschmissen und die Gemeinde in Angst versetzt. Inzwischen werden die Schabbatfeiern bei einzelnen Gemeindemitgliedern in deren Wohnung abgehalten – nur dort sind sie noch ungestört.

Arthur Baruch überlegt, zusammen mit seiner Familie zu emigrieren. Er will sein Glück in Amerika versuchen, doch alle Pläne sind zum Scheitern verurteilt. »*Wir wollten auswandern, weil wir als Juden in Deutschland keine Zukunft mehr hatten. Und weil mein Vater kaum noch Geld verdiente. Aber gerade weil uns das Geld fehlte, konnten wir nicht auswandern! Wohlhabende Verwandte im Ausland, die für uns alle bürgen könnten, hatten wir leider auch keine. Meine Eltern versuchten, an allem zu sparen. Eva und ich trugen Kleider, aus denen wir eigentlich schon rausgewachsen waren. Unsere Mahlzeiten wurden karger; Fleisch gab es nur noch selten. Und dann zogen wir in eine viel kleinere Wohnung um. Die schönsten Möbel wurden verkauft – nicht nur, weil die neue Wohnung so eng war, sondern auch, um an etwas Geld zu kommen. Schließlich trennten sich meine Eltern sogar von dem Flügel. In die neue Wohnung hätte der höchstens senkrecht hineingepasst! So verschwand Stück für Stück der bescheidene Wohlstand, den meine Eltern sich so mühsam aufgebaut hatten.*«

Um seinem Jungen eine gute Schulbildung zu bieten, beschließt Arthur Baruch, Lothar allein nach Berlin zu schicken. Ein Freund der Familie, Dr. Kurt Krohn, leitet dort das Waisenhaus der Jüdischen Gemeinde. Er hatte angeboten, den Jungen aufzunehmen. So vernünftig und wohlmeinend der Plan jedoch ist – für den elfjährigen Lothar bedeutet er eine schmerzhafte Trennung. »*Mein Vater brachte mich nach Berlin. Die ganze Zugfahrt über redete er auf mich ein und erklärte, alles sei nur zu meinem Besten. Ich vertraute ihm vollkommen und fügte mich in seinen Plan; aber natürlich war es schrecklich für mich! Das Waisenhaus war ein riesiges, graues Gebäude mit hallenden Fluren und schmucklosen Wänden. Als ich ankam, wirkte alles furchtbar unpersönlich – wie eine Fabrik!*

Zweites Waisenhaus der Jüdischen Gemeinde in Berlin-Pankow

Mein Vater brachte mich in das Büro des Direktors. Der begrüßte mich warmherzig und sprach mir Mut zu. Ich fasste Vertrauen zu ihm, und er war ganz besonders nett zu mir. Aber alles in allem war es ein Schock: plötzlich lebte ich nicht mehr in meiner Familie, sondern in einer Institution.«

Statt in seinem vertrauten Zimmer schläft Lothar zusammen mit zwanzig anderen Jungen in einem kargen Saal. Da immer mehr Juden aus den staatlichen Schulen herausgedrängt werden, sind die Klassen in dem Berliner Waisenhaus umso größer. Anders als in der Stille Köslins geht es dort sehr laut zu. Lothar findet kaum einen Platz, wo er einmal ungestört sein kann. Er hat Heimweh nach seiner Familie.

Vor allem aber erweist sich die Hoffnung des Vaters, dass sein Junge in Berlin sicher ist, als trügerisch. Im Sommer 1938 wird das Waisenhaus von den Nazis ohne jede Vorwarnung gestürmt: »*Es waren sehr viele Männer, vielleicht fünfzig. Sie hatten das hölzerne Tor im Hof eingetreten, dann stürmten sie unter Gegröle das Haus. Ich sah noch, wie eine ganze Horde die Treppe raufkam. Ich hatte furchtbare Angst, da packte mich jemand am Arm: mein bester Freund Fred Gerstle. Er zog mich mit sich, und wir rannten bis ins oberste Stockwerk, wo eine kleine Tür auf den Speicher führte. Es war schummrig und kalt unter dem Dach. In einer Ecke standen Kartons, hinter denen wir uns versteckten. Es ging alles so schnell! Wir machten keinen Mucks, während uns das Herz bis zum Hals schlug. Von unten drangen Geräusche herauf: dumpfe Schläge, Splittern von Holz, eiliges Laufen – und Schreie. Ich hatte solche Angst, dass die Männer auf den Speicher kommen, vor allem als mir klar wurde, dass das Versteck nicht sehr klug gewählt war. Was, wenn sie den Dachstuhl anzünden?«*

Nach einer Weile kehrt eine fast unheimliche Stille ein. Lange wagen die beiden nicht, ihr Versteck zu verlassen. Als sie schließlich doch hinunterschleichen, bietet sich ihnen ein Bild der Verwüstung. Die kleine Synagoge, in der Lothar Baruch seine Bar Mizwa gefeiert hatte, ist völlig zerstört. Auch das gesamte Erdgeschoss ist kaum wiederzuerkennen. Vorhänge sind heruntergerissen, Bilder eingetreten und Möbel zerschlagen. Dass der Mob nicht noch mehr zerstört hatte, war einem außergewöhnlichen Mann zu verdanken. *»Während wir beide auf dem Speicher gezittert hatten, war etwas geschehen, von dem später noch oft gesprochen wurde. Unser Lehrer Heinz Nadel war auf der Treppe den Männern entgegengetreten, als die gerade die Schlafsäle stürmen wollten. In seinen Armen trug er einen kleinen Jungen. Mit ruhiger Stimme forderte er die Kerle dazu auf, das Haus zu verlassen. Es ist ein Wunder, dass dieser einzelne Mann diese wild gewordene Horde aufhalten konnte. Es muss ein Anblick vollkommener Würde und Menschlichkeit gewesen sein, der die Männer in ihrer Raserei bremste. Er schaffte es, in einer Gruppe, die vor Hass und Zerstörungswut tobte, einen winzigen Funken Scham zu entfachen. Wie anders war es zu erklären? Was auch immer er in ihnen ausgelöst hatte, die Kerle verließen geschlossen unser Waisenhaus, ohne weiteren Schaden anzurichten.«*

Nun ist jedoch klar, dass keines der Kinder mehr sicher ist. Ein Vorfall wie dieser kann sich jederzeit wiederholen – mit einem weniger glimpflichen Ende. Als der Direktor des Wai-

Die für den Kindertransport ausgesuchten Schüler mit ihren Lehrern; dritter von rechts: Lothar Baruch, vierter von rechts: Heinz Nadel

senhauses im November 1938 von der Möglichkeit erfährt, Kinder nach England zu schicken, handelt er sofort. »*Er musste acht Kinder auswählen, die in die Freiheit fahren durften. Eine schreckliche Aufgabe! Er versuchte zuerst, noch ein weiteres Kind auf die Liste zu setzen; aber das wurde abgelehnt. Nachdem er neun Jungen die freudige Nachricht überbracht hatte, musste er einen im Nachhinein enttäuschen – es war mein bester Freund Fred Gerstle.*«

Der dreizehn Jahre alte Lothar Baruch gehört zu den Auserwählten. Er besucht ein letztes Mal seine Eltern, die inzwischen eine winzige Wohnung in Berlin bezogen haben. Beide sind der Meinung, dass es das Richtige für ihn ist, Deutschland zu verlassen. »*Sie erklärten mir sehr liebevoll, dass ich in England sicher sein werde. Und sie sagten, dass sie versuchen, nachzukommen. Aber wahrscheinlich wussten sie damals schon, wie unwahrscheinlich das war. Meine Mutter packte ein kleines Köfferchen für mich und legte einige Familienfotos hinein. Sie stickte in jedes der Kleidungsstücke meinen Namen. Äußerlich wirkte sie ganz ruhig. Sie hatte sich wohl entschlossen, es mir leichter zu machen. Aber für sie muss es furchtbar gewesen sein – was für ein Opfer! Und ich war mir nicht bewusst, wie ernst die Situation war. Dass ich meine Eltern vielleicht nie mehr wieder sehen würde, dass es ein Abschied für immer sein könnte – das kam mir nicht in den Sinn! Ich habe meinen Eltern einfach vertraut; sie hatten immer mein Bestes gewollt.«*

Im Dezember 1938 steigt Lothar Baruch zusammen mit vielen anderen Jungen und Mädchen in den Zug und fährt einem neuen Leben entgegen. Bis der Transport die holländische Grenze passiert, herrscht eine lähmende Anspannung unter den Kindern. *»Es gab schlimme Gerüchte über das, was einem an der Grenze passieren konnte. Vielleicht wurden Einzelne aus dem Zug gerissen? Oder es fehlte ein Papier? Niemand wusste etwas Genaues, und umso stiller und bedrückter wurden wir. Als dann klar war, dass wir endlich Holland erreicht hatten, schlug die Stimmung um. Es wurde gelacht und herumgealbert; wir alle wollten diese elende Angst endlich abschütteln. Und plötzlich stieg ein Fotograf zu uns in den Waggon und hielt diesen einzigartigen Moment in unserem Leben fest. Die Kinder drängelten zu ihm hin: jeder wollte mit aufs Bild kommen. Es war eine fröhliche, gelöste Stimmung. Schon am nächsten Bahnhof verabschiedete sich der Mann wieder und stieg aus. Dieses Foto habe ich übrigens erst fünfzig Jahre später zu Gesicht bekommen – in der englischen Zeitung ›The Guardian‹!*

Einige Kinder erzählen, dass sie zu Pflegeeltern kommen werden; oft sind es Bekannte oder Freunde der Eltern, die schon in den frühen dreißiger Jahren nach England emigriert waren. Doch für die meisten ist es eine Fahrt ins Ungewisse. Auch für Lothar Baruch steht niemand bereit. *»Ob wir in eine große Stadt kommen oder in ein abgelegenes Dorf, wie die Menschen sind, mit denen wir zusammenleben werden, ob wir von unseren Freunden getrennt werden – das lag alles im Nebel. Ich hatte auch gar keine Vorstellung von England. Mein Vater*

Aufatmen nach der holländischen Grenze: (Mitte oben) Lothar Baruch

bewunderte viele englische Sportler und schätzte das Fairplay der Briten, aber viel mehr war da nicht. So ging es den meisten Kindern: wir lebten damals nur für den Augenblick.«

Nachdem die Kinder Hoek van Holland erreichen, bringt ein Schiff sie über die stürmische See nach Harwich. In den frühen Morgenstunden betreten sie zum ersten Mal englischen Boden. *»Am Hafen standen eine Menge Bobbys, die uns sehr freundlich begrüßten. Uniformierte Männer, die uns anlächelten: das war wirklich das Letzte, was wir in Deutschland hätten erleben können! Eigentlich ist es ja das Normalste von der Welt, dass ein Erwachsener zu einem müden, verunsicherten Kind nett ist. Aber ich fand das phänomenal.«*

In eisiger Kälte werden die Jungen und Mädchen in Busse verladen; einige fahren nach London, andere in das benachbarte Dovercourt. Lothar wird einer Gruppe zugeteilt, die fürs Erste in einem leer stehenden Ferienlager untergebracht wird, dem Dovercourt Holiday Camp. Eigentlich sind die unbeheizten Häuschen nur für die Sommerferien gedacht, doch nun dienen sie als provisorische Unterkunft für all jene Flüchtlingskinder, deren Zukunft noch unsicher ist. *»Jeweils vier Kinder schliefen in einem der Häuschen. Die waren mehr als karg eingerichtet; da standen nur die Betten. Dann gab es noch ein Haupthaus, in dem an langen Holztischen gegessen wurde. Zum Glück waren wenigstens dort Öfen. Das Camp war wunderschön gelegen, sehr nahe am Meer. Rundherum war alles tief verschneit und wunderbar weiß. Eigentlich ein sehr schöner Anblick, aber es war klirrend kalt. Später stellte sich heraus, dass dieser Winter 1938/39 einer der kältesten des 20. Jahrhunderts in England war, ausgerechnet! Abends zögerten wir den Moment, in dem wir in die eisigen Betten steigen mussten, so lange wie möglich hinaus. Kurz nach unserer Ankunft zogen einige der größeren Jungen mit Handwägen durchs Camp und verteilten Wärmflaschen – die hatte die englische Gummifirma Dunlop gespendet!«*

Händeringend wird nach Pflegeeltern gesucht: bislang ist noch unklar, wer die Kinder aufnehmen wird. Um die englische Bevölkerung über den Notstand aufzuklären, kommen Reporter der BBC in das Lager. Es ist so kalt, dass die Tonbandgeräte der Journalisten ihren Dienst versagen – sie müssen am Ofen im Haupthaus behutsam aufgewärmt werden. Die Reporter fragen nach Kindern, die schon etwas Englisch können; auch Lothar Baruch wird ausgewählt. »*Um nicht etwa potenzielle Pflegeeltern abzuschrecken, sollten wir Kinder einen glänzenden Eindruck machen. Wir durften nicht alles, was uns gerade einfiel, in das Mikrofon sprechen, sondern mussten unseren Text aufschreiben. Der wurde dann von dem Team sorgfältig überarbeitet, bevor wir ihn ablesen durften und alles auf Tonband aufgenommen wurde. Wir sollten einen aufgeweckten Eindruck machen und unsere Dankbarkeit betonen. Auf keinen Fall sollten wir allzu deprimiert wirken; wer wollte schon ein schwieriges Kind aufnehmen?*«

Der Beitrag von Lothar Baruch ist entsprechend brav. So erzählt er gehorsam: *Zuerst haben wir kein Porridge gegessen, aber jetzt mögen wir es sehr gern. Nach dem Frühstück bekommen wir die Briefe und Postkarten von unseren Eltern, dann sind wir alle sehr froh. Danach räumen wir unsere Zimmer auf. Anschließend haben wir zwei Stunden Englisch. Nach dem Nachmittagstee dürfen wir ans Meer gehen, was sehr schön ist, oder wir spielen Fußball. Abends lernen wir viele englische Lieder, bis wir schlafen gehen.* Am Schluss seiner kleinen Erzählung sagt Lothar aufgeräumt: *Jetzt werde ich bald zur Schule gehen und wenn ich gut Englisch spreche, möchte ich Koch werden. Wir sind alle sehr glücklich, in England zu sein.*

Die halbstündige Reportage, die bald darauf in der BBC ausgestrahlt wird, hat die erhoffte Wirkung. Viele Engländer machen sich auf den Weg in das tief verschneite Dovercourt, um die Kinder zu begutachten. Inzwischen platzt das Lager aus allen Nähten. »*Nach unserer Ankunft kamen fast jeden Tag neue Busse an, und Dutzende von Kindern stiegen aus. Dauernd tauchten unbekannte Gesichter beim Mittagessen auf, und allen war klar, dass es so nicht weitergeht. An den Wochenenden wurden wir dazu angehalten, uns besonders sorgfältig zu waschen und zu kämmen. Die kleinen Kinder wurden in ihren besten Kleidern in den Speisesaal geführt. Dann gingen die Besucher durch die Tischreihen. Da waren Paare, die flüsternd hinter vorgehaltener Hand besprachen, welches der Kinder ihnen am besten gefällt, aber auch Leute mit handfesterem Interesse: viele nutzten die Gunst der Stunde, um an billiges Dienstpersonal zu kommen. Es hatte etwas von einem Viehmarkt. Kleine Mädchen ›gingen‹ am besten, besonders wenn sie niedlich aussahen. Viele Kinder waren nach dieser Prozedur sehr niedergeschlagen. Es war kein schönes Gefühl, übrig zu bleiben.«*

Lothars Schicksal entscheidet sich schneller als erwartet. Beim Tischtennisspielen lernt er Gabriel Adler kennen. Der Junge ist ein Schüler von Anna Essinger, einer jüdischen Dame, die nicht nur das Camp in Dovercourt organisiert, sondern auch Bunce Court leitet – ein hervorragendes Internat in Kent. Anna Essinger war ehemals Direktorin einer Schule in der Nähe von Ulm gewesen, hatte sich jedoch schon im Herbst 1933 zusammen mit den meisten Lehrern zur Emigration entschlossen, um in England reformpädagogisch arbeiten zu können. *»Sie war eine unglaublich kluge Frau, mit unbestechlichem Pioniergeist. Ich habe immer bewundert, wie früh sie durchschaut hatte, dass unter Hitler kein Leben mehr möglich sein würde! Wenn ich da an meinen Vater denke … Rein äußerlich war sie übrigens nicht gerade beeindruckend: Sie war sehr füllig, extrem kurzsichtig und trug eine dicke Brille. Eines Morgens rannte ich aus Versehen direkt in ihren dicken Bauch. Und weil sie so schlecht sah, kam sie mit ihrem Kopf ganz nah an mich heran; ihre Augen wirkten riesig durch die dicken Gläser. Sie fragte etwas verdutzt: ›And who are you?‹ Als ich meinen Namen nannte, horchte sie auf: Offenbar hatte mein neuer Freund Gabriel von mir erzählt. Sie lächelte mich an und fragte, ob ich nicht in ihre Schule kommen wolle. Ich sagte sofort ›Yes, please!‹, und strahlte wie ein Honigkuchenpferd. Heute glaube ich, dass es Schicksal war. An diesem Morgen wurden die Weichen für mein weiteres Leben gestellt.«*

Anfang Januar verlässt Lothar mit einem kleinen Köfferchen das Camp; er ist froh, seine eisige Schlafstätte endlich hinter sich zu lassen. Ein Zug mit einer altertümlichen Dampflokomotive bringt ihn zusammen mit ein paar anderen Auserwählten nach Kent in den Süden Englands. An dem kleinen

Bahnhof Lenham besteigen die Kinder ein Taxi. Der Wagen fährt durch die engen Gassen des Ortes, bis er schließlich ein abgelegenes Herrenhaus erreicht: Bunce Court. Wer diese Schule besucht, kann sich glücklich schätzen. Größtenteils sind es jüdische Emigranten aus Deutschland, die hierher kommen. Aber auch Engländer schicken ihre Kinder auf dieses Internat; Bunce Court ist für seine fortschrittliche und liberale Pädagogik bekannt. Die Direktorin Anna Essinger, die aus einer jüdischen Kaufmannsfamilie aus Ulm stammt, jedoch selbst Agnostikerin ist, legt Wert darauf, dass ihre Schule nicht konfessionell gebunden ist. Jungen und Mädchen werden zusammen unterrichtet, und Prügelstrafen sind verpönt. Darin unterscheidet sich die Institution von den meisten englischen Schulen der dreißiger Jahre, in denen der Umgang zwischen Lehrern und Schülern sehr formell ist. *»Lucky me! Was für ein Glück ich hatte! Vom ersten Moment an fühlte ich mich in Bunce Court wohl. Das Internat war wunderschön gelegen, inmitten einer märchenhaften Landschaft. Zu dem Herrenhaus gehörten über vierzig Morgen Land. Da waren große Obst- und Gemüsegärten, in denen wir nachmittags arbeiteten, Seite an Seite mit den Lehrern. In einer Ecke des Gartens entdeckte ich eine Sammlung prächtiger Bienenkörbe. Außerdem standen uns große Sportplätze zur Verfügung, was mich besonders begeisterte. Lehrer und Schüler lebten eng zusammen, und es entwickelten sich wirkliche Freundschaften. Alles war so anders als in Deutschland! Wir Schüler gaben den Lehrern bald Spitznamen, mit denen wir sie sogar im Unterricht ansprachen. Eine Lehrerin hatte einmal etwas verärgert gesagt: ›Das geht mir über die Hutschnur!‹ – mit dem Ergebnis, dass sie seitdem nur noch ›Hutschnur‹ genannt wurde. Vier Jahre wohnten wir beide auf demselben Stockwerk, und ich hatte sie sehr gern. Dabei weiß ich nicht einmal mehr ihren richtigen Namen! Das wichtigste aber war: Ich fühlte mich dort unendlich sicher, und dafür war ich sehr dankbar.«*

Freudestrahlend schreibt Lothar Baruch seinen Eltern und schildert ihnen, was für ein großes Glück er gehabt hat. Er lebt sich schnell ein – und bald gehört er zu den besten Schülern in Bunce Court. Um den deutschen Kindern das Ein-

Lothar Baruch in Bunce Court, Sommer 1939

leben in die englische Gesellschaft zu erleichtern, organisiert Anna Essinger ein Patenschaftssystem: jedem der jüngeren Schüler vermittelt sie eine englische Familie, die ihn in den Ferien aufnimmt. Lothar Baruch wird einem kinderlosen Ehepaar in Hampshire vorgestellt. Im Herbst 1939 nehmen sie ihn auf eine Reise nach Bournemouth mit, eine verträumte Kleinstadt an der Südküste Englands. »*Wir hatten eine schö-*

ne Zeit miteinander verbracht, lange nur faul am Strand gelegen und das Meer genossen. Als die Ferien sich dem Ende näherten und wir in einem kleinen Restaurant saßen, fragten sie mich, ob ich mir vorstellen könnte, von ihnen adoptiert zu werden. Aber ich hatte doch schon Eltern! Natürlich lehnte ich höflich ab, und sie akzeptierten das. Ich verstand allerdings nicht, warum sie ignorierten, dass ich kein Waisenkind war. Als wir kurz darauf in ihrem Auto zurück nach Hampshire fuhren – ich war gut aufgelegt und freute mich auf Bunce Court –, wurden sie auf einmal ganz ernst. Zuerst verstand ich nicht. Dann bemerkte ich, wie angespannt sie dem Radio zuhörten. Es war Krieg! Ich weiß noch, wie augenblicklich irgendwelche Horrorbilder vor mir auftauchten: ich sah Bomben, die auf mich herabstürzten und meinen Körper zerrissen, und einen Himmel, der schwarz war von deutschen Flugzeugen. Und plötzlich kam mir zu Bewusstsein: was würde aus meinen Eltern werden, aus meiner Schwester, meinen Großeltern? Erst da wurde mir klar, dass wir uns viele Jahre nicht mehr sehen würden. Vorher hatte ich immer gehofft, dass sie irgendwie noch nachkommen.«

In Bunce Court ist vom Krieg zunächst kaum etwas zu spüren, doch die meisten Kinder sorgen sich um ihre Eltern,

Schüler und Lehrer in Bunce Court; dritter von rechts: Lothar Baruch

die in Deutschland zurückgeblieben waren. Die Schüler der höheren Klassen organisieren eine Wandzeitung, in der täglich alle Nachrichten zum Kriegsgeschehen und zur Lage in Deutschland zusammengefasst werden. An den Abenden versammeln sich einige Kinder, unter ihnen Lothar, im Zimmer von Anna Essinger, um die »nine o'clock news« zu hören, die wichtigsten Nachrichten der BBC. Über die eskalierende Gewalt gegen die Juden in Deutschland berichtet der Radiosender nur wenig, und die englischen Zeitungen halten es ähnlich. Die Lehrer in Bunce Court, die durch persönliche Kontakte Genaueres wissen, behalten es für sich, um die Kinder nicht in Angst zu versetzen.

Als die Engländer mit einer baldigen Invasion der Deutschen rechnen, wird das küstennahe Gebiet zur militärisch sensiblen Zone erklärt. Anna Essinger wird 1940 von der englischen Regierung aufgefordert, innerhalb einer Woche einen anderen Platz für ihre Schule zu finden. Alle Lehrer des kleinen Kollegiums machen sich auf die Suche, und weil sie in der Eile keine hohen Ansprüche stellen dürfen, werden sie bald fündig. In Wem, einem kleinen Ort zwischen Birmingham und Liverpool, steht ein Herrenhaus seit einigen Jahren leer; dort kommt die Schule unter. Nun muss heftig improvisiert werden. Das reichlich heruntergekommene Anwesen wird von Lehrern und Schülern gemeinsam instand gesetzt. Da Wem nicht im unmittelbaren Kriegsgebiet liegt, sind die Kinder dort in Sicherheit, und ihnen bleibt der Schrecken der Luftangriffe erspart. »*Unser Alltag war mehr oder weniger normal. Dafür hatte ich erbärmliche Angst um meine Eltern. Nachts bekam ich öfter Albträume; das kannte ich sonst gar nicht. Ein Traum kam immer wieder. Ich verstand ihn nicht; er hatte eigentlich keine richtige Handlung. Ich sah eine Kolonne von Lastwägen, und in den Wägen lauter Menschen. Sie standen dicht gedrängt, Frauen, Männer und Kinder. Es wurde nie klar, wohin sie alle fuhren. Über all dem lag eine graue und unheimliche Stimmung. Jedes Mal, nachdem der Traum wiedergekommen war, wachte ich auf und fühlte mich elend. Heute erscheint es mir fast so, als hätte ich die Deportation meiner Eltern gesehen.*«

Eine Zeit lang funktioniert der Briefkontakt nach Deutschland noch. Die Rotkreuzpostkarten sind zwar auf fünfundzwanzig Wörter beschränkt und erlauben so nur ein verstümmeltes Deutsch, doch immerhin ermöglichen sie den Austausch kleiner Lebenszeichen. Im März 1941 schreiben seine Eltern ihm: *Geliebter Junge! Wir sind gesund. Freuten uns mit Brief. Uebe fleissig Geige. Welches Examen im Juli? Wie gross bist Du?* Die Frage nach der Größe ist verständlich: die Eltern haben ihren Sohn über drei Jahre lang nicht gesehen. Lothar fällt jedes Mal ein Stein vom Herzen, wenn er wieder eine Nachricht in Händen hält. Doch je länger der Krieg dauert, umso seltener erreicht ihn ein Brief. Wie es seinen Eltern und seiner Schwester Eva wirklich geht, verraten die wenigen Zeilen nicht. Wie die meisten Eltern hatten sich auch Arthur und Charlotte Baruch vorgenommen, ihren Sohn im fernen England nicht zu ängstigen. *Wir Drei gesund.* heißt es in der Nachricht vom 13. Juli 1942, daneben ein ermutigendes *Wirst schon Deinen Weg machen, bist ja Sonntagskind!* Einen ernsteren Ton spürt Lothar in der Nachricht vom 23. August 1942, in der sein Vater Arthur mahnt: *Spiele fleißig Geige, Musik gibt mir immer wieder Lebensmut.* Was es ist, das seinen Vater so bedrückt, erfährt er nicht.

»Kurz darauf, im Oktober 1942, kam dann die letzte Nachricht. Da stand geschrieben: ›Jetzt gehen wir alle auf eine Reise.‹ Darunter stand die Unterschrift meiner Eltern und meiner Schwester Eva. Ich wunderte mich, warum sie nicht geschrieben hatten, wohin sie alle reisen. Ein Wort hätte doch genügt! Dass ich ihr letztes Lebewohl in Händen hielt, begriff ich nicht.«

Lothar schickt weiter Karten an die alte Adresse der Eltern in Berlin. Als im Mai 1943 – sieben Monate nach der letzten Nachricht – immer noch kein Lebenszeichen aus Deutschland kommt, schreibt er an einen Onkel. Voller Sorge fragt er ihn: *Hörst Du von den Lieben? Schreibe bitte.* Die Antwort kommt bald, enthält jedoch dieselbe Formulierung, die Lothar nicht zu entschlüsseln vermag. Der Onkel schreibt ihm im Juni 1943: *Alle unsere Verwandten sind verreist. Briefe nur an mich senden.* Dass dieser Satz eine traurige Kodierung für die Depor-

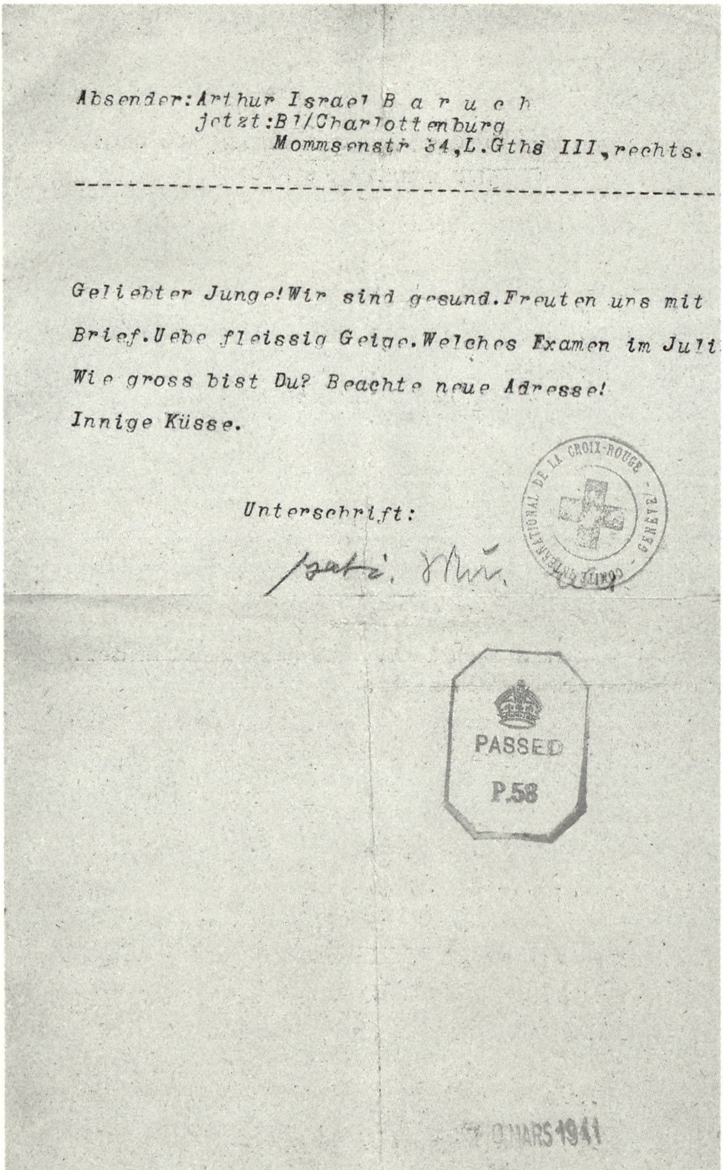

Absender: Arthur Israel B a r u c h
jetzt: Bl/Charlottenburg
Mommsenstr 34, L.Gths III, rechts.

Geliebter Junge! Wir sind gesund. Freuten uns mit
Brief. Uebe fleissig Geige. Welches Examen im Juli?
Wie gross bist Du? Beachte neue Adresse!
Innige Küsse.

Unterschrift:

COMITÉ INTERNATIONAL DE LA CROIX-ROUGE GENÈVE

PASSED
P.58

0 MARS 1941

Rotkreuzpostkarte der Eltern, 1941

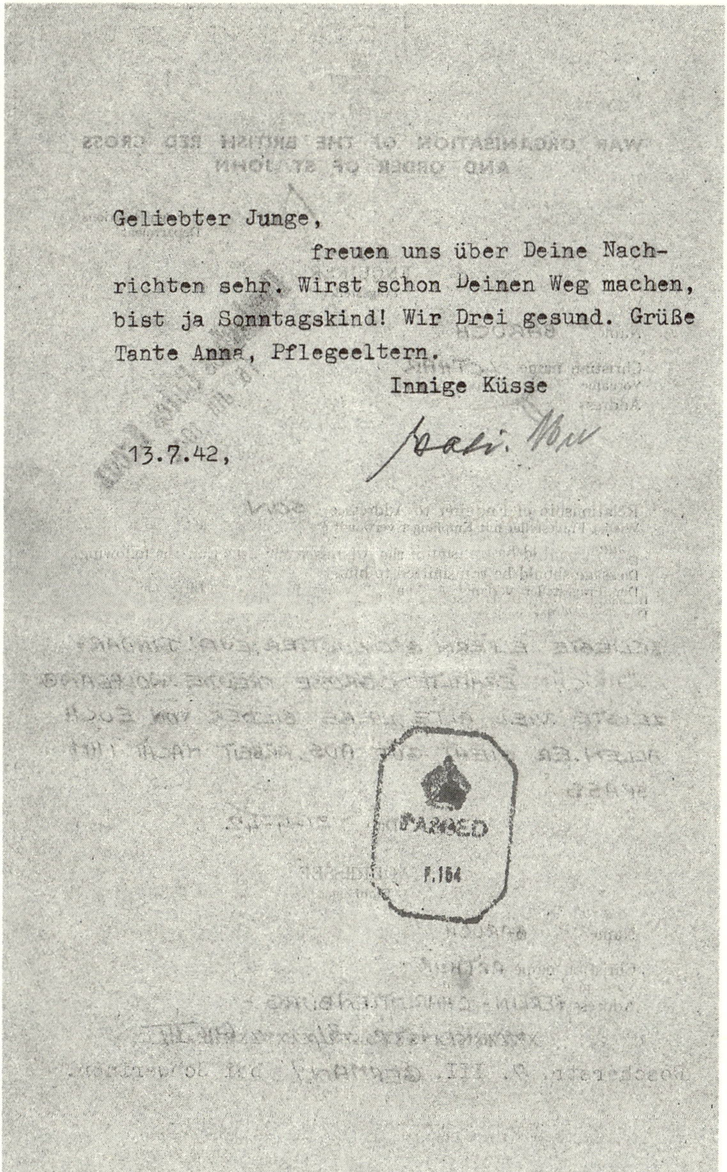

Geliebter Junge,

freuen uns über Deine Nachrichten sehr. Wirst schon Deinen Weg machen, bist ja Sonntagskind! Wir Drei gesund. Grüße Tante Anna, Pflegeeltern.

Innige Küsse

13.7.42,

Zuspruch aus der Ferne: Rotkreuzpostkarte der Eltern, Juli 1942

Lothar Baruch, inzwischen Leslie Brent, in der englischen Armee

tation ist, weiß Lothar Baruch nicht. *»Es blieb dabei: ich hab's einfach nicht verstanden. Ich machte mir zwar Sorgen, hoffte aber weiter auf ein Wiedersehen mit meiner Familie. Ich dachte, dass sich alles klären wird, wenn der Krieg zu Ende ist. In der Zwischenzeit wollte ich Verantwortung übernehmen und in die englische Armee eintreten. Ich dachte, das ist das Wenigste, was ich tun kann, um meinen Eltern zu helfen – und um gegen Hitler zu kämpfen.«*

Nachdem er mit glänzenden Noten das Cambridge School Certificate besteht, meldet er sich als Freiwilliger in der Armee. Seinen deutschen Namen muss er beim Militär ablegen – er nennt sich fortan Leslie Brent. Der sportliche und aufgeweckte junge Mann fällt seinen Vorgesetzten bald auf. Er wird dazu ermutigt, eine Offiziersausbildung zu absolvieren. Ungewöhnlich schnell durchläuft er die Stationen der Karriere. Er beginnt als Lance Corporal, wird Corporal, steigt auf zum Lieutenant und wird anschließend – mit nur einundzwanzig Jahren – Captain, dem Rang eines Hauptmanns vergleichbar.

Ein glanzvoller Aufstieg, erst recht für einen Deutschen. Zu gerne hätte Lothar Baruch die Freude über seinen Erfolg mit seinen Eltern geteilt. Doch als der Krieg endlich zu Ende ist, hat er immer noch kein Lebenszeichen. Es beginnt eine deprimierende Suche. *»Nun war die Zeit gekommen, auf die ich so lange gewartet hatte. Ich war als Offizier in der Nähe von Hannover stationiert, und sobald es möglich war, beantragte ich Sonderurlaub, um nach Berlin zu fahren. Als englischer Offizier, mit Jeep und eigenem Fahrer kam ich in die Stadt zurück,* *die ich als deutscher Junge verlassen hatte. Mein erster Eindruck von Berlin war niederschmetternd: die Stadt lag in Trümmern. Trotzdem gelang es mir, die Straße zu finden, in der meine Eltern zuletzt gewohnt hatten. Ihr Haus war unversehrt. Ich stieg aus dem Jeep aus und ging zu der Haustür, wo ich mit klopfendem Herzen die einzelnen Klingelschilder entzifferte. Der Name* BARUCH *stand nicht mehr da. Trotzdem ging ich zu der Wohnung, in der meine Eltern einmal gewohnt hatten. Ich klingelte, und eine Frau öffnete die Tür einen Spalt breit. Auf meine Frage hin sagte sie etwas misstrauisch, dass sie den Namen* BARUCH *nie gehört hätte; sie wisse nichts von meinen Eltern. Einen Moment später stand ich schon wieder vor verschlossener Tür. Ich war ratlos. Wo sollte ich nach meiner Familie suchen, in dieser verwüsteten Stadt? Ich ging in das Rathaus, vielmehr in die provisorische Holzbaracke, die dort stand, wo früher einmal das Rathaus gewesen war. Da gab es tatsächlich einen Eintrag, der meine Eltern und meine Schwester betraf. ›Nach Osten verschickt‹, stand in einer Akte, wie man mir ohne weiteren Kommentar sagte. Und immer noch verstand ich nicht.«*

Erst Monate später ahnt er, dass seine engsten Verwandten schon lange nicht mehr am Leben sind. Als er auf Heimaturlaub in England ist, trifft er Freunde in London. Um sich ein bisschen zu amüsieren, gehen sie abends zusammen ins Kino. *»Damals gab es ja immer noch eine Wochenschau vor dem eigentlichen Film. Als ich es mir gerade in dem weichen Kinosessel bequem machte, wurden plötzlich Aufnahmen gezeigt, wie ich sie nie zuvor gesehen hatte. Ich spürte, wie ein entsetzter Ruck durch die Zuschauer ging: ein Bericht zeigte die Befreiung des Konzentrationslagers Bergen-Belsen. Großaufnahmen von Gefangenen, die bis zum Skelett abgemagert waren. Frauen, die sich ungläubig die Hand eines Soldaten an die Wange pressten. In den Gesichtern der Menschen lag fassungsloses Staunen über ihre Befreiung. Und dann: Schaufelbagger, die langsam die Stapel ausgemergelter Leichen zusammenschoben. Mir wurde übel. DA verstand ich.«*

Dreiunddreißig Jahre später – aus dem jungen Offizier ist inzwischen ein erfolgreicher Wissenschaftler und Professor der

Immunologie an der Sankt Mary's Hospital Medical School in London geworden – reist er aus beruflichen Gründen nach Polen. Auf einem medizinischen Kongress in Krakau hält er einen Vortrag. Sein Gastgeber schlägt ihm vor, zum nahe gelegenen Auschwitz zu fahren. »*Der Mann wusste ja nichts von meiner Vergangenheit, als er das vorschlug. Ich wurde weiß im Gesicht und hatte Schweißausbrüche. Mein Herz schlug bis zum Hals, und aus diesem ersten, intensiven Panikgefühl heraus lehnte ich ab. Doch dann spürte ich: Ich muss es sehen. Ich muss mich meiner Vergangenheit stellen. Damals war ich noch überzeugt davon, dass meine Familie in Auschwitz umgekommen war. – Kurz vor der Gedenkstätte kaufte ich einen Strauß weißer Blumen. Ich brachte es nicht über mich, in das Museum zu gehen, in dem eine Ausstellung über Auschwitz-Birkenau gezeigt wurde. Die Angst war zu groß. Von dem einstigen Lager war nicht mehr viel zu sehen: ein paar Kamine, ein schmiedeeisernes Tor und ein großes Denkmal. Dort legte ich meinem Blumenstrauß ab. Und ich weinte – zum ersten Mal nach dreiunddreißig Jahren. Ich war mir sicher, nun das Grab meiner lieben Eltern und meiner Schwester gefunden zu haben.*«

Doch er irrt sich. 1998 stoßen Freunde von ihm in einem Berliner Archiv auf eine Deportationsliste. Dort finden sich auch die Namen Arthur, Charlotte und Eva-Susanne Baruch, daneben in sauberer Handschrift notiert: das Geburtsdatum, der Beruf und die letzte Adresse der Aufgelisteten. Alle Daten passen zusammen. Über fünfzig Jahre nach dem Ende des Krieges hat Leslie Brent doch noch eine Spur zum Schicksal seiner Familie gefunden. Im Herbst 1942 wurden Arthur, Charlotte und Eva-Susanne in einem Transport von Berlin aus nach Lettland deportiert. Vermutlich hat man sie

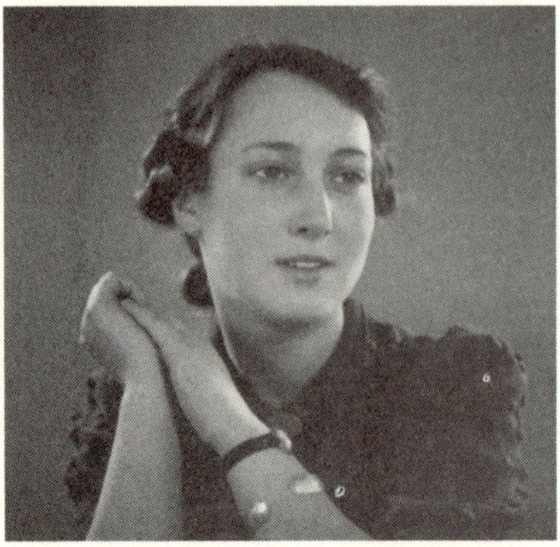

Eva-Susanne Baruch, Berlin 1939

Leslie Brent als Trauzeuge, London 1953

schon kurz nach ihrer Ankunft in einem Wald in der Nähe von Riga erschossen. »*Neben dem Ausschnitt der Deportationsliste bekam ich noch ein weiteres Papier: es war ein Fragebogen, den meine Schwester Eva-Susanne noch vor dem Transport ausfüllen musste. Ich erkannte sofort ihre feine Handschrift. Aus dem Formular ging hervor, dass sie nichts mehr besessen hatte außer dem, was sie am Leibe trug. Ein paar Extrastrümpfe hatte sie noch eingetragen und etwas Wäsche zum Wechseln. Auf einmal wurde ihr Schicksal so greifbar; es war erschütternd. Nachdem mich diese Papiere so unerwartet mit meiner Vergangenheit in Berührung brachten, wurde mir plötzlich etwas klar: Ich schämte mich, dass ich meinen hebräischen Namen, der mich doch mit meiner Familie verband, in England abgelegt hatte. Hatte ich sie so nicht im Stich gelassen? Kurz darauf luden meine Frau Carol und ich unsere besten Freunde zu einem feierlichen Abendessen ein. Ich erklärte ihnen allen, dass ich einen wichtigen Teil meines Namens wieder aufnehmen werde. Und ich erzählte vom Schicksal der Familie Baruch. Seitdem heiße ich Leslie Baruch Brent. Denn meine Vergangenheit ist ein Teil von mir.«*

Leslie Baruch Brent hat den größten Teil seines Lebens in London verbracht. Er hat zwei Töchter und einen Sohn aus erster Ehe und ist seit zehn Jahren mit seiner zweiten Frau Carol, einer englischen Psychotherapeutin verheiratet. Nach Deutschland zurückzukehren, um sich dort ein Leben aufzubauen – das kam ihm nie in den Sinn. *»Meine Heimat ist England, absolut! Ich war in England auf der Schule, in der Armee, auf der Universität. Ich habe Jahrzehnte meines Lebens in London geforscht und gelehrt und war einige Jahre in der Labour Party politisch aktiv. Englisch ist meine Muttersprache; mein Deutsch ist nicht sehr überzeugend ... Eine Liebeserklärung mache ich auf Englisch, und eine wissenschaftliche Abhandlung auch! Also, als Deutscher fühle ich mich ganz bestimmt nicht!«*

»Ich hatte noch nie gesehen,
wie ein Mann weint –
aber damals haben die Väter geweint.«

Bertha Engelhard,
geboren 1923 in München

Ingeborg Engelhard,
geboren 1930 in München

»Der Zug fuhr um Mitternacht, und mein Papa schenkte mir zum Abschied ein mechanisches Spielzeug: eine kleine, bayerische Maus in grauem Hemd und roten Kniebundhosen. Wenn man sie aufzog, hob sie einen Bierkrug an die Schnauze; das war sehr niedlich. Bevor ich in den Waggon gestiegen bin, hat mein Papa mich gesegnet. Und meine Mutti hat versprochen, dass sie bald nachkommen werden – so bald wie möglich. Ich habe keinen Moment daran gezweifelt. Meine Mutti hat fast nie etwas versprochen, und wenn, dann hat sie es auch gehalten. Als der Zug dann losgefahren ist, habe ich noch ganz fröhlich gewinkt.«

Die Mädchen Bertha und Inge wachsen zusammen mit ihrem Bruder Theo in einem jüdisch-orthodoxen Elternhaus auf. Ihre Eltern stammen aus polnischen Familien. Der Vater Moses Engelhard wurde in Pruchnik, einem kleinen Dorf in Galizien, geboren und war 1911 nach München gezogen. Sein Bruder Jehuda und dessen Frau Beile betrieben in der Stadt ein erfolgreiches Lederwarengeschäft. Nachdem sie zuerst auf dem Münchner Viktualienmarkt ihre Waren verkauft hatten, konnten sie 1910 ein eigenes Geschäft gründen und belieferten das Militär mit Ledertaschen und Rucksäcken. Moses Engelhard baut 1911 einen eigenen Betrieb auf, in dem Gamaschen, Träger für Lederhosen und Rucksäcke hergestellt werden. Sein Geschäft floriert, denn die Rucksäcke sind im alpennahen München auch für Zivilisten ein begehrter Artikel. 1922 heiratet Moses Engelhard die polnische Jüdin Rachel Zimmerlinsky, die aus der Nähe von Warschau stammt und im Alter von vier Jahren nach Deutschland gekommen war. Die Weltwirtschaftskrise fügt dem Geschäft gegen Ende der zwanziger Jahre erhebliche Einbußen zu, und Moses Engelhard muss noch härter arbeiten.

Moses und Rachel Engelhard mit ihrer Tochter Bertha, München 1923

Die wenigen Mußestunden, die ihm bleiben, verwendet er auf das Studium der Thora. Bertha Engelhard, selbst eine eifrige Leserin, erinnert sich an die hingebungsvolle Lektüre ihres Vaters: *»Er war sehr fromm. Solange ich denken kann, sehe ich meinen Vater über die Bibel gebeugt sitzen – ein Bild, das sich mir eingeprägt hat. Wie viele polnische Juden konnte er die fünf Bücher Mose auswendig – wenn man ihm einen beliebigen Satzanfang nannte, führte er ihn korrekt zu Ende und* *wusste auf Anhieb die Stelle, wo er geschrieben stand. Schon als kleiner Junge hatte er Hebräisch gelernt. Die Thora war ihm so vertraut wie seine eigene Hand, und er lebte damit. Ich fragte mich oft, woher er nach einem langen Arbeitstag noch die Kraft nahm, sich seinen Büchern zu widmen. Die Religion hat ihm viel gegeben.«*

Auch Rachel Engelhard ist eine fromme Frau. Sie trägt Sorge dafür, dass die Familie die jüdischen Speisegesetze einhält und sich koscher ernährt. Niemals findet das Fleisch von Schweinen, Hasen oder Kaninchen Eintritt in ihre Küche; und in den Schränken stapeln sich Geschirr und Besteck in doppelter Ausführung, um Milchiges und Fleischiges streng getrennt essen zu können. Die kleine Inge wird von ihrer Mutter in die Speisegebote des Kaschrut eingeführt: *»Im fünften Buch Mose heißt es: ›Koche nie ein Böcklein in der Milch seiner Mutter.‹ Daher kommt die Trennung von Milchigem und Fleischigem. Die strenggläubigen Juden in unserer Gemeinde achteten sogar darauf, dass sich Milchiges und Fleischiges nicht in ihren Mägen vermischte. Immer wenn sie Fleisch gegessen hatten, tranken sie erst acht Stunden später Milch oder aßen Käse. Mutti erklärte mir auch, dass nur diejenigen Tiere koscher sind, die gespaltene Hufe haben, Vierfüßler sind, und ihre Nahrung wiederkäuen – darum ist Schweinefleisch für uns gläubige Juden verboten. Aber ich habe das nie als Einschränkung empfunden. Unsere Mutti war eine wunderbare Köchin; in ihren Kochtöpfen verbanden sich viele verschiedene Traditionen. Da gab es die klassisch jüdischen Gerichte wie gefillte Fisch und Tscholent. Das ist ein Eintopf mit Rindfleisch und Bohnen, der am Freitag vor dem Schabbat zubereitet wird und dann über Nacht auf kleinster Flamme schmoren muss. Am nächsten Tag kann er gegessen werden, ohne dass man den Herd noch einmal aufdreht; das ist am Schabbat verboten. Dazu kamen die osteuropäischen Gerichte: Borschtsch aus roten Rüben und Kascha aus Buchweizen. Außerdem gab es bei uns auch bayerische Küche! Unsere Mutti machte oft Knödel – allerdings aus koscherem Mehl, und bei uns hießen die Kneidl!«*

Am Schabbat gehen Moses und Rachel Engelhard mit den

Kindern in die Münchner Synagoge. Die Engelhards haben – wie die meisten der frommen Ostjuden – wenig Kontakt zu den deutschen Juden, von denen sich viele innerlich von ihrer Religion entfernt haben. Moses Engelhard beherrscht neben Polnisch, Hochdeutsch und Bayerisch auch Jiddisch, die Sprache seiner polnischen Vorfahren. Während er mit seinen Kindern hochdeutsch spricht, verfasst er an den Abenden kleine Geschichten in jiddischer Sprache – Begebenheiten aus seiner Kindheit in Polen. Es liegt ihm am Herzen, die Sprache seiner Eltern und Großeltern nicht zu vergessen.

Seine Kinder jedoch, die in Deutschland geboren sind, wachsen mit der deutschen Kultur und Literatur auf. Besonders Bertha zieht sich gerne auf ihr Zimmer zurück, um in den deutschen Klassikern zu schmökern: *»Ich hatte ein großes Faible für die Nibelungensage. Und den ›Parsifal‹ habe ich immer wieder gelesen! Später kamen dann die Werke von Goethe, Schiller und Mann hinzu. Ich war fasziniert von ihrer geschliffenen Sprache und habe lange Passagen auswendig gelernt – freiwillig! Die kann ich heute noch! Es gefiel mir, all die schönen Gedichte in meiner Erinnerung bei mir zu haben – das ist doch ein wertvoller Schatz. Mich hat die deutsche Sprache sehr berührt, und meine Bücher habe ich über alles geliebt.«*

Die Kinder genießen das Münchner Leben. Sie begeistern sich für das Oktoberfest und die Dulten – kleine, bunte Märkte, auf denen mit allerlei Krimskrams Handel getrieben wird. Bertha liebt es, mit ihrer Freundin Bobby Adler auf dem Fahrrad die Umgebung zu erkunden, und Inge erinnert sich an wilde Schlittenfahrten an der Isar. *»München war für uns Kinder sehr schön! Wir wohnten neben dem Deutschen Museum; zur Isar mussten wir nur ein paar Schritte gehen. Jeden Nachmittag haben wir dort gespielt. Das Isarufer hatte ein paar kleine Hügel, die zum Schlittenfahren wie geschaffen waren. Im Nachbarhaus wohnte ein Mädchen, das hieß Hildegard. Ich habe gerne mit ihr gespielt, und im Winter sind wir jeden Tag Schlitten gefahren. Im Sommer waren wir oft im Freibad, mein Bruder Theo kam dann mit. Hildegard hatte lange, blonde Zöpfe, strahlend blaue Augen und ein hübsches Lachen. Der*

Bertha Engelhard (re.)
mit ihrer Freundin Bobby Adler, 1937

Theo hat sie ganz oft angeschaut und mit ihr rumgealbert – er mochte sie sehr gerne. Wir Kinder haben ein g'schertes Bayerisch gesprochen. Bertha und ich hatten Dirndl mit Blümchenmuster, und der Theo zünftige Lederhosen. Eigentlich sahen wir aus wie richtige Münchner Kindl.«

Als 1933 Adolf Hitler Reichskanzler wird, beeinflusst der Machtwechsel auch den Betrieb der Familie Engelhard. Als die Nationalsozialisten zum Boykott jüdischer Geschäfte aufrufen, bleibt ein Großteil der Kundschaft dem Laden der Engelhards fern. Nachdem ihnen bereits die Weltwirtschaftskrise das Leben schwer gemacht hatte, treibt die judenfeindliche Propaganda ihren Betrieb endgültig in den Bankrott. Moses und Rachel Engelhard müssen schnell handeln, um sich und ihre drei Kinder vor der Armut zu bewahren. Rachel, die sehr praktisch veranlagt ist, hat die Idee, eine kleine Wäscherei zu eröffnen. Schon bald wirbt die Familie im jüdischen Gemeindeblatt für die »Wäscherei Engelhard«. Viele Juden werden Stammkunden in dem kleinen Laden – nicht zuletzt deshalb, weil sie es leid sind, in nichtjüdischen Geschäften herablassend oder gar nicht mehr bedient zu werden. Der Antisemitismus ist in der »Hauptstadt der Bewegung« schon früh spürbar – selbst für die kleine Inge, die bei Hitlers Machtergreifung drei Jahre alt ist. *»Meine Schwester Bertha ging in die jüdische Schule. Aber ich musste noch in den Kindergarten. Die größeren Mädchen haben mich ganz oft auf dem Klo verhauen. Ich wusste nicht, weswegen. Irgendwann fiel das Wort ›Jude‹, aber das kannte ich damals noch nicht. Mein armer Bruder Theo wurde noch viel mehr verprügelt. Während ich genau wie meine Mutti knallrote Haare hatte, entsprach er mit seinen dunklen Haaren und der prominenten Nase eher dem Bild der Nazis von einem Juden. Auf der Straße wurde er oft von wildfremden Jungen angerempelt und geboxt. Er hat dann immer zurückgeboxt, weil er ziemlich wild war als Kind. Und ich stand dabei und habe meist nur geweint. Irgendwann wollte dann die hübsche Hildegard nicht mehr mit uns spielen. Ihre Mutter schwärmte für Hitler; darum hat sie ihrer Tochter verboten, mit uns zu spielen. Die Großmutter von Hildegard hat danach noch bei unserer Mutti geklingelt und gesagt, dass es ihr Leid tue. Sie war eine liebe, alte Dame und schämte sich für die Ansichten ihrer Tochter.«*

Als im Herbst 1935 die Nürnberger Gesetze erlassen werden, erwägen immer mehr Mitglieder der jüdischen Gemeinde, Deutschland den Rücken zu kehren. Auch Moses Engelhard, ein überzeugter Zionist, überlegt, mit seiner Familie nach Palästina auszuwandern. Doch das Land steht unter britischem Protektorat, und 1936 beschließt die englische Regierung strenge Einreisebeschränkungen. Sie befürchtet, dass ein immer stärker werdender Strom jüdischer Einwanderer den Unmut der Araber erregt.

Für die Juden, die – gewollt oder ungewollt – in Deutschland bleiben, wird das Leben zunehmend beschwerlich. Die

Bertha Engelhard (Mitte)
mit Spielkameraden in München

jüdische Schule, die auch Bertha Engelhard besucht, ist dem wachsenden Ansturm jüdischer Kinder kaum noch gewachsen: »*Unser Klassenzimmer war proppenvoll; an vielen Bänken drängten sich drei Kinder, obwohl nur Platz für zwei war. Weil es für die Juden auf den staatlichen Schulen immer schlimmer wurde, schickten immer mehr Eltern ihre Kinder auf eine jüdische Schule. Ich glaube, dass der Judenhass für die Kinder aus assimilierten Familien eine viel größere Belastung war als für uns. Für die war es ein furchtbarer Schock, weil sie meist von all ihren Freunden in Stich gelassen wurden. Und ihre Eltern waren bitter enttäuscht, nachdem sie sich vorher als Deutsche gefühlt hatten. Ich glaube nicht, dass meine Eltern sich jemals als Deutsche empfunden haben. Sie sahen sich wohl immer als*

Außenseiter – auch in Polen. Denn dort waren schon ihre Vorfahren einem starken Antisemitismus ausgesetzt. Für uns kam das alles nicht so überraschend. Wir hatten von Anfang an fast nur jüdische Freunde, und unter der Naziherrschaft sind wir noch enger zusammengerückt. Die Synagoge war der Mittelpunkt unseres gesellschaftlichen Lebens.«

Am Schabbat mahnt der Rabbiner alle Gemeindemitglieder zu einem möglichst unauffälligen Verhalten. Damit die für den Feiertag besser gekleideten Juden auf der Straße keine Aufmerksamkeit erregen, lässt er nur Gruppen von jeweils vier bis fünf Personen aus der Synagoge. Bertha Engelhard ärgert sich, dass der Rabbiner die Frauen zum Tragen schlichter Kleidung drängt. *»Warum sollten wir Juden an den Festtagen wie graue Mäuse über die Straße huschen? Das habe ich nicht eingesehen. Aber meine Eltern verhielten sich auch vorsichtig und gingen nur noch mit gesenktem Blick an ihren Nachbarn vorbei. Wir wohnten in einem Mietshaus, in dem wir die einzigen Juden waren, und meine Eltern hielten uns Kinder dazu an, schweigend durchs Treppenhaus zu gehen. Am besten, man war unsichtbar!«*

Moses und Rachel Engelhard arbeiten jeden Tag bis in den späten Abend hinein, um ihre kleine Wäscherei am Laufen zu halten. Ihr unermüdlicher Fleiß nötigt den Inhabern der benachbarten Geschäfte Respekt ab. Zu wenig entsprechen die Engelhards dem von der Nazipropaganda verbreiteten Bild der Juden, die sich auf Kosten anderer ihren Reichtum erschleichen. Doch als es am 9. November 1938 zur Reichspogromnacht kommt, werden die letzten Illusionen der Familie Engelhard zerstört. Inge ist acht Jahre alt, als der Mob durch die Münchner Straßen zieht. *»In der Nacht hatten wir noch nichts gehört, so dass wir uns am nächsten Morgen nichts ahnend auf den Weg in die Schule machten. Doch dann sahen wir sehr schnell, dass etwas Furchtbares passiert war. Die Schaufenster der jüdischen Geschäfte waren eingeschmissen und alle Auslagen verwüstet. Unter unseren Schuhsohlen knirschte es, weil die Gehsteige voller Glasscherben waren. Als die Schule in Sichtweite kam, stockte mir der Atem. Die Synagoge und die Schule – sie standen nebeneinander – brannten lichterloh! Ein*

Feuerwehrwagen stand zwar da, aber niemand löschte das Feuer. Später erfuhr ich, dass der Brand absichtlich gelegt worden war; die Feuerwehr sollte nur verhindern, dass die Flammen sich ausbreiteten. Mein Bruder Theo und ich sind sofort losgerannt – nicht nach Hause, sondern in die Wäscherei, weil meine Eltern ja schon zur Arbeit gegangen waren. Doch auch da war alles anders als sonst: Zwei SA-Männer standen mit meinem Vater vor dem Geschäft. Die Männer erschienen mir riesig – vielleicht, weil ich ein kleines Mädchen war. Mein Vater war ganz bleich im Gesicht, denn er musste die Wäscherei endgültig schließen. Einfach so – von heute auf morgen! Meine Eltern durften noch die letzten Wäschepakete ihrer Kunden aus dem Laden nehmen. Dann standen sie draußen und mussten mit ansehen, wie einer der Männer die Türe zuzog, den Schlüssel herumdrehte und in seine eigene Tasche steckte. Von einer Minute auf die andere hatten meine Eltern ihre Existenz verloren. Die harte Arbeit von vielen Jahren war vergebens gewesen; die Früchte all ihrer Mühen würde ein anderer ernten. Arisierung nannte man das damals. An diesem Tag ist unsere Welt in Stücke zerbrochen.«

Moses und Rachel Engelhard sind verzweifelt: Sie stehen vor dem Nichts. Es ist unklar, wovon sie ab sofort leben sollen. Sie befürchten, dass die Reichspogromnacht nur der Auftakt zu noch größeren Grausamkeiten ist. Durch Zufall erfahren sie von der Möglichkeit, Kinder ohne Begleitung ihrer Eltern nach England zu schicken: dann nämlich, als Inge wenige Tage später erzählt, dass ihre Freundinnen Esti und Hanni nach England fahren – ganz allein. »*Ich bin sofort nach Hause gestürzt und habe es meinen Eltern erzählt. Zuerst dachten sie, ich würde schwindeln, aber dann ging mein Vater zu den Eltern meiner Freundinnen Esti und Hanni. Und offenbar gelang es ihm, denen alles aus der Nase zu ziehen. Das Problem war, dass es nicht so viele Plätze auf dem Transport gab; es waren etwa zwanzig. Aber mein Vater hat es geschafft, wenigstens Bertha und Theo auf die Liste zu setzen.«*

Dann bleibt nicht mehr viel Zeit. Der zwölf Jahre alte Theo und die fast sechzehnjährige Bertha haben Plätze für den Transport vom 4. Januar 1939. Rachel Engelhard bemüht sich,

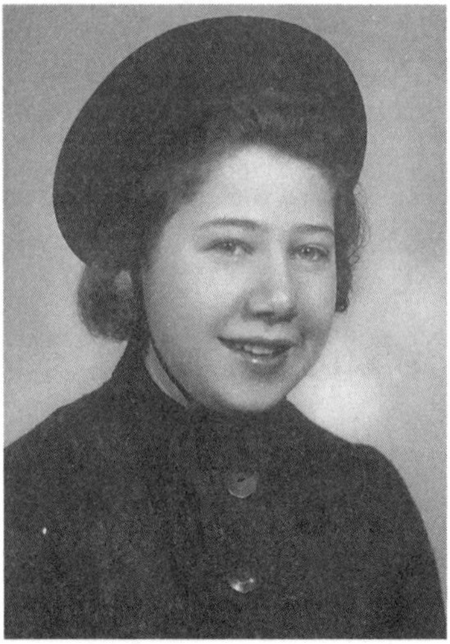

Bertha Engelhard kurz vor ihrer Auswanderung

den beiden die Angst vor einem Leben in der Fremde zu nehmen. Auch Inge hört fasziniert den Schilderungen ihrer Mutter zu: »*Mutti erzählte uns allen, wie wunderbar England sei: Es sei das Land der Freiheit und der Hoffnung. Sie bezeichnete es als ein großes Privileg, dort leben zu dürfen. Natürlich verspürten meine Geschwister auch den Kitzel des Abenteuers, als sie erfuhren, dass sie auf eine so lange Reise gehen durften. Doch als der Tag der Abfahrt gekommen war und wir alle in die Kultusgemeinde gingen, schlug die Stimmung jäh um. Damals durften die Eltern ihre Kinder nicht bis an den Zug bringen, da die Nazis jedes Aufsehen verhindern wollten. Der Anblick der verzweifelten Mütter und Väter hätte die guten Deutschen vielleicht um ihren Schlaf gebracht, wer weiß? Jedenfalls stellte die jüdische Gemeinde einen Raum zur Verfügung, wo sich alle verabschieden konnten. An diesem vierten Januar war es düster und eisig kalt, es war ja tiefster Winter. Die Kinder waren in dicke Mäntel gehüllt und mit Schals und Handschuhen ausgestattet. In einer Ecke lagen ihre kleinen Koffer und Rucksäcke. Ich habe noch nie gesehen, wie ein Mann weint – aber damals haben die Väter geweint! Es war bedrückend, das leise Schluchzen der anderen zu hören, am liebsten hätte ich mir die Ohren zugehalten. Ich stand mitten in der Menge, ganz dicht an meiner Mutti, und es war mir so wichtig, dass sie nicht weint. Ich habe zu ihr hochgesehen und geschaut, ob ihre Augen rot werden, aber sie wirkte gefasst. Dann wurden alle Kinder zum Bahnhof gefahren, und ich kehrte mit meinen Eltern zurück in die leere Wohnung. Ich vermisste meine Geschwister sehr; plötzlich war es ganz still zu Hause. Erst langsam wurde mir klar, dass nichts mehr so sein würde, wie es einmal war. Zuerst hatte ich noch so ein Gefühl, dass sie gleich ins Zimmer gestürzt kommen. Aber Theo und Bertha saßen in dem Zug nach England und würden dort ein ganz neues Leben anfangen – ohne mich.«*

Kurz darauf richtet die jüdische Gemeinde in einem kleinen Behelfsbau eine Schule ein, in die auch Inge geht. Doch immer mehr Stühle bleiben leer. Nach der Reichspogromnacht bemühen sich viele jüdische Familien fieberhaft darum, Deutschland zu verlassen. Alle Versuche der Engelhards, Visa für Südamerika zu bekommen, scheitern. Sie können die hohen Summen nicht aufbringen, die die Länder dort von den Einwanderern verlangen; vielmehr haben sie Mühe, sich auch nur über Wasser zu halten. Moses Engelhard hat eine bescheidene Stelle in der Wäscherei des jüdischen Krankenhauses gefunden – eine Knochenarbeit, die nur wenig Geld einbringt. Als er die Miete für die Wohnung nicht mehr bezahlen kann, zieht er mit seiner Frau in das jüdische Krankenhaus. Während Moses und Rachel Engelhard dort in einer kleinen Kammer Unterschlupf finden, übernachtet Inge bei einer befreundeten Witwe und ist nur tagsüber bei ihrer Mutter. *»Meine Eltern mussten fast alle Möbel für einen Spottpreis verkaufen. Es war merkwürdig, wie all diese vertrauten Stücke von völlig Fremden mitgenommen wurden. Sie waren doch auch ein Teil meiner Kindheit! Als meine Mutter sich von ihrer geliebten Nähmaschine trennte, hat ihr das richtig wehgetan; das habe ich ihr angesehen. Alles löste sich auf – auch der Freundeskreis. Beinahe jede Woche nahmen lieb gewonnene Menschen Abschied von uns. Einige hatten einfach mehr Geld als wir und kamen dadurch leichter an ein Visum. Andere beriefen sich auf vermögende Verwandte im Ausland, die für sie bürgen konnten. Und die guten Deutschen bemühten sich, den zurückbleibenden Juden das Gefühl zu geben, nicht nur zweitklassig zu sein, sondern fünftklassig. Wenn in den Läden ein Schild hing: ›Juden unerwünscht‹, dann war das ja noch richtig höflich! Nach der Reichspogromnacht schickte die Mutti immer mich zum Einkaufen, denn ich sah mit meinen knallroten Haaren nicht ›jüdisch‹ aus. Rausge-*

worfen hat mich niemand, aber es tat trotzdem weh, diese Schilder zu sehen.«

Nach einiger Zeit erhalten Moses und Rachel Engelhard eine Nachricht von ihren Kindern Bertha und Theo aus England. Beide sind in Coventry untergekommen. Theo lebt bei einer Familie, die für ihren Sohn einen Spielkameraden gesucht hatte. Und Bertha arbeitet als Dienstmädchen bei einem kinderlosen Ehepaar, das darauf besteht, als ›Tante‹ Vera und ›Onkel‹ Billy angesprochen zu werden. Glücklich ist sie nicht, doch in den Briefen an die Eltern gibt sie sich Mühe, zufrieden zu wirken. »*Ich hätte es nie gewagt, meinen Eltern zu schreiben, wie schwer es mir ums Herz war. Tatsächlich führte ich ein regelrechtes Aschenputtel-Dasein. Anstatt in eine Schule gehen zu dürfen, musste ich nun von morgens bis abends für das Paar schuften. Die ersten Monate waren furchtbar, weil ich kaum englisch sprechen konnte und niemand Anstalten machte, es mir beizubringen. Putzen und kochen konnte ich ja auch, ohne dabei große Reden zu halten! In dem Haushalt gab es zu meiner größten Überraschung kein einziges Buch – die Dame des Hauses bevorzugte es, in Frauenjournalen zu blättern. Wie sehr hätte ich mir gewünscht, wieder auf die zu Schule gehen! Aber daran war nicht zu denken, und meine Tage vergingen mit dem nicht enden wollenden Polieren des Messings und meinem Versuch, den kulinarischen Wünschen der beiden gerecht zu werden. Mich hielt der Gedanke an meine kleine Schwester Inge aufrecht. Ich musste mich zusammenreißen und einen guten Eindruck machen; denn ich wollte, dass auch sie von den beiden aufgenommen wird. Ich erzählte hartnäckig, was für ein bezauberndes Kind meine kleine Schwester sei und zeigte ihnen ein besonders niedliches Foto. Irgendwann stimmten sie dann zu, und ich jubelte innerlich.*«

Im Sommer 1939 bekommt auch Inge einen Platz auf dem Kindertransport. Am Abend des 5. Juli fahren ihre Eltern sie zum Bahnhof. Inzwischen ist es den Vätern und Müttern erlaubt, ihre Kinder persönlich zum Zug zu begleiten. Die neun Jahre alte Inge ist nach den tröstenden Erzählungen der Mutter und den beschönigenden Briefen der Geschwister voller Neugierde und Abenteuerlust. Nicht allzu traurig steht sie mit ihren Eltern am Bahnsteig des Münchner Hauptbahnhofs; sie trägt ein hübsches Dirndl und nagelneue Schuhe. Während die Eltern ihren Schmerz zu verbergen suchen, kann Inge es kaum abwarten, das Meer zu sehen, von dem ihre Mutter erzählt hatte.

»*Der Zug fuhr um Mitternacht, und mein Papa schenkte mir zum Abschied ein mechanisches Spielzeug: eine kleine, bayerische Maus in grauem Hemd und roten Kniebundhosen. Wenn man sie aufzog, hob sie einen Bierkrug an die Schnauze; das war sehr niedlich. Bevor ich in den Waggon gestiegen bin, hat mein Papa mich gesegnet. Und meine Mutti hat versprochen, dass sie bald nachkommen werden – so bald wie möglich. Ich habe keinen Moment daran gezweifelt. Meine Mutti hat fast nie etwas versprochen, und wenn, dann hat sie es auch gehalten. Als der Zug dann losgefahren ist, habe ich noch ganz fröhlich gewinkt.*«

Als das Mädchen zwei Tage später in Coventry ankommt, fällt die Begrüßung anders als erwartet aus. Der Pflegevater ist schockiert über Inges roten Schopf. Hintergrund dieser tiefen Abneigung waren private Verwicklungen: Der Mann hatte lange Jahre den Unterhalt für das Kind seiner ersten Frau zahlen müssen, das wie Inge auffallend rotes Haar hatte. Als er das erschöpfte und verunsicherte Mädchen sieht, spuckt er vor ihr aus und wendet sich ab. Bertha muss derbe Flüche über sich ergehen lassen, bevor der Mann beleidigt davonstapft. Es braucht einige Zeit, bis der Pflegevater seine Vorbehalte überwindet. Doch dann erklärt er sich sogar dazu bereit, den Bruder Theo aufzunehmen. Die kleine Inge ist selig, wieder bei ihren Geschwistern zu sein: »*Was für ein Glück wir hatten, dass wir in der Fremde nicht allein waren! Aber natürlich fehlten uns unsere Eltern sehr. Und es war schwer, von jedem jüdischen Leben so abgeschnitten zu sein. Wir durften nur selten am Schabbat in die Synagoge gehen; wenn doch, mussten wir zwei Meilen zu Fuß laufen. Niemand in der Gemeinde nahm von uns Kindern Notiz, dabei hatten wir solche Sehnsucht, dazuzugehören! Nur an den Sederabenden waren wir beim Rabbiner eingeladen, der uns mit einem Paket Mazze bedachte. Doch dann stiegen so viele Erinnerungen an unsere lieben*

Eltern auf, dass es fast zu traurig war, sich an dem Geschenk zu freuen. Später mussten wir dann mit unseren Pflegeeltern Weihnachten feiern, die nicht das geringste Verständnis für unseren religiösen Hintergrund hatten. Es war alles sehr widersprüchlich: Sie hatten drei jüdische Kinder aufgenommen, was beachtlich war, aber sie gingen oft ausgesprochen kaltherzig mit uns um. Als Theo einmal gestürzt war und gekrümmt vor Schmerz nach Hause humpelte, herrschte ihn Tante Vera an, er solle sich nicht so gehen lassen. Erst Tage später ging sie mit ihm zum Arzt, da war der Fuß schon bedrohlich angeschwollen. Es stellte sich heraus, dass er sich den Fuß gebrochen hatte. Es muss furchtbar wehgetan haben.«

Während Bertha den ganzen Tag im Haushalt der Familie arbeitet und nur beim Einkaufen unter Menschen kommt, besucht Inge eine englische Schule. Das neun Jahre alte Mädchen hat einen schweren Stand in seiner neuen Klasse. Die Flut an neuem Unterrichtsstoff ist anfangs kaum zu bewältigen; Inge muss sich mit einem noch winzigen Wortschatz durchkämpfen. Und als im September 1939, wenige Wochen nach ihrer Ankunft, der Zweite Weltkrieg ausbricht, wird sie zur Zielscheibe antideutscher Aggressionen: *»Anstatt dass ich für die Kinder als Flüchtling ein interessanter Mensch war, wurde ich zu einem Nazi. Die Kinder haben gedacht, ich komme aus Deutschland, also bin ich ein Nazi! Das war auch nicht gerade angenehm. Ich konnte mich nicht wehren; mein Englisch war doch absolut ungenügend, um mich zu erklären. Das hat sehr wehgetan. Dann habe ich einfach gelitten. Meiner Schwester Bertha erging es ähnlich – nicht selten wurde sie auf der Straße als ›bloody German‹ beschimpft, wenn sie im Dorf einkaufen ging.«*

Doch es gibt auch freundlichere Zeitgenossen. Im Nachbarhaus wohnt eine ältere Dame, die der kleinen Inge jeden Morgen einen halben Penny schenkt – damit soll sie sich einen halben Liter Milch und etwas Süßes kaufen.

Die größte Sorge der Geschwister ist nach dem Ausbruch des Krieges der Gedanke an ihre Eltern: Was soll nun aus ihnen werden? Den Kindern wird klar, dass es in naher Zukunft kein Wiedersehen geben wird; es bleiben die wenigen Rotkreuzpostkarten, die die Eltern aus Deutschland schicken.

Rachel Engelhard verschweigt ihren Kindern, dass ihr Mann eine schwere Zeit in einem Internierungslager bei Nürnberg verbracht hatte und seit seiner Entlassung in einer Münchner Batteriefabrik Zwangsarbeit leisten muss. Moses Engelhard – inzwischen fast fünfzig Jahre alt – leidet sehr unter den Demütigungen, mit denen ihn die jungen Wachmänner der Fabrik quälen. Auch die harte Arbeit und der Hunger machen ihm zu schaffen.

Im August 1940 gelingt es ihm und seiner Frau wider Erwarten, Deutschland zu verlassen. Inge Engelhard erinnert sich: *»Durch eine Fluchthilfeorganisation kamen meine Eltern nach Graz – von dort aus gelangten sie unter der Anleitung eines Schmugglers über das Gebirge nach Zagreb. Sie hatten einige Wertsachen in München zurückgelassen, und der Schmuggler hatte ihnen zugesichert, alles nach Graz zu schaffen – dafür strich er eine stolze Summe ein. Doch dann stellte er sich als Betrüger heraus; meine Eltern haben ihr Hab und Gut nie mehr wieder gesehen. So blieb ihnen letzten Endes nur das, was meine Mutti in ihrer Handtasche bei sich trug: einige silberne Messer und Gabeln von ihren Eltern aus Polen. Aber das Wichtigste war natürlich, dass sie sich hatten retten können. Von Zagreb aus kam ihr erstes Lebenszeichen – für uns war es wie ein Geschenk. Doch schon bald hörten wir lange Zeit nichts mehr und waren wieder in Sorge.«*

Moses und Rachel Engelhard sind weiterhin auf der Flucht. Von Zagreb aus gelangen sie nach Rom. Im Vatikan verschafft ihnen ein deutscher Pfarrer Pässe, mit denen sie legal nach Spanien einreisen können. In Barcelona finden sie eine billige Pension, in der bereits viele Flüchtlinge aus Deutschland Unterschlupf gefunden haben. Bezahlt wird ihr kleines Zimmer von der Flüchtlingsorganisation HIAS, der Hebrew Immigrant Aid Society. Doch auch in Spanien bleiben sie nicht lange. Schließlich reisen sie – ebenfalls illegal – nach Portugal. Erst von dort ist ein reger Briefwechsel mit den Kindern möglich. So erfahren sie, dass Bertha, Theo und Inge inzwischen zusammen mit den Pflegeeltern nach Yorkshire evakuiert wurden. Die Bombenangriffe der Deutschen hatten Coventry im November 1940 schwer verwüstet. Bertha Engelhard hat eine

Stelle in einer Baumwollspinnerei gefunden. Zehn bis zwölf Stunden am Tag arbeitet sie im Akkord; sie gehört zu den besten Kräften ihrer Abteilung. Ihre Lohntüte muss sie allerdings an ihre Pflegemutter abgeben; nicht einmal Geld für neue Kleider oder Schuhe darf sie abzweigen. Auch Theo wird, sobald er vierzehn Jahre alt ist, zum Arbeiten in eine Fabrik geschickt.

Im Januar 1944 hält Bertha Engelhard ein wunderbares Telegramm in Händen: »*Es war kaum zu glauben! Unsere Eltern waren – ohne dass wir es auch nur geahnt hatten – am ersten Weihnachtstag 1943 nach England geflogen; sie waren offenbar wohlauf und schon ganz in unserer Nähe. Ein Yankee-Clipper hatte sie von Portugal aus nach London gebracht. Die englische Regierung hatte ein Gesetz erlassen, nachdem die Eltern von deutsch-jüdischen Flüchtlingskindern einreisen durften, sofern sie sich auf neutralem Boden befanden und eines ihrer Kinder noch unter sechzehn Jahren war. Inge war damals vierzehn Jahre alt. Mir schlug das Herz bis zum Hals, als der Postbote das Telegramm brachte: ›Eintreffen Freitag, 4. 45. Engelhard.‹ – Eine schönere Nachricht habe ich in meinem ganzen Leben nicht mehr bekommen!*«

Fünf lange Jahren sind seit dem letzten Lebewohl in München vergangen. Inge ist vierzehn, Theo siebzehn und Bertha einundzwanzig Jahre alt. Während Theo und Bertha die Eltern an dem kleinen Bahnhof in Empfang nehmen, bleibt Inge zu Hause. Sie hat Angst, in aller Öffentlichkeit von ihren Gefühlen überwältigt zu werden. »*Ich war nervös und versuchte, mich zu beschäftigen; also habe ich Tee gekocht. Und plötzlich standen meine Eltern in der Küche. Ich rannte auf sie zu und rief: ›Mutti! Papi!‹ – Und dann merkte ich, dass ich kein Deutsch mehr sprechen kann! Meine Eltern hatten zwar versucht, im Exil etwas Englisch zu lernen, waren aber nicht sehr weit damit gekommen. Es hat Monate gedauert, bis ich mich wieder mit ihnen unterhalten konnte. Natürlich haben wir uns umarmt und geküsst. Aber wenn ich etwas erzählen wollte, musste es meine Schwester übersetzen – und ich habe dazu gelächelt. Die Wörter, die meine Eltern benutzten, kamen mir regelrecht fremd vor. Dabei waren wir doch eine Familie!*«

Bei aller Wiedersehensfreude sind Moses und Rachel Engelhard zugleich betroffen über die Umstände, in denen sie ihre Kinder vorfinden. Alle drei tragen Kleider, die dringend einer Wäsche bedürften und aus denen sie längst herausgewachsen sind. Bertha hat, obwohl es Januar ist, nur Holzpantinen an den Füßen. Nur nach und nach rücken die Kinder mit der Wahrheit heraus und beichten, dass sie in ihren Briefen ein allzu rosiges Bild gezeichnet hatten.

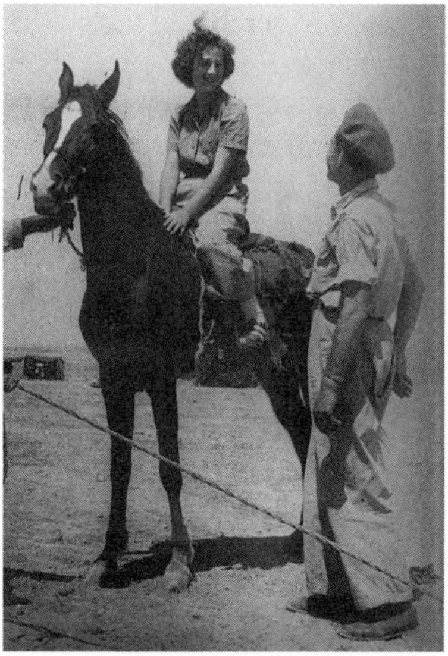

Neubeginn in Israel:
Inge Engelhard, ca. 1951

Die traurige Zeit bei den Pflegeeltern hat damit ein Ende. Moses und Rachel Engelhard ziehen nach Birmingham und nehmen ihre Kinder mit.

Ihren Lebensabend haben sie in London verbracht, wo sie in den siebziger Jahren gestorben sind. Theo Engelhard starb bereits als junger Mann nach langer Krankheit in England. Inge Engelhard ist zu Beginn der fünfziger Jahre nach Israel ausgewandert. Mit ihren zwei Töchtern und sieben Enkelkindern lebt sie heute in Jerusalem. *»Ich bin nach Israel gegangen, weil ich mir ein eigenes Land für uns Juden gewünscht habe – ein Land, wo man uns nicht mehr rausschmeißen kann, wenn der Antisemitismus wieder auflebt. Ich bin sehr stolz auf Israel, auch wenn ich hier noch keine tiefen Wurzeln habe. Aber meine Kinder und Enkelkinder wurden hier geboren – auch das verbindet mich mit diesem Land. Nach Deutschland bin ich immer nur kurz zurückgekehrt. Ich verstehe auch nicht, wie man als Jude dort noch zum Vergnügen hinfahren kann, um Urlaub zu machen. Die Erde ist doch getränkt mit dem Blut unserer Verwandten. Als meine Eltern und ich in den fünfzi-*

ger Jahren kurz nach München gefahren sind, um Wiedergutmachung zu beantragen, haben wir unseren ehemaligen Hausmeister wiedergesehen; wir brauchten von ihm eine Bestätigung, dass wir dort gewohnt hatten. Er war ein grässlicher Nazi und Judenhasser, doch während seine Frau uns die Bestätigung schrieb, saß er am Küchentisch und murmelte immer wieder: ›Gell, ich hab euch nichts getan! Gell, ich hab euch nichts getan!‹ Ich weiß nicht, was er während des Krieges gemacht hatte, jedenfalls ist er danach verrückt geworden. Diese Begegnung war grauenhaft, auch wenn wir nach ein paar Minuten wieder gegangen sind. Nein, ich bin sehr, sehr froh, heute in Israel zu sein.«

Bertha Engelhard lebt seit vielen Jahren in London. Sie hat drei Kinder, zehn Enkel und fünf Urenkel. Ungeachtet ihres fortgeschrittenen Alters ist sie immer noch sehr aktiv: Sie bemüht sich, mit der jungen Generation der Deutschen in Kontakt zu kommen und hält Vorträge in Schulen und Gemeinden. In den späten achtziger Jahren war sie es, die in London die erste »Reunion of Kindertransport« organisiert hat. Es gelang ihr, viele hunderte der durch den Kindertransport Geretteten zu einem Treffen zusammenzubringen – ein lange vergessenes Kapitel deutsch-englischer Geschichte kam dadurch wieder an die Öffentlichkeit. *»Es war ein sehr bewegendes Wiedersehen. Viele der Geretteten hatten ihr Leben lang nicht gewusst, in welchem Umfang die Kindertransporte stattgefunden haben. Und nicht Wenige haben heute*

Bertha Engelhard
mit ihrem Sohn Danny, 1947

noch tiefe Schuldgefühle, weil sie überlebt haben, während der Rest der Familie im Holocaust ermordet wurde. Leider hatten die meisten Kinder nicht so viel Glück wie wir. Ich weiß von einem Mann, der ausgerechnet an seinem Geburtstag erfahren hat, dass seine Eltern im Holocaust umgekommen sind. Seit diesem Zeitpunkt hat er nie wieder seinen Geburtstag gefeiert. Nie wieder! Er trägt ein grausames Erbe in sich – auch noch nach über fünfzig Jahren. Und das tut mir unendlich Leid.«

»Jemand sagte mir, ich soll nicht weinen – das ist ansteckend.«

Ruth Wassermann,
geboren 1926 in Nürnberg

»Als meine Schwester und ich in London ankamen, wurden wir sofort getrennt, kaum dass wir aus dem Zug ausgestiegen waren! Das ging so schnell, eins-zwei-drei. Ein englisches Ehepaar wählte sie unter den anderen Mädchen aus und nahm sie mit – als Dienstmädchen. Ich blieb allein zurück, mit meinem Püppchen und meinem Rucksack. Mich hat keiner genommen. Vielleicht wollte niemand ein Kind haben, das weint?«

Ruth Wassermann stammt aus einer der ältesten Nürnberger Familien. In den Annalen der Stadt finden sich schon zu Beginn des 16. Jahrhunderts Aufzeichnungen über ihre Vorfahren. Ihr Großvater Heinrich Wassermann hatte in Nürnberg eine Lederwarenfabrik gegründet, die der Sohn Eugen erfolgreich ausbauen konnte. Eugen Wassermann wohnt mit seiner Frau Nanette und seinen beiden Töchtern Ruth und Anneliese in einem hübschen Haus mit Garten unweit des Nürnberger Tierparks. Die Familie gehört der liberalen jüdischen Gemeinde an. *»Wir waren nicht sehr religiös, aber wir gingen gelegentlich in die Nürnberger Synagoge – ein herrlicher Bau in maurischem Stil, mit vielen Kuppeln, und innen wunderschön gearbeitet. Das hat mich als Kind sehr beeindruckt. Frauen und Männer saßen dort noch getrennt. Meine Großmutter Olga, meine Mutter Nanette, Anneliese und ich – wir hatten unsere Plätze oben auf der Galerie. Wenn ich mich über die Brüstung lehnte, konnte ich unten meinen Vater sitzen sehen, bei den anderen Männern und unserem lieben Rabbiner, Doktor Freudenthal. Es war eine schöne Gemeinschaft, und ich mochte den Schabbat.«*

Als Hitler 1933 Reichskanzler wird, ändert sich das Leben der Wassermanns innerhalb weniger Monate. In Nürnberg, der Stadt, in dem das radikale Hetzblatt »Der Stürmer« herausgegeben wird, tritt der Antisemitismus früher und schärfer als in den meisten anderen deutschen Städten zutage. Schon bald nach der Machtergreifung der Nationalsozialisten werden dem jüdischen Fabrikanten Eugen Wassermann Steine in den Weg gelegt. Seine langjährigen Geschäftspartner weigern sich, weiterhin Rohstoffe an die Fabrik zu liefern, und die Banken gewähren ihm keinen Kredit mehr.

Als am 1. April 1933 zum Boykott aller jüdischen Geschäfte aufgerufen wird, stornieren einige Großkunden von Eugen Wassermann ihre Aufträge. Auch die sieben Jahre alte Ruth muss unter dem aufkeimenden Rassenhass leiden. »*1932, als ich eingeschult wurde, war mir noch kein großer Unterschied zwischen Juden und Nichtjuden aufgefallen. Wenn auf dem Stundenplan Religion stand, gingen die Katholiken in das eine Zimmer und wir Juden in ein anderes. Na und? Danach saßen wir wieder zusammen. Aber als Hitler kam, ging es so richtig los! Eines Morgens wurden vor unserer Schule riesige Hakenkreuzfahnen aufgezogen, meterhoch! Die waren nicht mehr zu übersehen. Und plötzlich stand so ein kleiner Knirps vor mir und verspottete mich lauthals. ›Jude, Jude, Meck-Meck-Meck! Schweinefleisch und Speck-Speck-Speck! Schweinefleisch schmeckt gut! Du bist ein dreckiger Jud!‹ – An den Abenden marschierte jetzt oft die SA mit Fackeln durch die Straßen. Da hörte ich dieses berüchtigte Horst-Wessel-Lied: ›... und wenn das Judenblut vom Messer spritzt, dann geht's noch mal so gut!‹ Also, für ein Kind ist das ganz schön stark! Natürlich habe ich meine Mutter gefragt, was das heißen soll, aber sie war sehr zurückhaltend. Damals hat man den Kindern noch nicht so viel erklärt wie heute! Wenn meine Eltern Besuch hatten und jemand eine Bemerkung über Hitler fallen ließ, wurde ich rausgeschickt. Ich solle mal eben ein Glas Wasser holen für den Besuch, hieß es dann immer. ›Aber vorher lange laufen lassen!‹ Meine Eltern wollten mich vor all dem schützen, so lange wie möglich.*«

Kurz darauf muss die Familie ihr schönes Haus am Tierpark verkaufen. Die traditionsreiche Lederwarenfabrik von Eugen Wassermann war durch den Boykott der Kreditgeber und Lieferanten innerhalb weniger Monate pleite gegangen. Die Fami-

Die Eltern Nanette und Eugen Wassermann, Nürnberg 1920

lie verkauft einen Großteil ihrer Möbel und zieht in eine kleine Mietwohnung. In der Hoffnung, dass ein Ortswechsel die Probleme löst, verlassen sie im Winter 1934 schließlich Nürnberg und gehen nach Garmisch-Partenkirchen. Ruth findet keinen Anschluss und verbringt eine traurige Zeit. *»Ich war das einzige jüdische Kind – in der ganzen Schule! Ich saß hinten in der Klasse, und die Lehrerin brachte es fertig, mich ein geschlagenes Jahr lang nicht aufzurufen. Selbst wenn sich niemand anderes gemeldet hatte – sie ignorierte mich einfach; das war sehr beschämend. Da war ein Kind in der Klasse, das war nicht sehr sauber und hatte Läuse, das hat sie dann neben mich gesetzt, nachdem vorher niemand neben mir sitzen wollte. Die Läuse sind nur so über meine Tafel gelaufen; ich habe die immer mit den Fingern zerdrückt. – Freunde hatte ich keine in der Zeit, ich war sehr einsam. Ich weiß noch, wie meine Klasse mehrmals in der Woche in die Kirche geführt wurde, zur Beichte. Ich blieb als einzige draußen stehen und wartete dann stundenlang, während die anderen ihr Gewissen reinwuschen.«*

Um ihre Töchter auf eine jüdische Schule schicken zu können, kehren die Wassermanns nach Nürnberg zurück und kommen in der Wohnung von Freunden unter. Ruth und Anneliese sind erleichtert, dass sie wenigstens im Unterricht nicht mehr der allgemeinen Hetze ausgeliefert sind. Die Juden in Nürnberg rücken angesichts der immer stärker werdenden Verachtung durch die nichtjüdische Umwelt enger zusammen. »*Meine Eltern gingen jetzt öfter mit uns in die Synagoge; das gab uns allen Kraft. Unser lieber Rabbiner Dr. Freudenthal sprach der Gemeinde Mut zu, und wer genau hinhörte, verstand auch seine versteckte Kritik am Regime der Nazis. Er sprach verschlüsselt, denn inzwischen hatten wir bei jeder Versammlung Besuch … Hinten im Saal standen vier SA-Männer mit verschränkten Armen; aber sie sahen nicht so aus, als ob sie besonders viel verstanden hätten. Meine vier Jahre ältere Schwester und ich gingen in eine zionistische Jugendgruppe, Habonim, die war damals schon verboten. Wir haben uns dann in Privatwohnungen getroffen, und selbst uns Kindern wurde damals eingeschärft, dass wir höchstens zu zweit auf die Straße gehen dürften – um keine Aufmerksamkeit zu erregen. Eine Frau lehrte uns Lieder über Palästina und erzählte ein bisschen über das Land. Für mich war das aber nicht politisch, ich war einfach froh, dass ich endlich mal mit anderen Mädchen spielen konnte. Wir Kleineren machten dort Puppen-Partys und tranken Saft aus winzigen Porzellantassen – nicht gerade sehr konspirativ.*«

Als im September 1935 die Nürnberger Gesetze verabschiedet werden, sitzen viele Freunde der Wassermanns bereits auf gepackten Koffern. Auch Eugen Wassermann trägt sich mit Auswanderungsplänen. Er beantragt in verschiedenen Ländern Visa für seine Familie. Doch die Mühe ist vergeblich. Nacheinander treffen aus den USA, Chile, Uruguay und Ecuador die Absagen ein. Einen letzten Hoffnungsschimmer sehen die Wassermanns in Berlin: die anonyme Großstadt, im liberaleren Norden gelegen, könnte eine Besserung der Lebensumstände bedeuten. 1936 kehren sie der Nazi-Hochburg den Rücken und ziehen nach Berlin. »*Aber wir hatten uns zu früh gefreut. Berlin war eine Enttäuschung. Auch hier hingen in vielen Geschäften und an den Kinokassen diese Schilder: ›Juden haben keinen Zutritt‹, ›Hunde und Juden unerwünscht‹, ›Wir verkaufen nicht an Juden.‹ Sogar auf einigen Parkbänken stand: ›Nur für Arier.‹ Dann gab es aber auch Menschen, die erst recht nett zu uns waren, etwa in dem kleinen Laden, der bei uns im Haus war. Da steckte die Verkäuferin meiner Mutter öfter ein Ei oder einen Apfel unter dem Ladentisch zu. Solche Menschen gab es auch, sie wurden nur immer seltener.«*

Als es im November 1938 zur Reichspogromnacht kommt, ist Ruth zwölf Jahre alt. Am Morgen geht sie noch ahnungslos in die jüdische Goldschmidt-Schule. »*Ich musste jeden Morgen mit dem Bus fahren, weil es zu weit zum Laufen gewesen wäre. Ich war noch etwas verschlafen, aber plötzlich sah ich all die Scherben auf den Gehwegen und wunderte mich. Erst später merkte ich, dass nur die Schaufenster der jüdischen Geschäfte zerbrochen waren. An einer Wand hatte jemand in großen Buchstaben ›Juda, verrecke!‹ hingeschmiert, daneben einen Totenkopf. Und dann stieg mir etwas in die Nase: Brandgeruch. Die Synagoge stand in Flammen! Es war alles so verwirrend; fast wie in einem schlimmen Traum. Ich war ja noch ein Kind! Mir wurde übel vor Aufregung. Völlig verunsichert bin ich in die Schule gelaufen. Die anderen aus meiner Klasse hatten Ähnliches erlebt – offenbar hatte der Mob in ganz Berlin getobt. Wir mussten uns alle in der Aula versammeln, und die Lehrer gaben sich Mühe, nicht allzu aufgeregt zu wirken. Sie sagten, wir sollten sofort nach Hause gehen und nirgendwo länger als nötig stehen bleiben. Die jüdische Schule wurde dann geschlossen.«*

Ruth Wassermann, Winter 1938

Noch am selben Tag wird Eugen Wassermann verhaftet – vor den Augen seiner Tochter Ruth. Die windet sich mit schweren Bauchschmerzen im Bett, während die SA-Männer die Wohnung durchwühlen und auch in ihrem Zimmer den Inhalt der Schränke auf den Fußboden werfen. Entsetzt muss sie mit ansehen, wie die Männer ihren Vater mitnehmen. »*Unser Großvater hatte sich zu der Zeit schon im Wald versteckt, den haben sie damals nicht erwischt. Aber mir ging es elend; es war furchtbar, meine arme, unglückliche Mutter zu sehen, sie war hilflos vor Angst. Zu allem Überfluss hatte ich wirklich schlimme Schmerzen, so dass meine Mutter am Abend einen Arzt anrief. Aber der weigerte sich, mich zu untersuchen – kurz angebunden sagte der Mann, er behandele keine jüdischen Kinder. Als meine Mutter dann nach einem jüdischen Doktor suchte, musste sie feststellen, dass man die meisten Männer verhaftet hatte. Zum Schluss wurde ihr ein sehr, sehr alter Arzt empfohlen, der eigentlich schon lange nicht mehr arbeitete. Er war schon über achtzig, aber dieser Herr erbarmte sich und saß kurz darauf an meinem Bett. Er stellte fest, dass ich auf der Stelle operiert werden müsse – mein Blinddarm sei kurz davor zu platzen. Trotzdem wollte kein Krankenhaus mich aufnehmen – als Jüdin. Ich weiß nicht, wie meine Mutter es geschafft hat, aber in Berlin gab es ein Krankenhaus, das von Nonnen geleitet wurde – und die haben mich nicht abgelehnt. Die Schwestern hatten einen jüdischen Arzt als Patienten getarnt und in ihrem Krankenhaus versteckt – und der war Chirurg! Mitten in der Nacht weckten sie ihn auf, damit er mich operiert. Während ich in der Narkose lag, durchsuchten SA-Männer auch dieses Krankenhaus, aber die Nonnen waren resolut und ließen niemanden in den Operationssaal. Wie mutig diese Frauen waren! Die haben aus Prinzip nicht mitgemacht. Ich habe später im Krieg noch oft an sie zurückgedacht; ich hoffe, dass sie das alles gut überstanden haben.*«

Das Mädchen bleibt durch die Notoperation am Leben und kann bald wieder nach Hause. Kurz darauf wird auch ihr Vater aus der Haft entlassen. Doch nun haben Eugen und Nanette Wassermann keine Ruhe mehr, und sie beschließen: wenigstens ihre Töchter sollen Deutschland auf dem schnellsten Wege verlassen. Als sie über einen Verwandten in London von den Kindertransporten hören, lassen sie Ruth und Anneliese auf die Warteliste setzen. Um es ihren Kindern leichter zu machen, schwärmt Nanette Wassermann von dem Land, das sie selber nie gesehen hat. »*Unsere Mutter war so tapfer! Sie malte uns England in den schönsten Farben aus: dort sei alles so grün, und die Menschen seien freundlich. Sie legte ein kleines Tennisröckchen in meinen Koffer, weil sie überzeugt war, dass alle Engländer Tennis spielten. Sie tat, als ob wir in die Sommerfrische fahren würden! Mein Vater hatte großen Respekt vor den Engländern. Mit Bewunderung erzählte er mir von der Speaker's Corner im Hyde Park, wo sich jeder Bürger auf ein Kistchen stellen darf, um seine Meinung öffentlich kund zu tun. Dass diese Freiheit nicht selbstverständlich ist, wusste er ja inzwischen.*«

Am 18. April 1939 ist es dann so weit. Ruth und Anneliese haben beide einen Platz auf dem Transport bekommen. Unter Tränen verabschieden sie sich von ihren Großeltern Olga und Elkan Eugen Joelsohn. »*Der Abschied war furchtbar. Wir hatten ein Taxi bestellt, und als meine Großmutter uns zur Tür brachte, fing sie zu weinen an. Das sehe ich heute noch, wie sie vor dem Haus steht und winkt, als wir abfuhren. Sie hat wohl geahnt, dass wir uns nie mehr wieder sehen. Dann am Bahnsteig waren so viele Kinder und so viel Tumult! Ich bin mit meiner Schwester in den Zug gestiegen und stand am Fenster. Weil ich im Taxi die ganze Zeit nur geweint hatte, sah ich alles wie durch einen Schleier. Ich suchte nach meinen Eltern, aber da war nur noch eine verschwommene Menschenmenge. Ich konnte sie nicht mehr finden – in diesen letzten, kostbaren Augenblicken! Als ich endlich den Hut meiner Mutter entdeckte, spürte ich einen Ruck unter meinen Füssen: der Zug fuhr an. Ein hastiges, letztes Winken meiner Eltern, und schon sah ich sie nicht mehr. Ich erinnere mich dann, dass ich in diesem Coupé gesessen bin und meine Beine nicht ganz nach unten auf den Boden reichten. Ich muss geweint haben, denn irgendjemand sagte mir, ich soll nicht weinen, das ist ansteckend.*«

Wenige Stunden später erreicht der Zug Hamburg. Von dort geht die Reise weiter mit der »S.S. Manhattan«, die die Kinder von Hamburg nach Southampton bringen soll. Doch bevor alle an Bord gelassen werden, steht ihnen noch eine letzte Zollkontrolle auf deutschem Boden bevor. Ruth Wassermann erinnert sich an Angst erfüllte Momente. »*Wir saßen sehr still und eingeschüchtert da. Denn die schlimmste Vorstellung war doch, in letzter Sekunde gesagt zu bekommen, dass man nicht mitfahren darf – warum auch immer. Das hatten wir doch bei unseren Vätern gesehen, wie schnell jemand einfach mitgenommen werden kann, aus reiner Willkür! Um zum Schiff zu gelangen, mussten wir durch ein großes Eisentor gehen. Vor dem Tor war ein Tisch aufgebaut, an dem zwei Männer in Uniform saßen. Wir Kinder wurden angewiesen, dort anzustehen, und die Männer zeigten mit dem Finger in die eine oder andere Richtung: ›Links! Rechts! Links! Rechts!‹ Links war die gute Seite, da konnte man einfach durchgehen. Wer nach rechts lief, wurde genauer untersucht – nicht nur der Koffer, sondern auch der ganze Mensch! Ich kann mich entsinnen, dass eines der Mädchen nach rechts geschickt wurde und später weinend zurückkam. Sie war schon etwas älter und entwickelter als die anderen Mädchen und hatte sich vollkommen ausziehen müssen; sie hatte sich so geschämt. Ich darf gar nicht daran denken, was sie ihr hätten antun können ... Wie das Mädchen dastand und schluchzte – das erinnere ich noch sehr genau. Sie tat mir so Leid! Sicher gab es keinen richtigen Grund dafür, warum sie so ein junges Mädchen durchsuchten – das war reine Schikane. Sie wollten uns noch einmal einschüchtern, bevor wir in die Freiheit entlassen wurden.«*

Ruth Wassermann auf dem Deck der »S.S. Manhattan«

An Bord der »S.S. Manhattan« herrscht eine ganz andere Atmosphäre. Die Besatzung besteht aus Engländern, die die Mädchen und Jungen freundlich in Empfang nehmen. *»Die Männer lächelten uns an; ein Matrose streichelte einem kleinen Kind über den Kopf – was für ein Unterschied! Allmählich löste sich meine Anspannung,* *und zusammen mit meiner Schwester lief ich über das Deck, auf dem viele Liegestühle standen. Es war das erste Mal, dass ich das Meer zu sehen bekam. An diesem Apriltag war es noch kalt und windig, aber der Himmel war wolkenlos und blau. Am Abend fuhren wir durch die Straße von Dover. Auf dem Schiff gingen kleine Lämpchen an, und in einem Hafen sahen wir ein Feuerwerk! Jemand erklärte, dass der Geburtstag der englischen Prinzessin Elisabeth gefeiert wurde. Die Tochter des englischen Königs, Georgs des Fünften, wurde damals zwölf Jahre alt, und im ganzen Land feierten die Engländer ihren Geburtstag. Das imponierte mir schon! Auf unserem Schiff gab es ein schönes Essen, und wir Kinder saßen zusammen an einer langen Tafel. Da war es ein bisschen so, als würden wir in die Ferien fahren. Nach dem Dessert standen die Erwachsenen auf und sangen die englische Nationalhymne. Insgeheim war ich ganz stolz darauf, genau so alt zu sein wie die englische Prinzessin – wir wurden beide 1926 geboren. Das war doch was, nicht?«*

Anneliese Wassermann auf dem Weg nach England

Am nächsten Tag läuft die »S.S. Manhattan« im Hafen von Southampton ein. Ein Zug bringt die Kinder und ihre Begleiter nach London. Ruth Wassermann wird erst allmählich klar, dass sie sich ab sofort kaum verständigen kann. Während ihre Schwester schon einige Jahre Englisch in der Schule gelernt hatte, versteht Ruth kaum ein Wort von dem, was um sie herum gesprochen wird. »*Englisch war ja meine vierte Sprache, nach Deutsch, Hebräisch und Französisch. Wir hatten gerade damit angefangen, als unsere Schule von den Nazis geschlossen wurde. Viel mehr als ›Bitte‹ und ›Danke‹ konnte ich nicht. Als ein Mann etwas zu essen verteilte, bemühte ich mich, mein ›Thank you!‹ möglichst englisch klingen zu lassen. Ich habe in dem Zug das erste Sandwich meines Lebens gegessen – das hat mich richtig beeindruckt! Es war weiß wie ein Bettlaken und ganz weich. Ich kannte aus Deutschland nur derbes Graubrot, mit einer zähen Rinde, die man lange kauen musste.*«

Am späten Nachmittag fährt der Zug in den Londoner Bahnhof »Liverpool Street Station« ein. Als die Mädchen erschöpft von der langen Reise aussteigen, kommt ihnen der Cousin ihres Vaters entgegen. Er war es gewesen, der den Eltern von den Kindertransporten erzählt hatte. Doch es bleibt bei einer kurzen Begrüßung. Der Mann lebt in beengten Verhältnissen und ist nicht in der Lage, für zwei Mädchen zu sorgen. Während für einige Kinder bereits von Deutschland aus Pflegeeltern gefunden werden konnten, waren Ruth und Anneliese ins Ungewisse gefahren. Beide wissen noch nicht, wo sie die nächste Nacht verbringen werden. Auf dem Bahnsteig haben sich schon viele Leute eingefunden, die die Kinder begutachten. Es sind potenzielle Pflegeeltern, aber auch Menschen mit anderen Motiven. »*Da waren dann welche, die sich erst einmal die hübschesten und kleinsten Kinder ausgesucht haben. Die sahen alle der Reihe nach an und berieten sich, welches ihnen am besten gefiel. Dann wurde meine Schwester ausgewählt, kaum dass wir ausgestiegen waren! Das ging so schnell, eins-zwei-drei. Ein englisches Ehepaar zeigte auf sie und nahm sie mit – als billiges Dienstmädchen! Wir umarmten uns noch einmal, und dann blieb ich allein zurück, mit meinem Püppchen und meinem Rucksack. Langsam leerte sich der Bahnsteig, aber mich hat keiner mitgenommen. Vielleicht wollte niemand ein Kind aufnehmen, das weint? Dann brachte mich eine Dame vom Flüchtlingskomitee in ein großes Haus. Ich wurde auf einen Stuhl gesetzt, und sie ging an einen Schreibtisch und kramte in ihren Papieren. Sie telefonierte mit jemandem, legte den Hörer auf, und telefonierte aufs Neue. Es war klar, dass es sich um mich drehte. Ich hatte ein winziges Wörterbuch dabei, und schlug jedes Wort nach, das ich aufschnappen konnte. ›Temporarily‹ war so ein Wort – ›vorübergehend‹! Sie suchte also nach jemandem, der mich wenigstens für ein paar Tage aufnehmen würde, aber offenbar war selbst das nicht so einfach. Schließlich kam ein Paar und holte mich ab; da war es schon dunkel. Wir konnten uns nur in Zeichensprache verständigen. Also: bist du müde? – da haben sie die Hand an eine Wange gelegt, oder: bist du hungrig? – dann zeigten sie auf ihren Bauch. Die waren doch auch nicht vorbereitet!«*

Ruth Wassermann wird von einer frommen jüdischen Familie in London aufgenommen, die sich von dem Komitee kurzfristig hatte überreden lassen, ein deutsches Flüchtlingskind aufzunehmen. Das Paar hat zwei Töchter, und in dem engen Kinderzimmer wird ein Feldbett für Ruth aufgeschlagen. *»Für die Mädchen war ich ein ungeliebter Eindringling. Sie waren beide mitten in der Pubertät und ziemlich rebellisch. Und sie hatten nicht die geringste Lust, ihr Zimmer mit mir zu teilen. Es war offensichtlich, dass sie mein Kommen von vornherein abgelehnt hatten. Wahrscheinlich hatten die Eltern über ihren Kopf hinweg entschieden, weil ich ja wirklich eine Art Notfall war. Die Schwestern verbündeten sich gegen mich und ärgerten mich, wo sie nur konnten. Um ungestört zu sein, schlossen sie ihr Zimmer ab und ließen mich vor der Türe stehen, egal wie lange ich bettelte, reinkommen zu dürfen. Sie durchwühlten meinen Koffer und machten sich über meine Kleider lustig. Wenn ich nachts in meinem Bett weinte – und ich habe mich dauernd in den Schlaf geweint –, stöhnten sie auf und zischten mir zu, endlich still zu sein. In den ersten Wochen habe ich kaum etwas gegessen, und mir war ständig schlecht. Abends musste ich mich dauernd übergeben. Nach einer Weile brachten mich die Leute zu einem Arzt, der untersuchen sollte, was mit meinem Bauch nicht stimmt. Er war ein sehr netter Mann, der mit mir Deutsch gesprochen hat. Natürlich konnte er nichts finden; körperlich war alles in Ordnung. Dann fragte er mich, ob ich Heimweh hätte – da brach ich in Tränen aus.«*

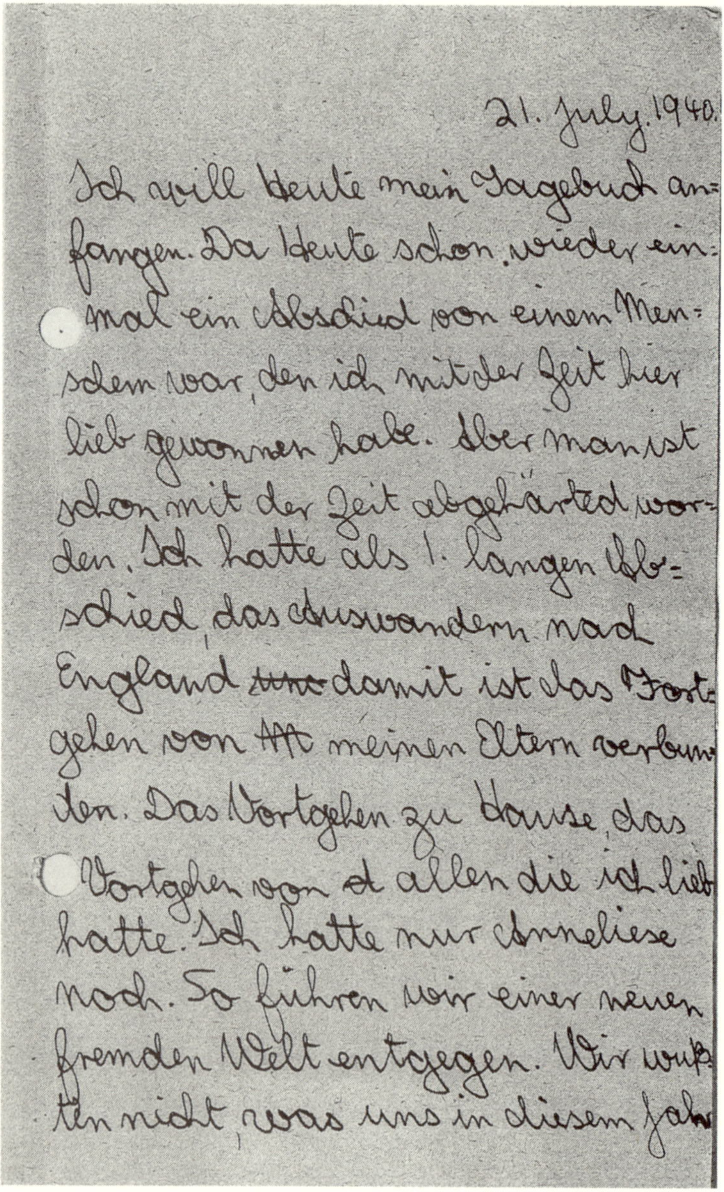

21. July. 1940.

Ich will heute mein Tagebuch an=
fangen. Da heute schon wieder ein=
mal ein Abschied von einem Men=
schen war, den ich mit der Zeit hier
lieb gewonnen habe. Aber man ist
schon mit der Zeit abgehärted wor=
den. Ich hatte als 1. langen Ab=
schied, das Auswandern nach
England ~~und~~ damit ist das Fort=
gehen von ~~Att~~ meinen Eltern verbun=
den. Das Fortgehen zu Hause, das
Fortgehen von ~~a~~ allen die ich lieb
hatte. Ich hatte nur Anneliese
noch. So führen wir einer neuen
fremden Welt entgegen. Wir wuß=
ten nicht, was uns in diesem Jahr

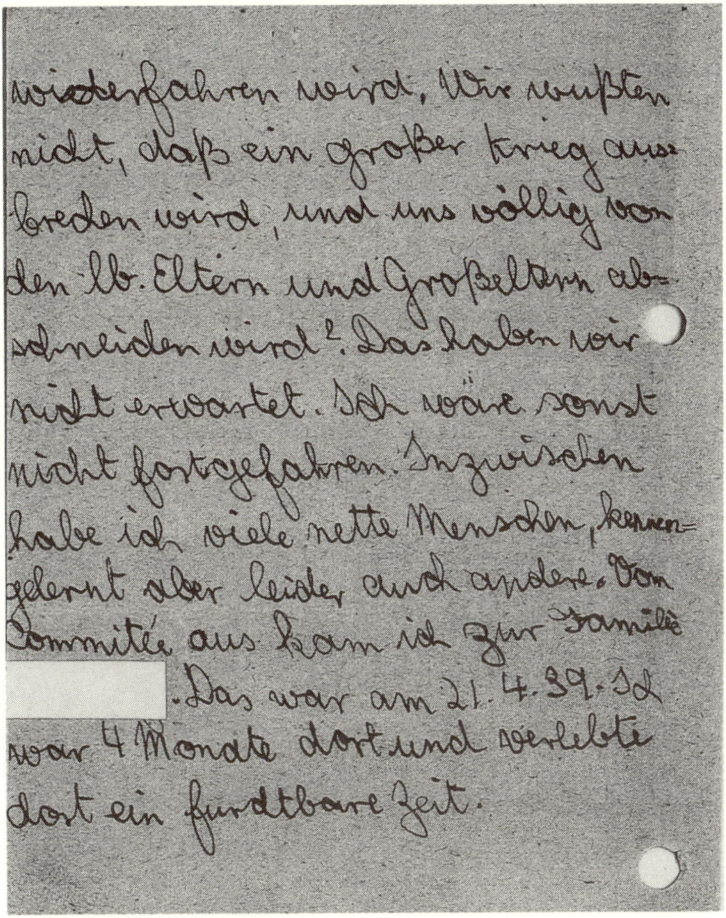
widerfahren wird. Wir wußten nicht, daß ein großer Krieg ausbrechen wird, und uns völlig von den lb. Eltern und Großeltern abschneiden wird². Das haben wir nicht erwartet. Ich wäre sonst nicht fortgefahren. Inzwischen habe ich viele nette Menschen, kennengelernt aber leider auch andere. Vom Commitée aus kam ich zur Familie [redacted]. Das war am 21.4.39. Ich war 4 Monate dort und verlebte dort ein furchtbare Zeit.

Tagebucheintrag von Ruth Wassermann

Schon kurz nach ihrer Ankunft wird Ruth in eine englische Schule geschickt. Es fällt ihr schwer, zu den Kindern Kontakt zu knüpfen. »*In der Schule saß ich ziemlich eingeschüchtert und unglücklich in meiner Bank, und weil ich sowieso fast nichts verstand, dachte ich sehr viel an Berlin und an meine Eltern. Ich hatte wahnsinniges Heimweh! Die Mädchen in meiner Klasse ließen mich links liegen, und ich stand auf dem Pausenhof meist allein herum. Zum Glück erbarmte sich eine Leh-*

rerin. Sie setzte sich nach dem Unterricht mit mir hin, und zusammen lasen wir ›Kai in der Kiste‹. Von dem Buch gab es in der Schulbibliothek ein deutsches und ein englisches Exemplar, also ließ sie es mich erst in der einen und dann in der anderen Sprache lesen. Sie war eine sehr einfühlsame Frau, aber die Kinder in meiner Klasse hatten leider kein Interesse an einem deutschen, deprimierten Mädchen. An den Nachmittagen musste ich dann immer allein im Garten spielen. Da half es nicht viel, dass meine Schwester auch in London untergekommen war. Sie wohnte am anderen Ende der Stadt, und London war ja damals schon riesig! Außerdem hatten wir beide kaum einen Penny für die U-Bahn. Sonntag nachmittags trafen wir uns an der Themse. Da saßen wir auf einer Bank – ein Café wäre viel zu teuer gewesen – und sie erzählte, wie es ihr ergangen war. Sie hatte nicht einmal ein eigenes Zimmer und musste von morgens bis abends schuften – für Unterkunft und Verpflegung. Ihre Haare konnte sie nur in der Küche im Spülstein waschen. Das Paar, bei dem sie lebte, hatte kaum Geld und eine winzige Wohnung. Für die war so ein Flüchtlingsmädchen einfach eine gute Gelegenheit, sich die Hausarbeit vom Hals zu schaffen.«

Im August 1939 zeichnet sich der Kriegsausbruch ab. Ruth erfährt, dass die Familie nicht weiter für sie sorgen kann. Sie kommt in die Obhut eines orthodoxen Bnai-Brith-Hostels in London. Das Heim dient als Auffangstelle für die Flüchtlinge des Kindertransports, die keine Pflegeeltern gefunden haben. *»Dort waren Kinder zwischen sechs und sechzehn Jahren, und eine ziemlich harsche Frau beaufsichtigte uns. Das Heim war sehr streng geführt. Es wurde koscher gegessen und sehr viel gebetet; am Schabbat war alles Mögliche verboten. Wer etwa beim Briefe schreiben erwischt wurde, bekam Ärger. Trotzdem war ich richtig froh, als ich in das Heim gekommen bin – endlich konnte ich wieder mit jemandem deutsch sprechen! Dort habe ich das erste Mal Freundinnen gefunden – das war das Wichtigste. Wir saßen ja alle in einem Boot, und jede von uns hatte Heimweh; da musste ich nicht mehr viel erklären.«*

Ruth Wassermann bleibt nicht lange in dem Heim. Als im September 1939 der Krieg ausbricht, wird eine Gruppe von zwanzig Mädchen auf das Land evakuiert, unter ihnen auch Ruth und ihre neu gewonnenen Freundinnen. Sie alle kommen nach Norfolk. In dem Dorf Cockley Cley, einem winzigen Flecken an der Ostküste Englands, hatte ein adeliger Großgrundbesitzer vom Schicksal der jüdischen Flüchtlingskinder gehört und Hilfe angeboten. Zusammen mit seiner Frau erklärt er sich dazu bereit, auf dem herrschaftlichen Anwesen zwanzig Mädchen aufzunehmen.

»Sir Samuel Roberts und Lady Roberts – so hießen unsere Wohltäter! Sie wohnten in einem wunderschönen Herrenhaus; dort ließen sie ein paar Zimmer für uns räumen. In der Nähe des Anwesens standen noch ein paar kleine Häuschen, in denen vielleicht hundert Menschen wohnten. Alle Leute in dem winzigen Ort standen im Dienst der Herrschaften; das waren wirklich noch feudale Bedingungen! Aber Sir Samuel Roberts und seine Frau sorgten für uns Mädchen. Sie ließen sogar eine koschere Küche einrichten – dabei waren sie selbst keine Juden. Es waren einfach sehr gebildete Menschen, die in einer schwierigen Zeit helfen wollten, wunderbare Menschen!«

Die Mädchen kommen in die winzige Dorfschule von Cockley Cley, die nur aus zwei kleinen Zimmern besteht. In dem einen Raum sitzen die Kinder zwischen sechs und zehn Jahren, und in dem anderen alle Älteren. *»Dort waren gerade mal zwei Lehrerinnen – das war's! Aber diese Frauen gaben wirklich ihr Bestes, um uns zu unterrichten. Es war bestimmt nicht einfach, denn unser Englisch war doch sehr … karg! Am Anfang haben sie sehr viel mit uns gesungen, später mussten wir lange Gedichte auswendig lernen. Ich erinnere mich an ein sehr schönes von William Wordsworth: ›I wandered lonely as a cloud / that floats on high o'er vales and hills, / when all at once I saw a crowd, / A host, of golden daffodils …‹ – das gefiel mir. Und schließlich fingen wir an, längere Stücke und ganze Aufsätze in englischer Sprache zu schreiben. Die Lehrerin forderte uns dazu auf, einer fingierten Brieffreundin zu beschreiben, wie wir nach England gekommen sind. Ich habe dann an eine ›Lotti in New York‹ geschrieben; den Brief habe ich heute noch.«*

Der Krieg verändert auch den Alltag in dem verschlafenen

Vor dem Anwesen von Sir Samuel Roberts, Sommer 1940

Alle Flüchtlingskinder vor dem Haupthaus in Cockley Cley,
sechste von links: Ruth Wassermann

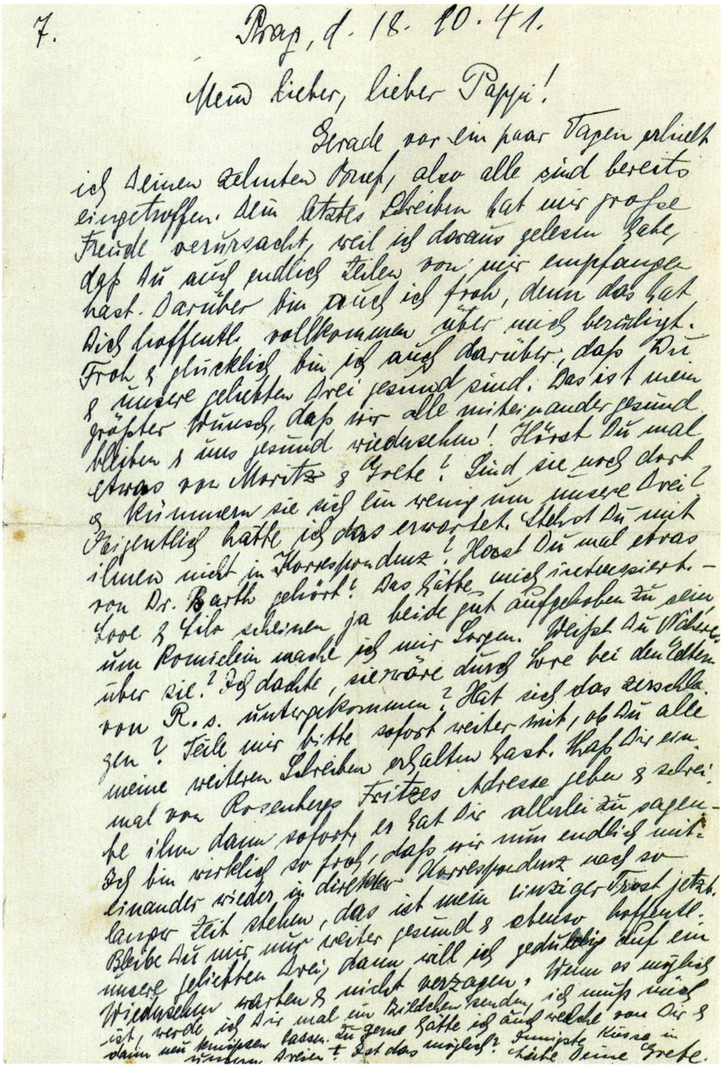

7. Prag, d. 18. 10. 41.

Mein lieber, lieber Pappi!

Gerade vor ein paar Tagen erhielt ich Deinen zehnten Brief, also alle sind bereits eingetroffen. Dein letztes Schreiben hat mir große Freude verursacht, weil ich daraus gelesen habe, daß Du auch endlich Zeilen von mir empfangen hast. Darüber bin auch ich froh, denn das hat Dich hoffentl. vollkommen über mich beruhigt. Froh u. glücklich bin ich auch darüber, daß Du u. unsere geliebten Drei gesund sind. Das ist mein größter Wunsch, daß wir alle miteinander gesund bleiben u. uns gesund wiedersehen! Hörst Du mal etwas von Moritz u. Grete? Sind sie noch dort u. kümmern sie sich ein wenig um unsere Drei? Eigentlich hatte ich das erwartet. Stehst Du mit ihnen nicht in Korrespondenz? Hast Du mal etwas von Dr. Barth gehört? Das hätte mich interessiert. – Lore u. Lilo scheinen ja beide gut aufgehoben zu sein, um Romulein mache ich mir Sorgen. Weißt Du Näheres über sie? Ich dachte, sie wäre durch Lore bei den Eltern von R. s. untergekommen? Hat sich das zerschlagen? Teile mir bitte sofort weiter mit, ob Du alle meine weiteren Schreiben erhalten hast. Laß Dir einmal von Rosenbergs Fritzes Adresse geben u. schreibe ihm dann sofort, er hat Dir allerlei zu sagen. Ich bin wirklich so froh, daß wir nun endlich miteinander wieder in direkter Korrespondenz nach so langer Zeit stehen, das ist mein einziger Trost jetzt. Bleibe Du mir nur weiter gesund u. ebenso hoffentl. unsere geliebten Drei, dann will ich geduldig auf ein Wiedersehen warten u. nicht verzagen. Wenn es möglich ist, werde ich Dir mal ein Bildchen senden, ich muß mich dann nur knipsen lassen. Zu gerne hätte ich auch welche von Dir u. unseren Dreien! Ist das möglich? Innigste Küsse in Liebe Deine Grete.

Der letzte Brief von Grete Gumpel an ihren Mann

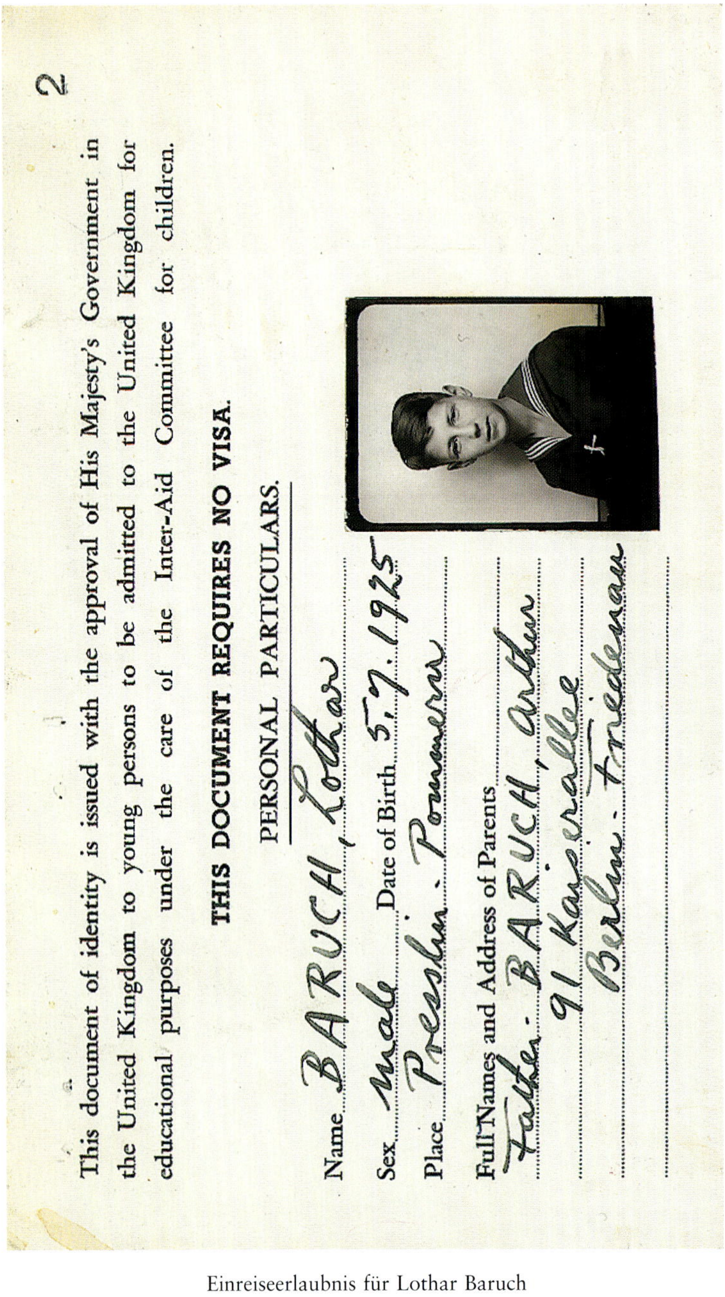
2

This document of identity is issued with the approval of His Majesty's Government in the United Kingdom to young persons to be admitted to the United Kingdom for educational purposes under the care of the Inter-Aid Committee for children.

THIS DOCUMENT REQUIRES NO VISA.

PERSONAL PARTICULARS.

Name BARUCH, Lothar

Sex male Date of Birth 5.7.1925

Place Preslin · Pommern

Full Names and Address of Parents

Father · BARUCH, Arthur

91 Kaiserallee

Berlin · Friedenau

Einreiseerlaubnis für Lothar Baruch

Passbilder von Nanette und Eugen Wassermann.
Diese Fotos von ihren Eltern trug Ruth Wassermann während des Krieges in ihrer Gasmaske.

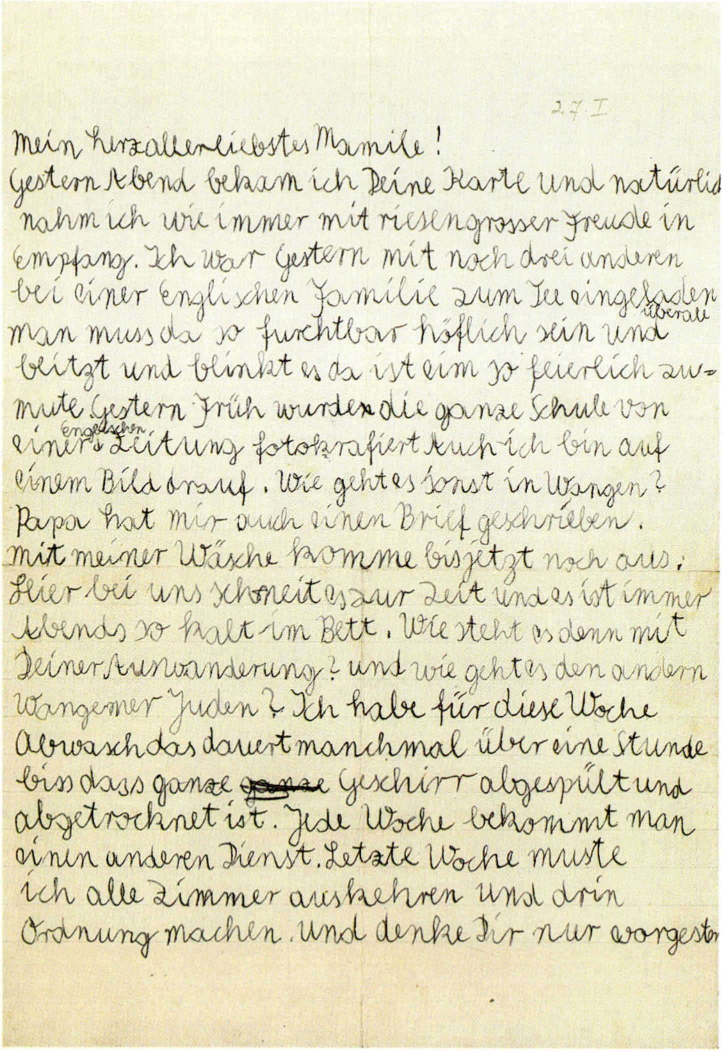

27. I

Mein herzallerliebstes Mamile!
Gestern Abend bekam ich Deine Karte und natürlich
nahm ich wie immer mit riesengrosser Freude in
Empfang. Ich war Gestern mit noch drei anderen
bei einer Englischen Familie zum Tee eingeladen
man muss da so furchtbar höflich sein und überall
blitzt und blinkt es da ist eim so feierlich zu-
mute. Gestern Früh wurde die ganze Schule von
einer englischen Zeitung fotokrafiert. Auch ich bin auf
einem Bild drauf. Wie gehts es sonst in Wangen?
Papa hat mir auch einen Brief geschrieben.
Mit meiner Wäsche komme bisjetzt noch aus.
Hier bei uns schneit es zur Zeit und es ist immer
Abends so kalt im Bett. Wie steht es denn mit
Deiner Auswanderung? und wie gehts es den andern
Wangemer Juden? Ich habe für diese Woche
Abwasch das dauert manchmal über eine Stunde
bis dass ganze ~~ganze~~ Geschirr abgespült und
abgetrocknet ist. Jede Woche bekommt man
einen anderen Dienst. Letzte Woche muste
ich alle Zimmer auskehren und drin
Ordnung machen. Und denke Dir nur vorgestern

Brief von Walter Bloch an seine Mutter Paula …

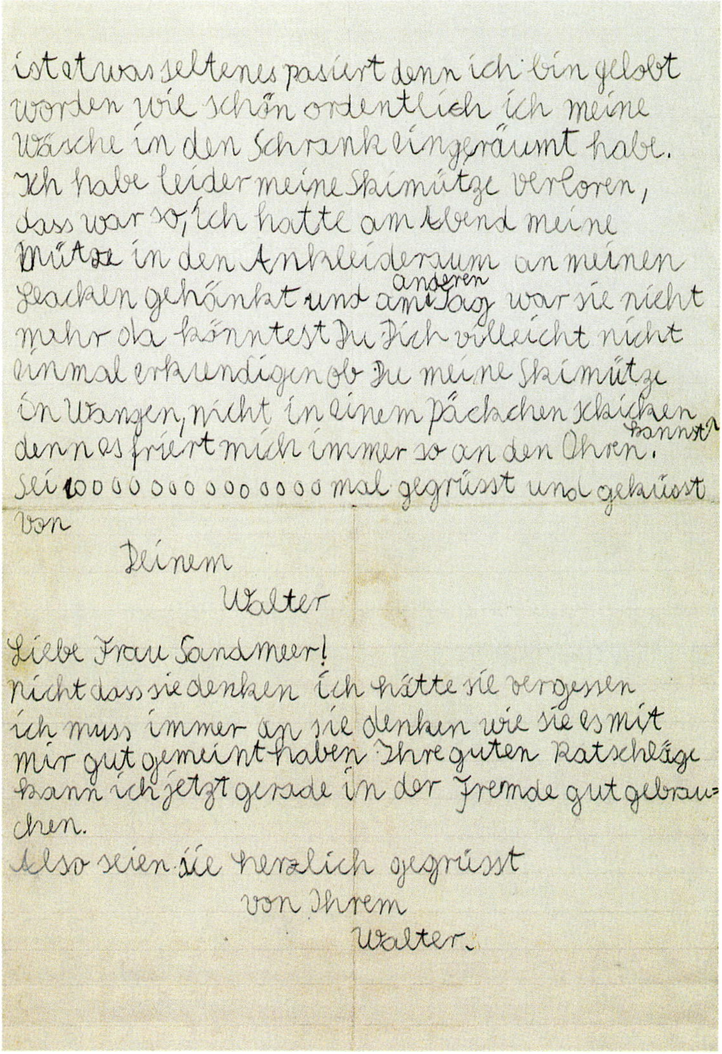
ist etwas seltenes pasiert denn ich bin gelobt
worden wie schön ordentlich ich meine
Wäsche in den Schrank eingeräumt habe.
Ich habe leider meine Skimütze verloren,
dass war so, ich hatte am Abend meine
Mütze in den Ankleideraum an meinen
Hacken gehänkt und am anderen Tag war sie nicht
mehr da könntest Du Dich villeicht nicht
einmal erkundigen ob Du meine Skimütze
in Wangen, nicht in einem Päckchen schicken
kannst denn es friert mich immer so an den Ohren.
Sei 1000000000000000 mal gegrüsst und geküsst
von

Deinem
Walter

Liebe Frau Sandmeer!
nicht dass sie denken ich hätte sie vergessen
ich muss immer an sie denken wie sie es mit
mir gut gemeint haben Ihre guten Ratschläge
kann ich jetzt gerade in der Fremde gut gebrau-
chen.
Also seien sie herzlich gegrüsst
von Ihrem
Walter.

… kurz nach seiner Ankunft in England

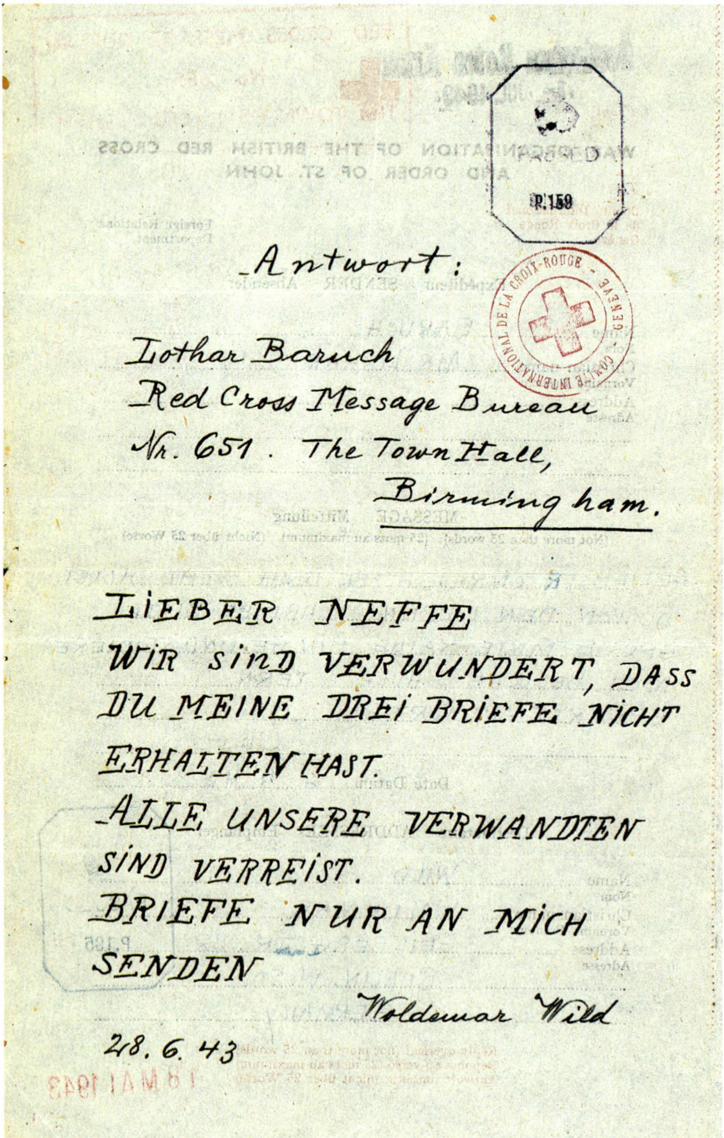

P.159

COMITÉ INTERNATIONAL DE LA CROIX-ROUGE GENÈVE

Antwort:

Lothar Baruch
Red Cross Message Bureau
Nr. 651. The Town Hall,
Birmingham.

LIEBER NEFFE
WIR SIND VERWUNDERT, DASS
DU MEINE DREI BRIEFE NICHT
ERHALTEN HAST.
ALLE UNSERE VERWANDTEN
SIND VERREIST.
BRIEFE NUR AN MICH
SENDEN

Woldemar Wild

28. 6. 43

»Alle unsere Verwandten sind verreist.« Mit dieser Formulierung versuchte Waldemar Wild, seinem Neffen Lothar Baruch die Deportation all seiner Verwandten mitzuteilen.

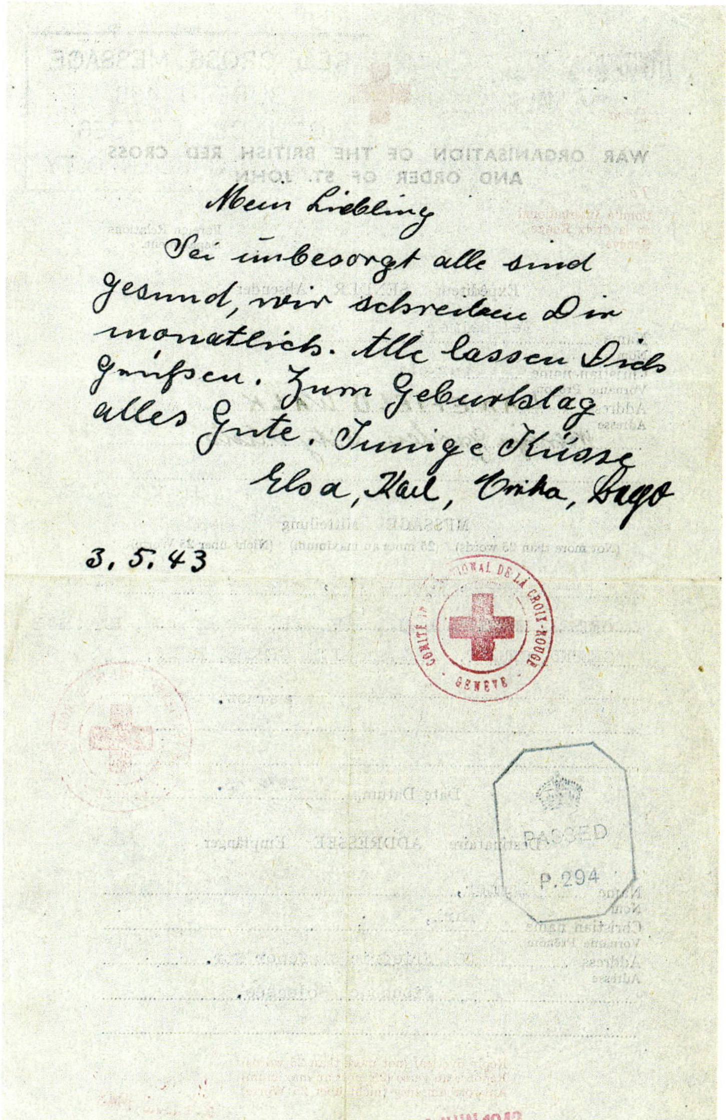
Mein Liebling
Sei unbesorgt alle sind gesund, wir schreiben Dir monatlich. Alle lassen Dich grüßen. Zum Geburtstag alles Gute. Innige Küsse
Elsa, Karl, Erika, Hugo
3. 5. 43

COMITE INTERNATIONAL DE LA CROIX-ROUGE GENEVE
PASSED
P. 294
4 JUIN 1943

»White lies«: eine der letzten Rotkreuzpostkarten von Tante Else an Margot Fellheimer

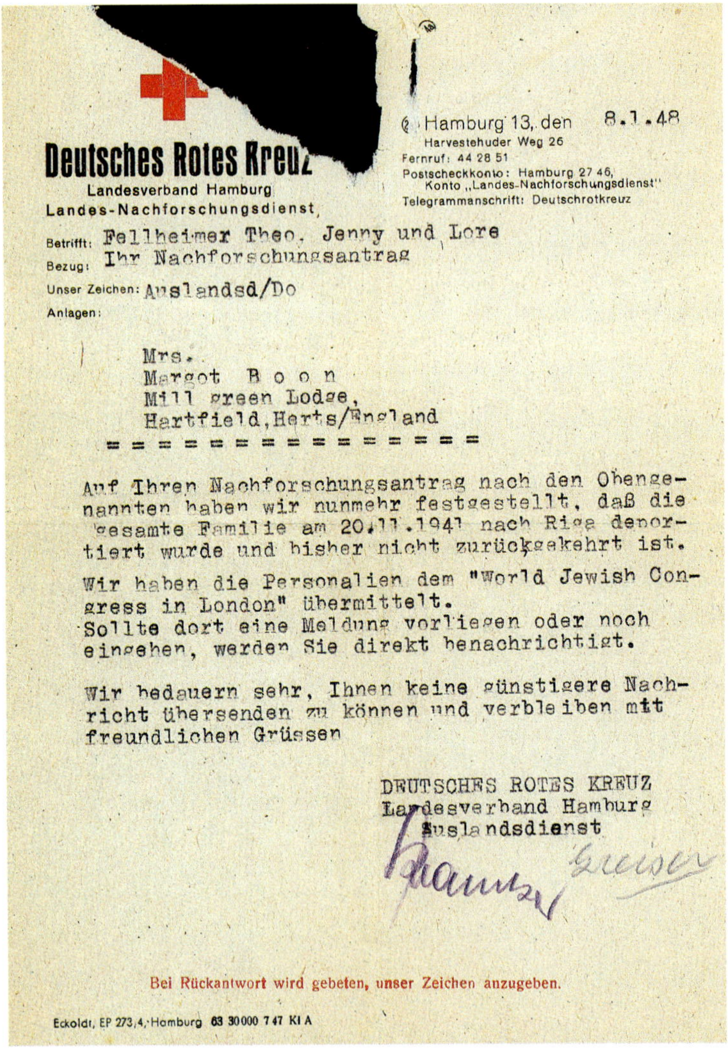

Deutsches Rotes Kreuz
Landesverband Hamburg
Landes-Nachforschungsdienst

Hamburg 13, den 8.1.48
Harvestehuder Weg 26
Fernruf: 44 28 51
Postscheckkonto: Hamburg 27 46,
Konto „Landes-Nachforschungsdienst"
Telegrammanschrift: Deutschrotkreuz

Betrifft: Fellheimer Theo. Jenny und Lore
Bezug: Ihr Nachforschungsantrag
Unser Zeichen: Auslandsd/Do
Anlagen:

Mrs.
Margot Boon
Mill green Lodge,
Hartfield, Herts/England

= = = = = = = = = = = = = = = =

Auf Ihren Nachforschungsantrag nach den Obengenannten haben wir nunmehr festgestellt, daß die gesamte Familie am 20.11.1941 nach Riga deportiert wurde und bisher nicht zurückgekehrt ist.

Wir haben die Personalien dem "World Jewish Congress in London" übermittelt.
Sollte dort eine Meldung vorliegen oder noch eingehen, werden Sie direkt benachrichtigt.

Wir bedauern sehr, Ihnen keine günstigere Nachricht übersenden zu können und verbleiben mit freundlichen Grüssen

DEUTSCHES ROTES KREUZ
Landesverband Hamburg
Auslandsdienst

Bei Rückantwort wird gebeten, unser Zeichen anzugeben.

Eckoldt, EP 273,4, Hamburg 63 30000 7 47 Kl A

Mit einem Nachforschungsantrag an das Rote Kreuz
versuchte Margot Fellheimer, mehr über das Schicksal ihrer Familie
zu erfahren – leider vergebens.

Dorf. Jedes Kind bekommt eine eigene Gasmaske und wird dazu aufgefordert, sie immer bei sich zu tragen. Ruth Wassermann steckt zwei Passfotos von ihren Eltern in die Maske, um im Falle eines Gasangriffs wenigstens so die Nähe ihrer Eltern zu spüren. Und schon kurz nach Beginn des Kriegs wird das prächtige Herrenhaus in Cockley Cley von einer Bombe getroffen.

»Dieses Dorf war so winzig; da gab es doch wirklich nichts zum Angreifen! Aber warum auch immer, eines Abends krachte eine Bombe durch das Dach, als wir Mädchen gerade gemütlich zusammensaßen. Ich weiß noch genau, wie ich gezittert habe, das hörte gar nicht mehr auf! Meine Nerven gingen völlig mit mir durch, und ich saß mit klapperndem Kiefer da. Viele Engländer hatten Angst vor einer Invasion der Deutschen, und natürlich schnappten wir das nach einer Weile auch auf. Wir hatten entsetzliche Angst, dass die Nazis kommen und uns Mädchen mitnehmen. In Cockley Cley wusste doch jeder, dass wir deutsche Juden sind! Meine Freundinnen und ich, wir schmiedeten dann gemeinsam Pläne, wie wir gegen die Nazis kämpfen könnten. Das waren ganz kindische Sachen, die wir uns ausdachten, aber es war unsere Art, uns zu wehren – damit uns diese Angst nicht völlig überrollt. In Norfolk gab es damals sehr dichte Brennnesselfelder. Dorthin wollten wir die Nazis locken und ihnen die Nesseln in die Augen schlagen, bis sie blind und wehrlos sind – so ungefähr hatten wir uns das vorgestellt. Dann bissen wir die Zähne zusammen und verbrachten einige Zeit damit, unsere Arme und Beine mit den Nesseln zu verbrennen; wir hofften, nach einer Weile unempfindlich zu werden. Dass wir Mädchen noch nicht einmal groß genug waren, um zu den Gesichtern der Soldaten hochreichen zu können, fiel uns erst später ein. In dieser Zeit fing ich an, schreckliche Albträume zu bekommen. Im Schlaf sah ich deutsche Fallschirmspringer, die in Massen vom Himmel fielen und Jagd auf uns Juden machten. Und eines Tages, als wir Mädchen gerade auf dem Feld waren, um Unkraut zu rupfen, sahen wir am Horizont einen Mann mit einem Gewehr und einer Khaki-Uniform. Wir waren wahnsinnig aufgeregt und liefen zum Herrenhaus. Der Butler von Sir Samuel öffnete die Tür und lief

mit uns in das Feld. Da stellte sich heraus: dieser Mensch mit dem Gewehr – das war ein Jäger, ein harmloser, englischer Jäger! So war die Atmosphäre damals. Die Angst lag in der Luft.«

Von ihren Eltern bekommt Ruth Wassermann nur noch spärliche Lebenszeichen. In den wenigen Zeilen spornen sie ihre Tochter zum Durchhalten an und mahnen zu Höflichkeit und Dankbarkeit gegenüber dem großzügigen Sir Samuel und seiner Lady Roberts. Über die Schwierigkeiten, mit denen sie zu kämpfen haben, schweigen sie sich aus. Doch im Winter 1940 erreicht Ruth eine hoffnungsvolle Nachricht: Nanette und Eugen Wassermann hatten Deutschland endgültig verlassen und waren in Richtung Osten aufgebrochen. In vielen Tagen und Nächten hatten sie mit dem Zug ganz Russland durchquert; über die Mandschurei, Korea und Japan waren sie dann mit dem Schiff vor die südamerikanische Küste gelangt. Nachdem sie nirgends ein Visum erhalten hatten, waren sie schließlich mit einem befristeten Visum nach Panama eingereist. Von dort schicken sie ein Lebenszeichen an ihre Töchter. *»Ich konnte mein Glück kaum fassen, als ich das Telegramm meiner lieben Eltern in Händen hielt. Da war ich mir sicher: nun wird alles gut. Ich musste nur diesen Krieg überstehen; dann würden wir uns wiedersehen. Aber kurz darauf kam eine ganz andere, schreckliche Nachricht, von meiner Mutter geschrieben. Unser Vater hatte die Strapazen der fast weltumrundenden Reise nicht verkraftet. Er war kurz nach seiner Ankunft in Panama schwer krank geworden und sehr schnell gestorben. Meine Mutter schrieb damals, er sei an broken heart gestorben, also an gebrochenem Herzen. Die Trennung von uns war furchtbar schwer für ihn, und von all dem, was er gewohnt war – Nürnberg war doch seine Heimat! Er kam nicht drüber hinweg und ist gestorben, am anderen Ende der Welt. Er wurde in Panama begraben, und dann war meine Mutter ganz allein. Und wir waren plötzlich ohne Vater.«*

Der Weltkrieg macht es unmöglich, dass Ruth und Anneliese Wassermann nach Panama fahren. Zur Trauer um den Vater – Eugen Wassermann war kaum fünfzig Jahre alt geworden – kommt die Sorge um ihre verzweifelte Mutter, die sich nun ganz allein in Südamerika durchschlagen muss. Und auch das Schicksal der geliebten Großeltern Olga und Elkan Eugen Joelsohn ist ungewiss – von ihnen fehlt seit Monaten jedes Lebenszeichen.

Im Sommer 1941 verlässt Ruth Wassermann das schöne Herrenhaus in Norfolk. Das fünfzehn Jahre alte Mädchen muss sich jetzt ihren Unterhalt selbst verdienen. Sie geht zurück nach London, wo ihre Schwester lebt. »*Anneliese hatte inzwischen ihre Stellung als Dienstmädchen verlassen und arbeitete in einer Lederwarenfabrik. Und ich fand einen Job in einer Schneiderei, allerdings wirklich auf unterstem Niveau. Ich habe den Staub weggekehrt und Stecknadeln aufgesammelt, und wenn ich wirklich mal Glück hatte, ließ man mich einen Knopf annähen … Danach habe ich Kriegsarbeit geleistet. Ich ging mit meiner Schwester in eine Fabrik, wo wir Kleinteile für Feuerbomben bearbeiteten, an der Drehbank. Da bin ich sehr stolz darauf, dass ich das getan habe! Ich war sehr willig, dort zu arbeiten – um das Kriegsende näher zu bringen. Und um Hitler zu besiegen!*«

Während die Luftangriffe auf London kaum eine Nacht aussetzen, geht es Ruth wie vielen Engländern: »*Damals gab es einen Song, der dauernd im Radio gespielt wurde: ›You get used to it‹ – also ›Du gewöhnst dich dran‹. Das entsprach irgendwie der allgemeinen Stimmung; die Leute haben das sogar auf der Straße gepfiffen. Am Anfang bin ich noch mit einer Heidenangst in den Luftschutzkeller gegangen und habe mir dort die Nächte um die Ohren geschlagen, zwischen all den Leuten. Aber irgendwann wurde ich unvorsichtig. Wenn die Sirenen heulten, blieb ich einfach liegen und zog mir die Decke über den Kopf. Ich wollte schlafen – basta! Später bin ich nachts sogar auf die Hampstead Heath raufgegangen, das ist ein sehr großer Park im Norden Londons. Von dort hab ich mir angeguckt, wie die V1-Bomben auf die Stadt herunterkrachten. Ich war einfach noch sehr jung und ziemlich unvernünftig!*«

Als 1945 endlich Frieden herrscht, beschließt Ruth Wassermann, nach Amerika auszuwandern. Ihre Schwester Anneliese bleibt in London zurück – sie heiratet dort einen Münchner Juden, der wie sie nach England emigriert war. Die Mutter

Ruth Wassermann in Minneapolis, USA 1946

Nanette hatte inzwischen ein Visum für die Vereinigten Staaten bekommen und hielt sich in New York mühsam über Wasser – als Haushaltshilfe. Im Frühjahr 1946 kommt Ruth Wassermann im Hafen von New York an, wo sie ihre Mutter in die Arme schließt – sieben Jahre nach ihrem Abschied in Berlin. *»Es war keine einfache Begegnung. Meine Mutter dachte, sie bekommt ihr kleines Mädchen wieder – aber ich war ja damals bereits zwanzig und seit einigen Jahren berufstätig! Es war schwer für sie, und die Jahre in der Emigration hatten sie verändert. Sie war erschöpft und abgekämpft von dem harten Leben in New York. Zurückgehen kam allerdings nicht in Fra-*

ge, nach all dem, was geschehen war ... Unsere lieben Großeltern Olga und Elkan Eugen Joelsohn waren in Auschwitz ermordet worden. Der Gedanke daran, wie diese warmherzigen alten Leute ums Leben gekommen sind, quält mich heute noch. Die beiden hatten keiner Fliege je etwas angetan; ich habe sie sehr geliebt. Nichts über den Tod meiner Großeltern zu wissen: Wie sind sie gestorben? In welchem Jahr, und wo? Das ist furchtbar. Es gibt kein Grab und keinen Todestag. Dadurch wird alles noch unfassbarer.«

Ruth Wassermann ist ihr Leben lang in Amerika geblieben. In ihre Geburtsstadt Nürnberg ist sie nur besuchsweise zurückgekehrt – um noch einmal das Haus zu sehen, in dem sie ihre Kindheit verbracht hatte. »*Es war so ein hübsches Haus mit einem großen Garten, in dem herrliche, alte Bäume wuchsen. Wieder vor dem Gartentor zu stehen, das mir auf einmal sehr klein vorkam, war ein seltsames Gefühl. Aber dann habe ich geklingelt, und eine junge Frau öffnete die Tür. Sie war sehr freundlich, und als ich mich vorstellte, bat sie mich herein. Zusammen gingen wir durch alle Zimmer, und ich erzählte ihr, wie das Haus früher ausgesehen hatte. Sie war sehr interessiert; offenbar liebte sie dieses Haus. Vieles erkannte ich wie-*

Die Großeltern Olga und Elkan Eugen Joelsohn

der: die Kacheln in der Küche, das alte Parkett, den schönen Blick in den Garten ... Danach ging es mir besser – ich war froh, dass so nette Leute in unser Haus gezogen waren – anständige Leute.«

Ruth Wassermann lebt und arbeitet heute als Künstlerin in Chicago. Sie hat drei Kinder und fünf Enkelkinder. Die Freundinnen aus Cockley Cley spielen immer noch eine wichtige Rolle in ihrem Leben, auch wenn sie inzwischen über den ganzen Erdball verstreut sind. Sechzig Jahre, nachdem Sir Samuel und Lady Roberts ihnen als Flüchtlingskinder ein Zuhause geboten hatten, sind Ruth Wassermann und ihre Gefährtinnen nach Cockley Cley zurückgekehrt – um dem Enkel des lange verstorbenen Sir Samuel eine Dankesurkunde zu überreichen. Wenn Ruth Wassermann an ihre Zeit in England zurückdenkt, fühlt sie eine große Dankbarkeit. *»Die Kindertransporte waren wunderbar – wie ein Silberstreif am Horizont. Was für ein Glück wir hatten, einen Platz auf der Liste zu bekommen! Allerdings: Wir waren zwar zehntausend, aber doch viel zu wenig. Um die Kinder, die es nicht mehr geschafft haben, trauern wir heute noch. In meiner Gemeinde in Chicago ist es Sitte, dass jeder an seiner Bar Mizwa ein Kind im Geiste adoptiert, das im Holocaust ermordet wurde – damit sie wenigstens nicht vergessen werden.«*

»Ich glaube an ein Gewissen, nicht an einen Gott.«

Rainer Schülein,
geboren 1930 in München

»Als der Zug die holländische Grenze passierte und an einer kleinen Grenzstation zum Stehen kam, stiegen ein paar Frauen ein und schenkten jedem Kind eine Orange. Wir waren willkommen! Ich hatte den Eindruck, diese Frauen waren richtig froh, dass wir noch aus Deutschland herausgekommen waren. Und wir Kinder haben es als Geste empfunden. Als der Zug weiterfuhr, haben sie noch lange gewunken – was für liebenswürdige Menschen!«

Rainer Schülein ist das einzige Kind von Max und Edith Schülein. Seine Eltern sind beide jüdisch, verspüren jedoch keine Neigung zur Religiosität. Die Mutter Edith, eine gebürtige Berlinerin, hatte an der Reimann-Schule Bühnenbild und Kunstgewerbe studiert. Der Vater Max Schülein stammt aus der legendären Münchner »Löwenbräu«-Familie: Josef Schülein, ein naher Verwandter, hatte 1885 die Unionsbrauerei Schülein gegründet, die sich als überaus erfolgreich erwies und 1921 mit »Löwenbräu« fusionierte. Schon bald gehörte »Löwenbräu« zu den größten Brauereien Bayerns, eine Tatsache, die der »Völkische Beobachter« mit Hetzereien gegen die Familie Schülein quittierte. Rainers Vater Max schlägt etwas aus der Art: Ganz anders als die »herrschende Linie der Familie«, wie er selbst es nennt, widmet er sich nicht dem Brauereiwesen, sondern der Medizin. Er ist Chirurg und operiert an drei Münchner Kliniken.

Max Schülein gilt als äußerst pflichtbewusst und zuverlässig, doch sein Sohn bekommt ihn nicht oft zu Gesicht. *»Mein Vater war ein ernster und eher schweigsamer Mann, aber mit einem guten Herzen. Er hat sich sehr um seine Patienten gekümmert, darum waren die Stunden mit ihm kostbar und viel zu selten! Wenn mein Vater einmal Zeit hatte, ging er mit mir in den Tierpark Hellabrunn oder in das Deutsche Muse-*

Edith und Rainer Schülein im Englischen Garten,
München 1931

um. Das faszinierte mich besonders, denn als kleiner Junge war ich von technischen Dingen, vor allem von Autos, sehr begeistert – etwas, was mich heute nicht im geringsten interessiert. Mein Vater lebte gerne in München, und wie die meisten Bayern liebte er Bier und Weißwürste. Am Sonntag schickte er mich öfter zum Bierholen in die nächste Gaststätte. Er hatte einen Steinkrug, den ich mit beiden Armen fest umklammern musste, weil ich noch so klein war und der Krug so groß. Damit lief ich ganz stolz durch Schwabing, wo wir damals wohnten, und auf dem Rückweg habe ich immer einen großen Schluck getrunken. Mein Vater trank immer Löwenbräu. Und als ich einmal dem Wirt den Krug hoch reichte und das Bier bestellte, brüllte ein Mann durch das ganze Lokal: ›Des trink i nimmer, seitdem der Jud' ins Bier gespuckt hat!‹ Ich habe das damals nicht verstanden, weil mein Vater nie in sein Bier spuckte. Aber natürlich war damit die Fusion gemeint.«

1935 fegen die Nationalsozialisten auch noch das letzte Mitglied der Schülein-Familie aus dem Aufsichtsrat von »Löwenbräu«; der langjährige Vorsitzende Hermann Schülein emigriert kurz darauf in die Schweiz. Max Schülein jedoch lehnt eine Auswanderung ab. Zum einen scheut er das Sprachproblem: Er weiß, dass er im Exil nicht ohne weiteres seine Arbeit als Chirurg fortführen könnte. Hinzu kommt, dass er sich in erster Linie als Deutscher fühlt. Er hatte im Ersten Weltkrieg als Arzt an der Front gedient und war mit dem Eisernen Kreuz geehrt worden. Wie viele seiner ehemaligen Kameraden erhofft er sich davon einen gewissen Schutz vor antijüdischen Repressalien.

Als die Nationalsozialisten die Nürnberger Gesetze beschließen, ist Rainer fünf Jahre alt. *»Ich war ziemlich verträumt als Kind. Und ich war weit davon entfernt, hart wie Kruppstahl und flink wie ein Windhund zu sein! Jede Art von Sport war mir zuwider; ich war am liebsten zu Hause bei meiner Mutter. Sie war meine große Liebe – wir haben uns fabelhaft verstanden! Ich verkroch mich gerne hinter meinen Büchern: Grimms Märchen mochte ich und ›Pu, der Bär‹. Und meine Mutter hat mir Erich Kästner ans Herz gelegt. Der war ja als Pazifist unter den Nationalsozialisten bereits ein verfemter Autor. Ich habe ihn bewundert; er hat sich so herrliche Geschichten ausgedacht! Bevor ich in die Schule kam, lebte ich in einer heilen Welt.«*

1936 wird Rainer eingeschult – für den Jungen ein böses Erwachen. Zum ersten Mal nimmt er den Judenhass in seiner Umgebung wahr. Die meisten der Jungen sind im Jungvolk und in der Hitlerjugend; schnell merkt Rainer, dass das Wort »Jude« für seine Mitschüler einen hässlichen Klang hat. Im Unterricht werden die ABC-Schützen dazu angehalten, den Stammbaum ihrer Familie aufzumalen; sie sollen stolz sein auf die »Reinheit ihres deutschen Blutes«. »Gedenke, dass du Deutscher bist« – dieser Satz fällt häufig im Unterricht. Rainer erntet wenig Beifall für seine zwei jüdischen Großmütter. Unterkühlt nimmt sein Lehrer zur Kenntnis, dass Rainer – nach der Definition der Nationalsozialisten – ein »Volljude« ist.

»Ich hörte dann, dass die Jungen aus der Hitlerjugend jüdische Kinder verprügeln. Das machte mir Angst. Es waren immer ganze Gruppen, die einzelne Kinder auf dem Nachhauseweg gejagt haben; das war richtig feige. Zum Prügeln haben sie sich gerne einsame Gassen ausgesucht; da konnte niemand eingreifen. Ich habe damals oft in den Spiegel geguckt und mich gefragt, ob ich ›jüdisch‹ aussehe – das machte mir wirklich Sorgen. Ich war froh, dass ich eine Stupsnase hatte! Einmal bin ich mit der Tram nach Hause gefahren, und plötzlich stieg ein Hitlerjunge ein. Die ganze Fahrt über stand er dicht neben mir – das war mir schon etwas unheimlich. Er war viel größer als ich, und ich konnte sehen, wie kräftig seine Arme waren. Passiert ist überhaupt nichts, aber mir war sehr mulmig zumute. Solche Ängste hatte ich oft.«

Rainer Schülein, München 1937

Es ist nur die Umwelt, die das Kind zum Juden macht: Seine Eltern kümmern sich nicht um den Schabbat und sind weit davon entfernt, einen koscheren Haushalt zu führen. Sie haben kein Interesse daran, ihrem Kind etwas über die Traditionen des Judentums zu vermitteln. Nur an Chanukka schenken sie ihm eine Kleinigkeit, doch von dem religiösen Hintergrund der Festtage weiß Rainer nichts.

Wie viele ihrer Zeitgenossen unterschätzen Max und Edith Schülein die Gefahr, die von der Herrschaft der Nationalsozialisten ausgeht. *»Über Hitler sagte meine Mutter nur, dass man so einen Mann wirklich nicht ernst nehmen könne. Sie spottete über Joseph Goebbels, der ja nicht gerade dem nordischen Schönheitsideal entsprach, und nannte ihn einen ›nachgedunkelten Schrumpfgermanen‹. Und den Hitlergruß fand sie* *einfach albern – dieses zackige Arm-in-die-Höhe-Reißen. Während damals viele Frauen den Männern in Uniform hinterher schmachteten, ließ meine Mutter das militärische Brimborium unbeeindruckt. Über Hermann Göring erzählte sie folgenden Witz: Er steht im Hinterhof vor einer vollen Wäscheleine, schlägt vor jedem Unterhemd die Hacken zusammen und sagt schneidig: ›Ich ernenne dich hiermit zum Oberhemd!‹ – NSDAP, das hieß bei ihr: Nur solange die Affen parieren.«*

Als Rainer Schülein acht Jahre alt ist, kommt es in Deutschland zur Reichspogromnacht. Auch in München werden in den frühen Morgenstunden viele Juden verhaftet und in das Konzentrationslager nach Dachau gebracht. Auf seinem Weg in die Schule sieht der Junge, dass die Schaufenster der jüdischen Geschäfte zerschlagen wurden. Noch kann er sich keinen Reim darauf machen. Doch in seiner Klasse hat es sich schon herumgesprochen, dass viele der jüdischen Männer festgenommen werden. »*Da bekam ich furchtbare Angst um meinen Vater. Allerdings wurde er nicht verhaftet; vielleicht, weil er das Eiserne Kreuz hatte, oder weil er buchstäblich Tag und Nacht operierte und im Krankenhaus gebraucht wurde? Nach der Pogromnacht war er kaum noch zu Hause. Er hatte eine traurige Arbeit, denn er kümmerte sich um die Männer, die aus dem Konzentrationslager Dachau entlassen wurden. Ich wusste, dass Dachau ein Ort war, an dem Menschen sehr gequält wurden. Manche Männer kamen mit gebrochenen Armen und Beinen aus der Haft zurück, und die ›arischen‹ Ärzte weigerten sich, sie zu behandeln. Mein Vater hat mir so etwas natürlich nicht er-*

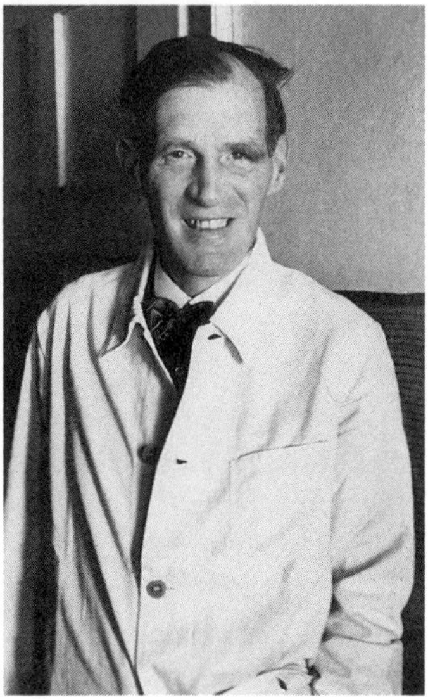

Der Chirurg Max Schülein im Winter 1938, kurz vor seinem Tod

zählt, aber ich hielt meine Ohren immer offen! Ich habe damals viel gelauscht. Ich wusste zum Beispiel auch, dass ein jüdischer Kollege meines Vaters sich im Krankenhaus versteckt hielt. Er wollte mit seiner Familie nach Amerika auswandern und wartete verzweifelt auf sein Visum. Weil er Angst hatte, verhaftet zu werden, traute er sich nicht mehr, das Krankenhaus zu verlassen. Tagsüber versorgte er als Arzt die Patienten, und nachts schlief er auf einer Matratze in der Abstellkammer, zwischen Bohnerwachs und muffigen Putzlumpen. Er wollte einfach kein Risiko mehr eingehen. Leider weiß ich nicht, was später aus ihm und seiner Familie geworden ist.«

Auch Max Schülein erkennt nach den Ausschreitungen der Reichspogromnacht, dass eine Emigration unvermeidlich ist. Er wendet sich an einen nahen Verwandten, der bereits zu Beginn der dreißiger Jahre nach New York emigriert war, und bittet ihn um Hilfe. Die Antwort fällt freundlich aus; doch dann erkrankt Max Schülein an einer schweren Lungenentzündung. Der Chirurg hatte sich in den vergangenen Jahren völlig verausgabt. Im Februar 1939 stirbt er nach kurzer, heftiger Krankheit – im Alter von nur achtundvierzig Jahren.

Für Rainer Schülein beginnt eine schwere Zeit: Der plötzliche Tod seines Vaters bedrückt ihn sehr. Und seine Mutter kann ihre Angst vor weiteren Ausschreitungen kaum vor ihrem Kind verbergen. *»Man hörte den ganzen Tag lang so viel Schlimmes, von Freunden, die auswandern wollen und nicht können, von Verhaftungen und sogar von Selbstmorden. Auf den Straßen waren immer mehr SA-Männer; gerade in München wurde doch viel marschiert! Mir war klar, dass jetzt die Bösen und Verrückten an der Macht sind. Es war wie eine schwarze Wolke, die langsam über uns aufzog. Ich hatte damals so eine seltsame Vorstellung; sie war ganz und gar dumm, aber ich kam nicht dagegen an. Ich hatte Angst, dass die Nazis aus der Kloschüssel kommen und mich mitnehmen, wenn ich auf dem Klo sitze. Klingt albern, nicht wahr? Aber das hat mir wahnsinnig Angst gemacht. Also habe ich immer die Tür offen stehen gelassen und bin ganz schnell rausgerannt, sobald ich die Spülung gezogen hatte. Ich habe das niemandem erzählt, nicht einmal meiner Mutter. Die ganze Atmosphäre war so angstbe-*

laden; und vielleicht verarbeitet ein Kind das in solchen Vorstellungen?«

Immer mehr Orte in München sind für Juden verboten. Im Englischen Garten dürfen sie nur noch auf bestimmten Bänken sitzen. Auch das Deutsche Museum weist mit einem Schild darauf hin, dass jüdische Besucher unerwünscht sind. An vielen Kinos, Geschäften und Sportanlagen hängen ähnliche Hinweise. Weil er jüdisch ist, wird Rainer Schülein vom Unterricht ausgeschlossen. Danach besucht er eine orthodoxe Schule. *»Von einem Tag auf den anderen saß ich zwischen all den religiös erzogenen Kindern und fühlte mich überhaupt nicht wohl. Das viele Beten war mir fremd. Und was ich am wenigsten mochte, war der Hebräisch-Unterricht. Wir mussten immer der Reihe nach laut vorlesen, aber nur phonetisch – es wurde nie übersetzt, was in unseren Büchern stand! Für mich war das waste of time – eine sinnlose Zeitverschwendung.«*

Edith Schülein begreift, dass es für ihren Sohn in Deutschland keine Zukunft mehr gibt. Als sie durch Freunde von den Kindertransporten erfährt, ringt sie sich dazu durch, Rainer allein nach England zu schicken. Mit Hilfe eines englischen Bekannten gelingt es ihr, für ihn einen Platz in einem Internat zu finden. Sein Großonkel, der in New York lebt, erklärt sich bereit, das Schulgeld für den Jungen zu zahlen. Edith Schülein weiht ihren Sohn in ihre Pläne ein, als es sicher ist, dass er einen Platz auf dem Transport bekommt. *»Meine Mutter war fabelhaft! Sie hat mir alles ganz genau erklärt. Sie sagte sehr unverblümt, dass es für mich und die anderen jüdischen Kinder in Deutschland gefährlich werden könnte. Ich konnte sie alles fragen, und sie verstand es, selbst einem neun Jahre alten Jungen alles zu erklären. Dafür bin ich ihr sehr dankbar. Denn heute weiß ich, dass es auf dem Transport viele Kinder gab, die ohne jede Erklärung weggeschickt wurden – vielleicht, weil es die Eltern nicht übers Herz gebracht hatten? Für die Kinder war das dann traumatisch: Sie fühlten sich oft von der Familie ausgestoßen. Wahrscheinlich ähnelt die Situation des Kindertransports zu sehr der Urangst jedes Kindes, von den Eltern verlassen zu werden. Ich kenne eine Frau, die noch immer unter der Vorstellung leidet, ihre Eltern hätten sie ausgesetzt –*

obwohl der Verstand ihr klar sagt, dass das nicht stimmt. Inzwischen ist sie selber Großmutter, doch das Gefühl ist immer noch da. Darum bin ich so dankbar, dass meine Mutter mir alles so genau erklärt hat. Nur in einem Punkt hat sie gelogen. Sie versicherte mir, dass sie bald nachkommen würde.«

In Wirklichkeit ahnt Edith Schülein wohl, dass sie sich für eine lange Zeit von ihrem Sohn verabschieden muss. Während Rainer einen Platz auf einem Transport bekommt, gelingt es ihr nicht, für sich selbst die nötigen Ausreisepapiere zu organisieren. Sie wagt es ein letztes Mal, mit ihrem Kind in einem Restaurant essen zu gehen, das für Juden verboten ist – wie so oft, vertraut sie darauf, dass weder sie noch ihr Sohn dem Klischeebild eines Juden entsprechen. *»Meine Mutter ignorierte diese Verbots-Schilder. Und wir hatten am Abend vor meiner Abfahrt nach England noch einen letzten, herrlichen Schmaus: Nudelsuppe mit Huhn, gebratene Taube, und zum Nachtisch Erdbeeren mit Schlagrahm. Mir hat alles wunderbar geschmeckt. Ich glaubte an ihre Notlüge und langte beim Essen kräftig zu. Aber sie hat nicht viel gegessen. Es muss ein trauriger Abend für sie gewesen sein.«*

Sein Vertrauen in die Mutter lässt Rainer Schülein selbst beim Abschied nicht verzagen. Am späten Abend des fünften Juli 1939 fährt er mit ihr zum Münchner Hauptbahnhof. Er trägt einen großen Koffer, in den Edith Schülein so viel Kleidung wie nur möglich geschichtet hat, außerdem Rainers Lieblingsbuch »Pu, der Bär« – und einige Tütchen Brause mit Waldmeistergeschmack. *»Am Morgen vor meiner Abfahrt kam noch ein kleines Päckchen aus Berlin – ein Bekannter hatte mir eine Eisenbahn geschenkt. Sie war nur zum Anschieben; eine elektrische hatte ich mir vergeblich gewünscht. Aber der Bekannte schrieb, dass es in England eine andere Spannung gäbe und dass es so wenig Sinn habe, eine deutsche Eisenbahn mitzunehmen. Solche Gedanken beschäftigten mich noch an meinem letzten Tag in Deutschland – daran sieht man, wie gut es meiner Mutter gelungen war, mir bis zum Schluss ein nahezu normales Leben zu ermöglichen. Auch beim Abschied war sie sehr gefasst, um mich nicht zu beunruhigen. Als alle Kinder aufgefordert wurden, in den Zug zu steigen, lächelte sie mir auf-*

munternd zu. Wie schwer muss ihr dieses letzte Lächeln gefallen sein! Bestimmt war es furchtbar für sie, danach ganz allein nach Hause zu gehen. Ich hingegen war auf der Fahrt ganz ruhig und konnte sogar schlafen. Ich freute mich darauf, meine Mutter in England wieder zu sehen; und ich war wirklich, wirklich erleichtert, Deutschland zu verlassen.«

In den frühen Morgenstunden erreicht der Zug Frankfurt, auch dort verabschieden sich viele Jungen und Mädchen von ihren Eltern. Das Frühstück, das die wenigen Begleiter des Transports den Kindern anbieten, wird oft verschmäht. Besonders die Älteren bringen angesichts der Situation kaum einen Bissen hinunter und starren schweigend aus dem Fenster. Rainer Schülein hingegen verspeist mit gutem Appetit erst seine Mahlzeit und danach die der anderen. »*Und dann kam dieser sehr berührende Augenblick, der mir heute noch das Herz wärmt, wenn ich daran denke. Als der Zug die holländische Grenze passierte und an einer kleinen Grenzstation zum Stehen kam, stiegen ein paar Frauen ein und schenkten jedem Kind eine Orange. Wir waren willkommen! Ich hatte den Eindruck, diese Frauen waren richtig froh, dass wir noch aus Deutschland herausgekommen waren. Und wir Kinder haben es als Geste empfunden. Als der Zug weiterfuhr, haben sie noch lange gewunken – was für liebenswürdige Menschen!«*

Als die Kinder in London ankommen, ist Rainer sehr froh, einen Platz in Bunce Court, dem Internat von Anna Essinger, zu haben. Viele andere Jungen und Mädchen haben weniger Glück und sehen einer völlig ungewissen Zukunft entgegen. Ein Bummelzug bringt Rainer Schülein nach Kent, wo die Schule inmitten einer herrlichen Landschaft gelegen ist.

Es sind vor allem jüdische Kinder aus Deutschland, die dort unter der Obhut von Anna Essinger und ihren Lehrern erzogen werden. Rainer stellt erleichtert fest, nicht der Einzige zu sein, der kaum ein Wort Englisch spricht:

»Ich hatte in Deutschland gerade erst angefangen, die Sprache zu lernen und keine allzu große Lust gehabt, Vokabeln zu lernen. Ich weiß noch, wie meine Lehrerin mich einmal gefragt hatte ›How do you do?‹ Und ich habe auf meine Uhr gesehen und geantwortet: ›Viertel nach fünf!‹ – Also ich war ganz

bestimmt kein guter Schüler! In England habe ich die Sprache dann fast nebenher gelernt. Ich war vor allem sehr froh, dass die Schule nicht konfessionell ausgerichtet war, obwohl die meisten Schüler jüdisch waren. Anna Essinger legte Wert darauf, dass ihre Schule jedem Kind offen stand. Es war im Ganzen gesehen ein atheistisches Klima, und mir kam das sehr entgegen.«

Rainer Schülein lebt sich schnell ein und findet unter den Mitschülern Freunde. Die meisten Kinder waren ohne ihre Eltern nach England gekommen, und die Älteren unter ihnen wissen, dass ein baldiges Wiedersehen nicht sehr wahrscheinlich ist. Als zwei Monate nach seiner Ankunft der Krieg ausbricht, wird Rainer klar, dass ihm das Versprechen seiner Mutter nur den Abschied erleichtern sollte – eine schmerzhafte Erkenntnis für einen Neunjährigen. »*Vielleicht habe ich es schon früher geahnt, aber ich wollte es einfach nicht wahrhaben. Doch der Krieg veränderte die Situation. Unsere Lehrer erklärten uns behutsam, wir müssten für eine längere Zeit sehr tapfer sein. Sie wurden im Laufe der Jahre zu den wichtigsten Bezugspersonen. Wir wohnten unter einem Dach, nahmen alle Mahlzeiten zusammen ein und arbeiteten Seite an Seite im Garten und in den Werkstätten – es war eine sehr gute Gemeinschaft. Anna Essinger war sehr gesundheitsbewusst und trieb uns jeden Morgen zur Frühgymnastik an – dabei war sie selbst erstaunlich dick! Außerdem legte sie Wert darauf, dass wir uns gesund ernähren. Wer mittags an ihrem Tisch saß, wurde ausführlich darüber aufgeklärt, wie schädlich ungezügelter Salzkonsum sei. Sie hatte die Schulköchin angewiesen, nur winzige Dosen Salz zu verwenden. Was sie nicht wusste, war, dass wir alle in unseren alten Tintenfässern Salz in den Speisesaal schmuggelten. Als sie einmal einen Jungen damit erwischte, erklärte der ganz treuherzig, dass das doch jeder mache; ich glaube, da war sie etwas enttäuscht.«*

Von der Mutter bekommt Rainer sporadisch Rotkreuzpostkarten. Edith Schülein beteuert, dass sie gesund ist und ermahnt ihren Jungen, brav zu sein. Rainer Schülein hofft, dass der Krieg vielleicht schon bald zu Ende ist. In der Abgeschiedenheit der Schule entdeckt er seine Freude an der Musik. In München hatte er bereits seit Jahren Blockflöte gelernt, und in Bunce Court werden künstlerische Talente gefördert. Anna Essinger erkennt die Begabung des Jungen und vermittelt ihm den Unterricht des deutsch-jüdischen Musikers Erich Katz. »*Erich Katz spielte hervorragend Klavier, Orgel und Blockflöte; er komponierte sogar sehr schön. Ich empfand es als ein großes Privileg, von ihm unterrichtet zu werden. Er hatte in Deutschland ausschließlich Umgang mit Orchestermusikern gehabt, bevor er auswandern musste. Er war es nicht gewohnt, undisziplinierte Schüler zu unterrichten, aber wir beide verstanden uns sehr gut. – Im Laufe der Jahre kamen immer wieder ganz besondere Menschen an unsere Schule: Anna Essinger hatte von der englischen Regierung eine Sondergenehmigung bekommen, mit der sie durch die Internierungscamps auf der Isle of Man ziehen durfte; sie suchte dort nach Lehrern für ihre Schule und hatte offenbar eine gute Menschenkenntnis. Ihr Kollegium setzte sich aus interessanten und eigenwilligen Persönlichkeiten zusammen.*«

Beim Querflötenunterricht in Bunce Court.

1940 wird die Schule auf Anweisung der Regierung aus dem küstennahen Kent evakuiert; sie findet in Shropshire eine neue Bleibe. Rainer Schülein ist sich bewusst, dass er in der Gemeinschaft des Internats ein leichteres Schicksal hat als viele andere Flüchtlingskinder. »*Im Laufe des Krieges stießen etliche Kinder zu uns, die nicht so viel Glück gehabt hatten: Da waren zum Beispiel zwei Jungen, die zuerst auf einem Bauernhof untergekommen waren und dort wie zwei kleine Ochsen ausgebeutet wurden; sie waren bass erstaunt, als sie sahen, wie leicht unser Leben im Vergleich zu ihrem war. Andere Kinder mussten es über sich ergehen lassen, als Nazis bezeichnet zu werden, nur weil sie Englisch mit unverkennbar deutschem Einschlag sprachen. Das war natürlich umso schlimmer, weil wir uns doch alle Sorgen um unsere Eltern machten und der Krieg viel länger dauerte, als wir zu Beginn gedacht hatten. Ich bekam von meiner Mutter vielleicht jedes Vierteljahr eine Rotkreuzpostkarte, auf der dann immer ähnliche Sätze standen: ›Es geht mir gut, dir auch?‹ Richtige Briefe waren das ja nicht; damit haben wir uns nur versichert, dass wir noch am Leben waren. Wenn dann mal eine Karte verloren ging, schwebte ich Monate zwischen Hoffen und Bangen.«*

Im Laufe der Kriegsjahre sind es immer weniger Nachrichten, die die Kinder erreichen. Es ist bedrückend, wenn am Mittagstisch die Nachrichten verteilt werden und die meisten leer ausgehen. Im Frühjahr 1943 bekommt Rainer Schülein noch eine Karte von seiner Mutter – doch dann wartet er vergeblich. *»Den meisten von uns erging es ähnlich: Wir ahnten, dass wir unsere Eltern vielleicht nie mehr wieder sehen würden. Gesprochen haben wir darüber fast nie. Der Gedanke war zu schrecklich, um ihn in Worte zu fassen. Ich hatte panische Angst um meine Mutter, und die jahrelange Ungewissheit quälte mich. Natürlich war da noch ein Funken Hoffnung, aber er wurde immer kleiner und kleiner.«*

Rainer Schülein ahnt nicht, dass seine Mutter untergetaucht ist. Um als Jüdin einer Deportation zu entgehen, reist sie auf Irrwegen durch Deutschland und findet bei christlichen Freunden Unterschlupf, die die inzwischen mittellose Frau mit Nahrung versorgen. Alle paar Wochen wechselt sie die Stadt, um niemandem allzu lange zur Last zu fallen – ein zermürbendes Leben in ständiger Angst. Als sie im Sommer 1944 in München eintrifft, erkennt sie ein ehemaliger Nachbar wieder und denunziert sie. Edith Schülein wird auf offener Straße verhaftet und kommt wenig später in das Konzentrationslager nach Theresienstadt.

Im Sommer des Jahres 1945 erreicht den inzwischen fünfzehn Jahre alten Rainer Schülein ein Brief aus Deutschland. Geschrieben hat ihn ein US-Soldat.

»Inzwischen hatte ich zwei Jahre lang nichts mehr von meiner Mutter gehört, und ich wagte kaum zu hoffen, dass sie

noch am Leben war. Mir war klar, dass ich irgendwann innerlich Abschied nehmen musste, um weiterleben zu können – so schwer es auch sein würde. Aber dann kam dieser Brief. Meine Mutter lebte! Sie war nach der Befreiung des Lagers Theresienstadt wieder nach Bayern gekommen und hatte einen Soldaten gebeten, mir zu schreiben. Anfangs musste die Post noch durch die Alliierten kontrolliert werden. In dem Brief steckte auch ein winziges Passfoto von meiner Mutter. Ich erschrak, als ich es gesehen habe. Obwohl sie sich bestimmt die größte Mühe gegeben hatte, ein schönes Foto für mich aufzunehmen, sah sie einfach elend aus. Meine Mutter hatte unendlich viel durchgemacht; ihre Gesundheit war sehr angeschlagen. Ihre geliebten Eltern Wilhelm und Lina waren bereits 1942 in Theresienstadt gestorben, und sie selbst war im Lager an Skorbut erkrankt und hatte all ihre Zähne verloren.«

Edith Schülein kurz nach ihrer Entlassung aus Theresienstadt

In ersten zaghaften Briefen lernen Mutter und Sohn sich neu kennen; Rainer Schülein schreibt auf Englisch, und seine Mutter antwortet ihm auf Deutsch.

Inzwischen hat er die Schule von Anna Essinger verlassen. Als einer der jüngsten Studenten studiert er Querflöte an der Londoner Guildhall School of Music and Drama. Erst drei Jahre nach Kriegsende kommt es zu einem Wiedersehen zwischen Edith und Rainer Schülein. Im Sommer 1948 fährt der achtzehn Jahre alte Rainer zu seiner Mutter nach Forchheim. *»Natürlich war ich sehr nervös, als ich dann im Zug saß und mich fragte: Wie würde es sein, sich nach all den Jahren wieder zu sehen? Ich hatte einen ganzen Koffer voller Lebensmittel und Zigaretten dabei. Und dann stand sie am Bahnsteig; sie war hager geworden. Wir begrüßten uns fast förmlich, und ich drückte ihr einen flüchtigen Kuss auf die Wange. Am Anfang*

Erstes Wiedersehen:
Rainer Schülein mit seiner Mutter in Forchheim

war ich noch viel zu scheu, sie in den Arm zu nehmen. Sie war ernster als früher, kein Wunder; es gab nicht mehr so viel, was sie zum Lachen bringen konnte. Über ihre Zeit im Konzentrationslager hat sie nichts erzählt, nicht einen einzigen Satz. Zu dem Thema sagte sie sehr kurz angebunden: ›Wir wollen in die Zukunft sehen!‹ Ich habe sie dann nie wieder gefragt.«

Rainer Schülein lebt mit seiner Frau Margaret, der Tochter eines Professors aus Cambridge, in London. Ihr einziger Sohn Max arbeitet in New York. Rainer Schülein hat viele Jahre in der Royal Shakespeare Company in London und New York musiziert und absolvierte mehrere Auftritte unter dem Geiger und Dirigenten Yehudi Menuhin. In den sechziger Jahren widmete er sich neben dem klassischen Genre auch der Filmmusik; er spielte in London die Musik zu den ersten James-Bond-Filmen ein, unter ihnen der Klassiker »Goldfinger«.

Als Deutscher fühlt er sich nicht mehr, seitdem er mit dem Kindertransport nach England gekommen ist. »*Man hat mir damals meine deutsche Staatsangehörigkeit weggenommen, und ich wollte sie nie wieder zurück haben! That's it. Ich sehe mich allerdings auch nicht als Engländer. Ich denke, ich bin Europäer. Und ich liebe London, weil in dieser Stadt so viele Nationen und Religionen vertreten sind. Damit fühle ich mich sehr wohl. Ich selbst allerdings habe meinen Abschied von Gott genommen; ich bin Atheist. Ich habe schon mit dreizehn Jahren meine Bar Mizwa abgelehnt. Wenn ein Gott es zulässt, dass so viele unschuldige Menschen leiden, wie meine Eltern und meine Großeltern, die nie etwas Böses getan haben – dann ist das nicht mein Gott. Ich glaube an die leise Stimme, die jeder Mensch in sich hat und die einem davon abrät, etwas Falsches zu tun. Ich glaube an ein Gewissen, nicht an einen Gott.*«

»Wer nicht mehr vertrauen kann, ist verloren.«

Simon Reiss,
geboren 1923 in Berlin

»Ich bin im Laufe der Jahre wieder sehr religiös geworden. Vielleicht ist das auch das Vermächtnis meiner Eltern, dass ich mich heute in erster Linie als Jude fühle – das ist mir wichtiger als eine nationale Identität. Ich kann auch wieder von einem ›lieben Gott‹ sprechen. Ich habe Gott nie angeklagt. Und ich habe wieder Vertrauen entwickelt – auch zu der jungen Generation der Deutschen. Wer sein Leben lang hasst und auf Rache sinnt, wird von diesen Gefühlen zerfressen werden.«

Simon Reiss kommt in der Silvesternacht des Jahres 1923 auf die Welt – zusammen mit seiner Zwillingsschwester Betty. Die Eltern, Paul und Hertha Reiss, stammen aus Polen und sind in jüdisch-orthodoxen Familien aufgewachsen. Paul Reiss, der Sohn eines Rabbiners, hatte als junger Mann in Wien Kunstgeschichte studiert. Zu Beginn des Ersten Weltkrieges unterbrach er sein Universitätsstudium, um in der österreichischen Armee zu kämpfen. Der athletische Mann brachte es bis zum Offizier und kehrte als hochdekorierter Frontkämpfer zurück. Nach dem Krieg wird Paul Reiss in Berlin Kaufmann und spezialisiert sich auf den Tabakhandel. Während seine Frau Hertha sich um die Zwillinge kümmert, unternimmt er regelmäßig lange Handelsreisen. *»Mein Vater fuhr oft in all die Länder, die für ihren Tabak berühmt waren. Zwei Mal im Jahr war er auf dem Balkan, handelte in Sofia in Bulgarien und im albanischen Tirana. Er ist sogar bis nach Amerika gesegelt, um für seine anspruchsvollsten Kunden in Virginia Zigarren einzukaufen. Er sprach nicht nur deutsch und polnisch, sondern führte die Verhandlungen auch auf Bulgarisch, Englisch und Französisch. Als kleiner Junge war ich fasziniert, wenn mein Vater von seinen Reisen erzählte, und natürlich hätte ich ihn zu gerne begleitet, aber dafür war ich noch viel zu klein.*

Jedes Mal, wenn er zurückkam, brachte er herrliche Geschenke mit: für meine Mutter kaufte er hauchfeine Spitze, und meine Schwester bekam schimmernde Seidenstoffe, aus denen Kleider für ihre Puppen genäht wurden. Meine Geschenke fielen etwas prosaischer aus: aus Sofia brachte er mir kleine Drehbleistifte mit und eine Taschenlampe, die ich ständig bei mir trug. Immer wenn er nicht auf Reisen war, quollen aus seinem Herrenzimmer blaugraue Rauchwolken, sobald man die Tür öffnete – er selbst rauchte jeden Tag zwischen acht und zehn Zigarren.«

Paula und Hertha Reiss legen großen Wert auf die Einhaltung der jüdischen Speisegesetze. Ihr Haushalt ist streng koscher, und in der Küche stehen sogar zwei Herde, um milchige und fleischige Speisen getrennt voneinander zubereiten zu können. Auch die Schabbatruhe wird von der Familie Reiss strikt eingehalten. *»Der Schabbat beginnt jeden Freitag, etwa eine Stunde vor Einbruch der Dunkelheit – im Winter ist das natürlich sehr früh. Mein Vater kam also oft schon am Nachmittag von der Arbeit nach Hause, je nach dem Stand der Sonne. Meine Mutter hatte dann bereits die ganze Wohnung blitzblank geputzt, ein besonders gutes Essen vorbereitet und die Tafel im Speisezimmer schön gedeckt. Meine Schwester und ich waren gebadet und gekämmt und trugen unsere besten Kleider. Zum Schluss war es dann immer etwas hektisch, bevor sich die ganze Familie zu einem festlichen Mahl versammelte. Doch dann herrschte vollkommene Ruhe. Und wenn am Samstag Abend die ersten drei Sterne am Himmel erschienen, war der Schabbat wieder vorbei.*

Jeden Freitag und Samstag gingen wir in die orthodoxe Synagoge; dort waren Frauen und Männer streng voneinander getrennt. Die Frauen saßen auf der Galerie im ersten Stock hinter einem engmaschigen Holzgitter – den Blicken der Männer entzogen. Das entsprach einer alten Tradition, denn der Anblick einer schönen Frau sollte keinen Mann vom Gebet ablenken.

Wenn es dann dunkel wurde, durfte nur unser christliches Kindermädchen das Licht in unserer Wohnung an- und ausschalten, denn die Schabbatruhe verbietet es, Feuer zu entfa-

chen und zu löschen; für orthodoxe Juden bezieht sich das auch auf das elektrische Licht und den Herd. Und wenn wir in ein koscheres Restaurant gehen wollten, mussten wir vorher bezahlen – am Schabbat war es auch verboten, Geld bei sich zu tragen. Die Religion war selbstverständlicher Teil des Alltags – nachdem ich meine Bar Mizwa hatte, durfte ich in der Frühe nicht einmal ein Glas Wasser trinken, bevor ich meine Gebetsriemen angelegt und das Morgengebet gesprochen hatte.«

Den anderen Religionen zollt die Familie Respekt. So stellt sie jedes Jahr zur Weihnachtszeit im Zimmer des christlichen Personals einen festlich geschmückten Tannenbaum auf. Simon und Betty essen am Heiligen Abend zusammen mit ihrem Kindermädchen Stollen und bekommen kleine Geschenke. Die Familie Reiss begeht im Winter das jüdische Chanukkafest. An acht aufeinander folgenden Abenden entzünden sie die Lichter eines achtarmigen Chanukkaleuchters, der vom Fenster ihrer herrschaftlichen Berliner Wohnung ins Dunkel leuchtet.

Der berufliche Erfolg des Vaters ermöglicht der Familie ein finanziell sorgenfreies Leben; das Kindermädchen entlastet Hertha Reiss bei der Erfüllung ihrer häuslichen Pflichten. »*Wir Kinder wurden zu Disziplin und Respekt angehalten, und das Mädchen sorgte für einen reibungslosen Ablauf des Alltagsgeschehens. Als wir noch klein waren, hatte sie meiner Schwester und mir die Kleider herausgelegt und uns angezogen. Sie wachte darüber, dass wir die richtigen Bücher lasen und unsere Schularbeiten erledigten, und sie begleitete uns zu Tisch und kümmerte sich darum, dass wir Kinder die Erwachsenen nach den Mahlzeiten alleine ließen.*«

Doch Simon ist sich schon früh bewusst, dass der Wohlstand, der ihn umgibt, keine Selbstverständlichkeit ist. Zu Beginn der dreißiger Jahre herrscht in Deutschland Massenarbeitslosigkeit. Rund sechs Millionen Deutsche sind ohne Beschäftigung. Die Konsequenzen sind für den Jungen Simon nicht zu übersehen: in Berlin leiden viele Menschen Hunger. Die öffentlichen Notküchen haben jeden Tag regen Zulauf, und nicht wenige Bürger ernähren sich nur mühsam von Brot und Kartoffeln. »*Mein Onkel betrieb im Osten der Stadt eine koschere Bäckerei, wo ich ihn öfter mal besuchte. Ich sah oft, wie hagere Gestalten in das Geschäft kamen und an der Theke ihre wenigen Pfennige hinzählten. Sie fragten dann, wie viel Brot es dafür gäbe und nahmen ein paar dünne Scheiben in Empfang. Natürlich gab es auch unter den Juden sehr viel Armut. Es bedrückte mich zu sehen, wie elend diese Menschen lebten, während ich so behütet aufwuchs.«*

Im Januar 1933 wird Adolf Hitler Reichskanzler, und schon wenige Wochen später rufen die Nationalsozialisten zum Boykott aller jüdischen Geschäfte auf. Am 1. April 1933 stellen sich SA-Männer vor den Läden auf, verteilen antisemitische Hetzschriften und pöbeln die Kundschaft an. Der neun Jahre alte Simon Reiss ist an diesem Samstag Morgen auf dem Weg in die Synagoge, als er Zeuge einer schrecklichen Szene wird. *»Auf der anderen Straßenseite ging ein älterer, orthodoxer Jude mit einem schwarzen Hut und Schläfenlocken; sicher wollte er auch in die Synagoge. Plötzlich tauchten ein paar Jungen auf, vielleicht sechzehn Jahre alt, und griffen ihn an. Während zwei von ihnen dem Mann die Arme auf den Rücken zwangen, rissen ihm die anderen den Bart aus – mitten auf der Straße, am helllichten Tag! Der Mann schrie vor Schmerz und versuchte, sich aus dem Griff der Jungen zu befreien. Aber er hatte keine Chance, sie waren einfach stärker als er. Ich sah mich Hilfe suchend um. Die wenigen Leute in der Nähe kümmerten sich nicht darum, obwohl die Schreie nicht zu überhören waren. Ich selbst habe mich auch nicht getraut, einzugreifen – was kann ein neunjähriger Junge schon ausrichten? Und die Brutalität dieser Jungen machte mir einfach Angst. Ich wartete also, bis sie von dem armen Mann abließen und wegrannten. Der alte Herr lag zusammengekrümmt vor Schmerz auf dem Bürgersteig und blutete heftig. Ich hielt ihm etwas hilflos mein Taschentuch hin; dann stützte ich ihn auf dem Weg in die Synagoge. Am Eingang wurde er von den entsetzten Frauen in Empfang genommen, die ihn dann liebevoll versorgten. Mein Vater saß bei den anderen Männern und war im Gebet versunken, aber ich lief völlig aufgelöst zu ihm; ich hatte Tränen in den Augen. Als er hörte, was geschehen war, stand er sofort auf und ging mit mir nach Hause. Das war mein erster April 1933.«*

Paul Reiss versucht, seinen fassungslosen Sohn zu beruhigen. Er hält die Herrschaft der Nationalsozialisten für eine extreme, aber zu vernachlässigende Erscheinung, die sich so schnell auflösen wird, wie sie auf dem politischen Parkett erschienen ist. So wie er denken viele Deutsche. Wochen später erlebt der junge Simon Reiss einen weiteren Schock: Freunde erzählen ihm von der geplanten Bücherverbrennung. Am 10. Mai 1933 versammeln sich deutsche Studenten auf dem Berliner Opernplatz, um die Werke verfemter Autoren anzuzünden. Simon Reiss und seine Freunde stehen in der Menge und beobachten das Geschehen. *»Ich konnte nicht verstehen,*

Paul Reiss als Soldat im Ersten Weltkrieg

wie man so unglaublich dumm sein kann. Das war ein erster Todesstoß für die deutsche Kultur. Und viele Leute um mich herum dachten ähnlich. Später habe ich gehört, dass sich auch Erich Kästner unter die Zuschauer gemischt hatte – die meisten seiner Werke wurden an dem Abend verbrannt. Es gab Einzelne, die es euphorisch bejubelten, als die Bücher ins Feuer geworfen wurden. Aber vielen tat das Herz weh, und sie folgten der Zeremonie mit stummem Abscheu. Protestbekundungen habe ich allerdings keine gehört.«

Immer mehr der nichtjüdischen Freunde gehen Simon Reiss aus dem Weg. Manche benutzen Ausreden, andere geben offen zu, dass die Eltern ihnen den weiteren Umgang mit einem Juden verboten haben. In der Silvesternacht 1933 muss Simon seinen zehnten Geburtstag – ganz anders als gewohnt – im allerkleinsten Kreis feiern. Der Junge ist verletzt und enttäuscht. *»Zuerst habe ich noch versucht, ihre Freundschaft wiederzugewinnen. Ich rief bei denen an und versuchte zu argumentieren: dass ich genau wie sie deutsch spreche, dass ich in Berlin geboren bin, und so weiter. Es hat mir einfach sehr wehgetan! Geholfen hat es natürlich nicht. Meiner Schwester Betty erging es ähnlich; sie wurde genauso fallen gelassen. Unsere Mutter versuchte damals, uns zu trösten, besonders an diesem verdorbenen Geburtstag. Sie war ein völlig unpolitischer Mensch und sagte immer wieder, dass wir auf solche Menschen verzichten könnten – echte Freunde würden so etwas nicht tun. Das war sicher nett gemeint, aber doch ein schwacher Trost. Mein Vater reagierte ganz anders: Er appellierte an unseren Stolz. Während wir uns ausgestoßen fühlten, versuchte er, unser Selbstbewusstsein zu bestärken. Er führte uns vor Augen, wie viel gerade die Juden zu der deutschen Kultur und Wissenschaft beigetragen hatten, und das, obwohl der jüdische Anteil an der deutschen Bevölkerung so gering war. Wir sollten stolz sein auf eine jahrtausendealte Tradition. Er wollte nicht, dass sich seine Kinder als Untermenschen und Mitglieder einer minderwertigen Rasse fühlen. Und trotzdem, der Verlust eines Freundeskreises ist kein Kinderspiel.«*

Simon Reiss muss sich damit abfinden, dass er mit vielen

zuverlässig geglaubten Freunden nicht mehr rechnen kann – eine bittere Erfahrung, die die meisten Kinder der jüdischen Gemeinde teilen. Die judenfeindliche Stimmung in Berlin verschärft sich durch die Menschen verachtenden Nürnberger Gesetze, die im Herbst 1935 in den deutschen Zeitungen veröffentlicht werden. Ehen zwischen jüdischen und nichtjüdischen Deutschen sind ab sofort verboten und gelten als »Verbrechen wider das deutsche Blut«. Die Stimmung auf der Straße wird aggressiver, und es kommt oft zu Prügeleien. Der elf Jahre alte Simon, inzwischen ein kräftiger Junge und trainierter Sportler, übt keine Zurückhaltung mehr, wenn er auf der Straße angepöbelt wird. »*Ich habe mit der Zeit tatsächlich einen großen Stolz entwickelt. Ich dachte gar nicht daran, alles zu schlucken, was mir entgegengeschrieen wurde; das habe ich sicher meinem Elternhaus zu verdanken. Als Untermensch habe ich mich ganz bestimmt nicht gefühlt! Und wenn mir so ein paar Burschen aus der Hitlerjugend entgegenkamen und mich provozierten, habe ich die Ärmel hochgekrempelt und mich geprügelt. Inzwischen trugen ja viele Jungen auf der Straße Uniform und fühlten sich stark und wichtig. Aber ich empfand das als eine persönliche Schwäche – diese völlige Unterwerfung unter eine große Gemeinschaft. Das fiel mir auch an vielen Erwachsenen auf. Ich erinnere mich noch an ein Ereignis: Als Junge war ich ein großer Fußballfan, und mein favorisierter Verein war Hertha BSC Berlin. Einmal lief ich nach einem Spiel zu dem Torwart, den ich sehr bewunderte. Ich war in der glücklichen Lage, in dem Gedränge direkt vor meinem Idol zu stehen und hielt ihm mein Autogrammbüchlein entgegen. Er war sehr freundlich und holte gerade einen Stift aus seiner Jackentasche, als ihm ein Junge zurief: ›Aber das ist doch so ein Saujude!‹ – Der Mann klappte mein Büchlein wieder zu und schob mich weg. Das war schrecklich! Doch im selben Moment fragte ich mich, wie ein gestandener Mann auf einen solchen Knirps hören kann! Dieser Sportler wurde für mich dann zu einer non-person.*«

Viele der jüdischen Freunde und Bekannten der Familie Reiss entscheiden sich dafür, Deutschland endgültig zu verlassen. Auch in Simons Schulklasse bleiben immer mehr Stühle leer.

1936 brechen sogar seine Großeltern, Markus David und Rebecca Reiss, nach Palästina auf – trotz ihres fortgeschrittenen Alters. Wie sie hält der zwölf Jahre alte Simon, inzwischen ein politisch interessierter Junge und eifriger Zeitungsleser, Palästina für einen geeigneten Zufluchtsort. Er versucht, seinen Vater von der Notwendigkeit einer Emigration zu überzeugen. Doch der patriotisch empfindende Paul Reiss ist nicht dazu bereit, seine Wahlheimat zu verlassen.

Im Oktober 1938 überstürzen sich dann die Ereignisse. Es kommt zur so genannten »Polen-Aktion«. Auf einen Beschluss der Regierung hin werden rund siebzehntausend polnische Juden über sechzehn Jahren in das Niemandsland zwischen Deutschland und Polen nach Zbonzyn abgeschoben. In den Morgenstunden des 28. Oktober dringen zwei Polizisten in die Wohnung der Familie Reiss ein. »*An dem Tag hatte mein Vater Geburtstag – ausgerechnet. Es sollte eine große Feier geben; alles war schon vorbereitet. Im Wohnzimmer waren die Geschenke aufgebaut, und meine Mutter hatte viele Köstlichkeiten für das Festbankett hergerichtet. Doch dieses Fest sollte nie stattfinden. Gegen sechs Uhr in der Frühe kamen zwei Polizisten. An mir hatten sie kein Interesse; ich war damals noch zu jung. Aber mein Vater wurde dazu aufgefordert, sich anzuziehen und mitzukommen. Er sollte einen Koffer packen und Proviant für eine Reise bis an die deutsche Grenze mitnehmen. Meine arme Mutter war völlig aufgelöst und kämpfte um Selbstbeherrschung. Sie flehte die Beamten um Auskunft an, wohin ihr Mann gebracht werde, doch die schoben sie einfach weg: ›Das erfahren Sie noch früh genug!‹, war der kaltschnäuzige Kommentar der Polizisten. Unter Tränen packte meine Mutter ein paar Sachen zusammen, während meine Schwester verschlafen aus ihrem Zimmer kam und nur langsam begriff, was vor sich ging. Bevor mein Vater die Wohnung verließ, sah er mich an. Mit großem Ernst in der Stimme sagte er, dass nun ich das Oberhaupt der Familie sei. Es sei meine Pflicht, mich um meine Mutter und meine Schwester zu kümmern. – Es war alles sehr, sehr traurig. Damals war ich vierzehn Jahre und zehn Monate alt.*«

Es folgt eine Zeit der Ungewissheit. Es ist völlig unklar,

wohin Paul Reiss deportiert wird und ob er überhaupt noch am Leben ist. Erst nach einer ganzen Weile liegt eine Postkarte im Briefkasten. Paul Reiss schreibt, dass er zusammen mit hunderten anderer Juden in einer Scheune in Zbonzyn hausen muss. Er klagt über Hunger und Kälte, spricht seiner Familie jedoch Mut zu: Man müsse die Zähne zusammenbeißen; alles könne nur noch besser werden.

Am 9. November 1938 kommt es zur Reichspogromnacht. Freunde der Familie rufen an und berichten, dass SA-Männer die Schaufenster des Tabakgeschäfts einschlagen. Die Nazis prügeln Mitarbeiter des Geschäfts blutig und verhaften sie; im Vorübergehen plündern sie noch die Auslagen. In der Nacht beobachten Simon und Betty von einem Fenster ihrer Wohnung im Stadtteil Berlin-Tiergarten, wie die Synagoge in der Nachbarschaft in Flammen aufgeht. »*Das war die Talsohle meines Lebens. Ich hörte Schreie, die von der Straße zu uns nach oben drangen. Am nächsten Morgen traf ich mich mit einem Freund: Wir wollten beide wissen, was in dieser Nacht geschehen war. Meine Mutter hatte große Angst um mich, aber sie konnte mich nicht zurückhalten. Den ganzen Tag lang liefen mein Freund und ich durch die Straßen und sahen die unzähligen Schaufenster, die in Scherben gegangen waren. Unsere orthodoxe Synagoge war geplündert worden: Auf dem Pflaster lagen zertretene Thora-Rollen, von denen man den wertvollen Silberschmuck abgerissen hatte. Daneben lagen die kostbaren Bücher des Rabbiners – sie brannten noch. Stundenlang gingen wir schweigend nebeneinander her; wir beide kämpften mit den Tränen. Ich bemühte mich noch um einen neutralen Gesichtsausdruck, um nicht aufzufallen. Als es Abend wurde, gingen wir zurück, und ich ließ mich zu Hause auf mein Bett fallen. Trotz bleierner Müdigkeit lag ich die ganze Zeit im Dunkeln wach. Ich fragte mich, was als Nächstes passieren würde – was würde aus meinem Vater werden, aus meiner Mutter, aus uns allen?*

Kurz darauf fasst Hertha Reiss einen einsamen Entschluss: Durch die jüdische Gemeinde hat sie von der Möglichkeit der Kindertransporte gehört und meldet Simon und Betty an. Ihren Kindern gegenüber flüchtet sie sich in eine Notlüge: »*Unsere*

Mutter sagte, dass wir alle nach England auswandern würden. Dabei hatte sie in aller Stille entschieden, nur uns Kinder in die Freiheit zu schicken. Ich meine: Wir reden hier von Helden! Sie war doch völlig auf sich gestellt. Das Schicksal ihres Mannes war ungewiss, und wenn sie uns allein in die Fremde schickte, würde sie sich mit einer großen Einsamkeit auseinander setzen müssen. Damals wusste ich noch nicht, dass wir ohne sie fahren würden. Doch als dann die Ausreisepapiere auf dem Tisch lagen, waren nur Passbilder von meiner Schwester und mir darauf. Als ich sie zur Rede stellte, beruhigte sie mich: Ihre Papiere seien auch in Arbeit; es sei nur eine Frage der Zeit, bis sie nachkommen werde. Aber ich spürte, dass etwas an ihrer Erzählung nicht koscher war. Dann ging alles sehr schnell – wir bekamen einen Platz auf dem Transport vom 12. Dezember 1938. Ein Freund brachte uns zum Bahnhof, und auf dem

Die Mutter Hertha Reiss

Weg dahin verlor meine Mutter ihre mühsam errungene Fassung und brach in Tränen aus. In dem Moment hatte ich eine intensive Vorahnung: Wir würden uns nie mehr wieder sehen. Entsetzt und erschrocken schob ich den Gedanken beiseite. Als meine Schwester und ich in den Zug stiegen, stand meine Mutter auf dem Bahnsteig und sah uns verzweifelt an. Gesagt hat sie dann gar nichts mehr – sie drehte sich um und ging. Ich sehe sie heute noch weggehen, ihren schmalen Rücken und ihre kleine, einsame Gestalt.«

Viel Zeit zum Nachdenken bleibt Simon und Betty Reiss nicht. Als sie einsteigen, werden ihnen von einer Krankenschwester, die den Transport begleitet, mehrere Kleinkinder zur Aufsicht anvertraut. Mit ihren fast fünfzehn Jahren gehören die beiden zu den Ältesten in ihrer Gruppe. *»Es war sehr eng in dem Abteil; es war für acht Personen gedacht, aber jetzt saßen da zwölf Kinder. Ich sollte mich um zwei kleine Mädchen kümmern: das eine war drei, das andere vier Jahre alt. Beide waren völlig außer sich und weinten ohne Unterbrechung. Ich bot ihnen Schokolade an – das letzte, was uns unsere Mutter noch als Proviant mitgegeben hatte – und steckte ihnen Bonbons in den Mund. Dann versuchte ich, sie mit Kinderreimen zu trösten. Unzählige Male betete ich ihnen ›Hoppe, Hoppe, Reiter‹ vor, bis sie erschöpft vom vielen Weinen auf meinen Knien einschliefen.«*

Nachdem der Zug Hoek van Holland erreicht, gehen alle Kinder und ihre Begleiter an Bord eines Schiffes, das sie in das englische Harwich bringt. Von dort werden die Kinder, die noch keine Unterkunft gefunden haben, in das benachbarte Dovercourt Holiday Camp gebracht. Als es Abend wird, werden die Kinder – unter ihnen Simon und seine Schwester Betty – auf die kleinen Hütten des Ferienlagers verteilt. Simon Reiss ist müde und erschöpft. Trotzdem muss er weiter auf die zwei Mädchen aufpassen, die ihm am Berliner Hauptbahnhof anvertraut wurden, denn es fehlt an Betreuern für die Scharen von Flüchtlingskindern. *»Alles war ziemlich improvisiert – wohl auch deshalb, weil wir mit einem der ersten Kindertransporte aus Deutschland rausgekommen sind. Die Hauptsache war ja, dass möglichst viele Kinder in Sicherheit* *gebracht werden konnten. Die beiden Mädchen lagen in den ersten Nächten mit mir in einer Hütte, und es war dunkel und eisig kalt. An Schlaf war nicht zu denken, denn beide Kinder weinten und schrieen nach ihren Eltern. Ich wusste langsam nicht mehr, wie ich sie trösten sollte – mir war ja selber elend zumute! Und ich hätte nicht gewagt, sie mit dem Versprechen zu beruhigen, dass sie ihre Eltern bald wieder sehen. Das Ganze muss für diese Mädchen absolut traumatisch gewesen sein. Sie taten mir sehr Leid, wenn ich auch mit meinen eigenen Sorgen beschäftigt war. Trotzdem bin ich irgendwann vor lauter Übermüdung eingeschlafen. In den nächsten Tagen wusch ich sie und half ihnen beim Anziehen; außerdem musste ich darüber wachen, dass sie zu den gemeinsamen Mahlzeiten im Speisesaal erschienen. Als die potenziellen Gastfamilien am Wochenende kamen, wurden die Kinder herausgeputzt, als ob es zur Brautschau ginge. Für meine beiden Mädchen fanden sich schnell Pflegeeltern.«*

Simon und Betty Reiss gehören zu den älteren Flüchtlingskindern. Da die meisten Pflegeeltern auf der Suche nach kleinen Jungen und Mädchen sind, müssen die beiden etliche Wochen in dem eisigen Feriencamp verbringen. In der Silvesternacht des Jahres 1938 feiern sie noch gemeinsam ihren fünfzehnten Geburtstag im Ferienlager. Dann werden die Zwillinge getrennt: Für beide finden sich in London freundliche Gastfamilien. *»Ich hatte großes Glück mit den Menschen, die mich aufgenommen haben. Es war eine jüdische Schneiderfamilie, die in Dalston im Londoner East End ein Häuschen mit einer Schneiderwerkstatt hatte; das war in der Nähe der Docks an der Themse. Die Shermans hatten einen Sohn – und mich nahmen sie wie ihren zweiten auf. Wir hatten eine sehr herzliche Beziehung, auch wenn ich sie immer nur förmlich mit Mister and Missis Sherman ansprach. Ich ging dann auf die Grocer's School im East End, eine sehr angesehene Schule, auf der ein Großteil der Schüler jüdisch war. Auch dort war der Empfang sehr freundlich, und am Schabbat wurde ich regelmäßig von den Eltern meiner Klassenkameraden zum Essen eingeladen, so dass ich mich bald nicht mehr ganz so fremd fühlte.«*

Die Sprache bereitet dem fünfzehn Jahre alten Simon kein Problem, da er Englisch bereits seit Jahren in der Schule gelernt hatte. Ihn quält das Heimweh nach seiner Familie und allem, was ihm lieb und vertraut ist. Doch es hilft, dass im Londoner East End viele Juden wohnen, unter ihnen auch etliche Flüchtlinge aus Deutschland. »*In der Synagoge gab es einen Emigrantenzirkel für junge Leute. Da waren sogar ein paar Jungen aus Berlin; wir wurden ein verschworenes Grüppchen. Es war tröstlich, Deutsch sprechen zu können, außerdem hatten wir alle ähnliche Probleme – das schmiedete uns zusammen. Die meisten von uns hofften darauf, dass ihre Eltern noch nachkommen würden. Und ich habe darauf spekuliert, dass unsere Familie vielleicht schon bald in Palästina wieder vereinigt wird – das war so ein Strohhalm, an den ich mich klammerte.*«

Simon bekommt regelmäßig Post von seiner Mutter aus Deutschland und von seinem Vater in Polen. Doch keine der Nachrichten gibt einen Hinweis darauf, dass sie ihren Kindern nach England folgen werden oder nach Palästina ausreisen können. Und als sich im August 1939 abzeichnet, dass es Krieg geben wird, beschließt Hertha Reiss, nicht ihren Kindern – die sie in Sicherheit weiss – nachzureisen. Sie folgt ihrem Mann nach Polen.

Ein Jahr später – Simon ist inzwischen fast siebzehn Jahre alt und im Begriff, seine letzten Prüfungen an der Schule abzulegen – kommt eine Postkarte, aus der hervorgeht, dass die Eltern in das Getto Tarnow eingewiesen wurden. Damit rückt die Hoffnung auf ein Wiedersehen in noch weitere Ferne. »*Ich glaube, ich war immer realistischer als meine Schwester Betty. Während sie mir immer wieder Mut zusprach, war ich pessimistisch. Ich ahnte, dass alles ein schreckliches Ende nehmen würde und versuchte, allzu große Illusionen in mir niederzukämpfen. Meiner Schwester verschwieg ich meine Angst. Ich glaube, sie hätte das nicht durchgestanden.*«

Als Simon Reiss achtzehn Jahre alt wird, bietet man ihm einen Platz an der Universität an – doch er lehnt ab. Er meldet sich freiwillig bei der englischen Armee und wird Soldat in der Infanterie. Im Frühling des Jahres 1943 erreicht ihn eine

Karte seiner Mutter: »*Da standen nur wenige Worte. Sie beteuerte, dass unser Vater und sie wohlauf seien und ausreichend zu essen hätten. ›Macht Euch keine Sorgen, wir sind bald wieder zusammen, wir denken in Liebe an euch!‹ Was schreibt man seinen Kindern im Krieg? Das waren immer white lies, wie man auf englisch sagt – weiße Lügen.*«

Die Karte bleibt das letzte Lebenszeichen. Erst nach Ende des Krieges – Simon Reiss ist 1945 mit der englischen Armee in Lübeck stationiert – erfährt er die bittere Wahrheit über das Schicksal seiner Eltern. »*Mein Vater hatte Freunden im Getto einen Zettel mit meiner Adresse zugesteckt, und diese Menschen schrieben mir, sobald die Post wieder funktionierte. Es war ein schrecklicher Brief. Meine schlimmsten Ängste wurden von dem, was geschehen war, in den Schatten gestellt. Mein Vater war bereits im Mai 1943 gestorben. Es hatte einen Aufstand im Getto gegeben, bei dem zwei deutsche Soldaten ums Leben gekommen waren. Mein Vater und sein Assistent wurden sofort verhaftet – beide hatten im Judenrat des Gettos gearbeitet. Um ein Exempel zu statuieren, mussten sich am nächsten Morgen tausende von Juden auf dem Marktplatz versammeln. Mein Vater und sein Assistent wurden vor den Augen aller öffentlich erschossen. Meine arme Mutter wurde wenig später in das Vernichtungslager Auschwitz-Birkenau deportiert, da war sie fünfzig Jahre alt. Wann und wie sie dort gestorben ist, ob sie krank wurde oder in die Gaskammer kam – ich habe es nie erfahren.*«

Für die Geschwister Simon und Betty steht nach dem Ende des Krieges fest, dass sie nie wieder deutschen Boden betreten wollen. Fast hundertdreißig Mitglieder ihrer Familie sind im Holocaust ermordet worden. Die Großmutter der Zwillinge, Rebecca Reiss, die 1936 nach Palästina ausgewandert war, bleibt bis an ihr Lebensende darüber im Ungewissen. Der alten Dame, die nach Kriegsende bereits in den Neunzigern ist, wird verschwiegen, dass ihre vier Söhne, deren Frauen und alle Enkelkinder – mit Ausnahme von Simon und Betty – im Holocaust ermordet wurden. »*Niemand brachte es über sich, ihr die Wahrheit zu sagen. Sie war fast vollkommen blind, und jede Woche wurden ihr fingierte Briefe vorgelesen, in denen die*

Die Großeltern Rebecca und Marcus David Reiss

bereits verstorbenen Söhne ihren Besuch ankündigten – und danach in letzter Sekunde absagten. Sie beklagte sich über die Untreue ihrer Kinder, wurde dann aber mit weiteren Briefen getröstet. Fünf Jahre nach Kriegsende starb sie in Tel Aviv, im Alter von achtundneunzig Jahren, und völlig ahnungslos. Noch auf ihrem Sterbebett hatte sie nach ihren Söhnen gerufen.«

Betty und Simon Reiss versuchen nach dem Krieg verzweifelt, mit dem Geschehenen zu leben und zu überleben. Beide bauen sich eine Existenz in London auf und gründen eigene Familien. Simon heiratet eine Jüdin, eine gebürtige Wienerin, die im Alter von sieben Jahren zusammen mit ihrer Mutter nach England ausgewandert war. Sie bekommen eine Tochter und nennen sie Caroline Heather – nach Simons Mutter Hertha. Betty wird nach dem Krieg Buchhalterin bei einer englischen Herrenbekleidungsfirma, und Simon arbeitet als Kaufmann in der Pelz- und Lederindustrie.

»Alles, was mit meiner Vergangenheit zu tun hatte, habe ich – so weit es nur ging – an den äußersten Rand meines Bewusstseins gedrängt. Ich habe viele Jahre lang kein einziges Wort Deutsch gesprochen und mich dazu gezwungen, nach vorne zu schauen. Doch als ich Mitte der Fünfziger Jahre geschäftlich in Polen zu tun hatte, regte sich etwas in mir – ich wollte Berlin wieder sehen. Auf der Rückreise nahm ich mir ein Hotel am Kurfürstendamm, zog mich rasch um und lief am Abend durch die Straßen meiner Kindheit. Berlin lag damals immer noch in Trümmern. Trotzdem erschütterte es mich, wie unglaublich vertraut mir diese Stadt noch war, wie meine eigene Hand. Auch das Haus, in dem meine lieben Eltern gewohnt hatten, stand noch – als wäre nichts geschehen. Meine Reaktion war ein panischer Fluchtinstinkt. Ich verbrachte eine schlaflose Nacht in meinem Hotelzimmer und brach am nächsten Morgen in aller Frühe auf – ganz anders als geplant. Mittags saß ich in meinem Flieger nach England. Ich ertrug es nicht.«

Simon Reiss fühlt sich erst Jahrzehnte später in der Lage, zusammen mit seiner Frau ein zweites Mal seine Heimatstadt zu besuchen – zu sehr erschüttert ihn der Schmerz um alles Geschehene. Die Trauer um seine Familie belastet ihn umso mehr, weil alle Spuren ins Ungewisse laufen. Es gibt kein Grab, das er besuchen kann – kein Ort, an dem der Tod fassbar wird. *»Ich weiß ja nicht einmal, an welchem Tag meine Mutter gestorben ist. Unser Oberrabbiner riet mir dazu, den Geburtstag meiner Mutter als ›Jahrzeit‹ zu begehen, also an dem Tag ihres Todes zu gedenken – und seitdem halte ich es so. Ich entzünde dann ein Licht – das Ner Tamid – und gehe in die Synagoge; dort sage ich das Kaddisch, ein Totengebet. Dieses Ritual hilft mir im Umgang mit dem Unfassbaren. Überhaupt bin ich im Laufe der Jahre sehr religiös geworden. Mein Glaube gibt mir viel. Vielleicht ist das auch das Vermächtnis meiner Eltern, dass ich mich heute in erster Linie als Jude fühle – das ist mir wichtiger als eine nationale Identität. Ich kann auch wieder von einem ›lieben Gott‹ sprechen. Ich habe Gott nie angeklagt. Und ich habe wieder Vertrauen entwickelt – auch zu der jungen Generation der Deutschen. Wer nicht vertraut,* *ist verloren. Und wer sein Leben lang hasst und auf Rache sinnt, wird von diesen Gefühlen zerfressen werden.«*

Simon und Trude Reiss, London 1947

Dank

Die Autorin bedankt sich bei all ihren Interviewpartnern für deren Liebenswürdigkeit und Offenheit, die ihr in den langen Gesprächen entgegengebracht wurden. Die Tatsache, dass alle Gesprächspartner dazu bereit waren, ihre unersetzlichen Briefe und Fotografien aus der Hand zu geben – oft die letzte Erinnerung an ihre im Holocaust ermordeten Verwandten – war ein großer Vertrauensbeweis. Ohne ihn wäre das Buch in dieser Form nicht zustande gekommen.

Zitatnachweis

S. 13 – Zitat aus Elvira Bauer, *Trau keinem Fuchs auf grüner Heid' und keinem Jud' bei seinem Eid*, Stürmer-Verlag 1936, ohne Seite.
S. 13/14 – Zitate aus Ernst Hiemer, *Der Pudelmopsdackelpinscher*, Stürmer-Verlag 1940, S. 61 und 64.
S. 14 – Zitat aus Ernst Hiemer, *Der Giftpilz*, Stürmer-Verlag 1938, S. 5.
S. 16 – Zitat von Chaim Weizmann aus: *Manchester Guardian*, 23. Mai 1936.

Bildnachweis

Soweit nicht anders angegeben stammen alle abgebildeten Fotos und Dokumente aus dem persönlichen Besitz der Porträtierten des jeweiligen Kapitels.

S. 11, 13, 15, 18:	Wiener Library, London
S. 101, 104:	Leslie Baruch Brent

Bildteil zwischen den Seiten 98 und 99:

Abb. 1, 2, 3, 4:	Wiener Library, London

Bildteil zwischen den Seiten 242 und 243:

Abb. 1:	Lore Gumpel
Abb. 2, 6:	Leslie Baruch Brent
Abb. 3, 4:	Walter Bloch
Abb. 5:	Ruth Wassermann
Abb. 7, 8:	Margot Fellheimer

Der Verlag dankt allen Rechtegebern für die freundliche Unterstützung und die Genehmigung des Abdrucks.